《中国家庭基本藏书》

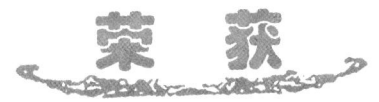

新闻出版总署优秀畅销书奖
全国优秀古籍图书普及读物奖
第十七届山西省优秀图书一等奖
第二届山西出版政府奖
山西出版集团2008年度十种好书

全套藏书累计销售500万册

中国家庭基本藏书（修订版）

诸子百家卷

《诗经》　《楚辞》　《论语·大学·中庸》　《孟子》　《老子》
《庄子》　《荀子》　《韩非子》　《孙子兵法·尉缭子·鬼谷子》
《墨子》　《周易》　《山海经》　《吕氏春秋》　《三十六计》

名家选集卷

《三曹诗集》　《陶渊明集》　《王勃集》　《孟浩然集》　《高适集》
《王维集》　《李白集》　《杜甫集》　《岑参集》　《韩愈集》
《白居易集》　《刘禹锡集》　《柳宗元集》　《元稹集》　《李贺集》
《杜牧集》　《李商隐集》　《李煜集》　《柳永集》　《欧阳修集》
《王安石集》　《苏轼集》　《黄庭坚集》　《秦观集》　《周邦彦集》
《李清照集》　《陆游集》　《范成大集》　《杨万里集》　《辛弃疾集》
《姜夔集》　《元好问集》　《文天祥集》　《唐伯虎集》　《李贽集》
《三袁集》　《张岱集》　《傅山集》　《纳兰性德集》　《郑板桥集》
《袁枚集》　《龚自珍集》

史著选集卷

《左传》《国语》《战国策》《史记》《汉书》《后汉书》《三国志》
《资治通鉴》

综合选集卷

《唐诗三百首》《宋词三百首》《元曲三百首》《千家诗》《古文观止》
《汉魏六朝小赋骈文选》《唐宋八大家文选》《明清小品文选》

笔记杂著卷

《蒙学六种——三字经·百家姓·千字文·增广贤文·幼学琼林·格言联璧》
《颜氏家训·朱子家训》《世说新语》《曾国藩家书》《金刚经·坛经》
《菜根谭·小窗幽记·幽梦影》《浮生六记》《闲情偶寄》《近思录》
《徐霞客游记》《古代书信精选》

戏曲小说卷

《元杂剧精选》《西厢记》《牡丹亭》《长生殿》《桃花扇》《今古奇观》
《三国演义》《水浒传》《西游记》《红楼梦》《聊斋志异》《儒林外史》
《封神演义》《古代话本小说选》《古代文言小说选》

曾国藩家书

［清］曾国藩 著
陈霞村 萧泰芳 白平 等 译注

中国家庭基本藏书 笔记杂著卷

山西出版集团
三晋出版社

博学工作室

修身齐家,读书是福

来新夏题

·南开大学教授来新夏先生为《中国家庭基本藏书》题词

前言

曾国藩是中国近代史上最有影响的人物之一，又是一个从生前到死后长期引起争议的人物。对这样的一个人，恐怕很难用"正面"、"反面"，或者"可敬"、"可憎"之类的字眼予以评价，而需要作全面、详尽、深入的考查和研究。曾国藩，湖南湘乡人，字涤生，谥号文正，因称曾文正公。生于清代嘉庆十六年（1811），卒于同治十一年（1872）。他于道光十八年28岁时考中进士，选为翰林院庶吉士。三年进修期满，授予检讨。十二年间，升到了礼部右侍郎。咸丰二年（1852），他回原籍为母丧守孝期间，接奉朝廷旨意帮办团练，从此开始了组建湘军、镇压太平天国的军旅生涯。直到同治三年（1864）攻陷太平天国首都天京（南京），取得了最后的胜利。因在危急时刻挽救了清王朝，受到赏识，权势日见隆盛，爵位封侯，官至一品，做了两江总督、钦差大臣、协办大学士。后来又被任为钦差大臣、直隶总督，派去攻剿捻军、处理天津教案。晚年又回到了两江总督任上。他有鉴于封建制度的积弊深重，主张在政治、司法、军制诸方面进行改革，求得实效；他在从政、治军的同时，又致力于传统文化的研究，讲究经世致用；作为桐城派后期代表作家，他在文学上占有相当重要的地位；他又是兴办洋务、富国强兵的积极倡导者，在他的支持下，李鸿章等人开办了具有近代企业性质的造船厂、机器厂。1840年以来，中国社会进入了一个大转变时期，封建统治在列强入侵、农民起义的打击下摇摇欲坠，资本主义艰难曲折地发展起来，旧道学、旧礼教越来越丧失了其权威性和迷惑力，西方的新思想、新文化在中华大地上迅速传播开来。曾国藩正是在这样的时代背景下登上历史舞台并自觉地担起其"守先待后"的重任的，他曾残酷镇压农民起义，竭力维护封建纲常，又在军事、政治、经济、哲学、文学等领域因时变化，弃旧图新；他位极人臣、权倾朝野，却又受到朝廷猜忌和地方官僚排挤，经常郁郁寡欢；他在封建帝国面临危机之际挺身而出，效忠尽节，却又对其腐朽、没落、官僚主义等等洞察幽隐，深恶痛绝；他大半生都处在政治斗争、军事斗争的急流漩涡中，朝乾夕惕，耗尽精力，却又内心向往退居林下读书写作，晚年哀叹学问无成等等，所有这些都交织在一起，融会在一起。这样看来，对曾国藩任何简单的评价都不可能解决问题。新中国成立后受到"以阶级斗争为纲"的影响，把曾国藩斥为"刽子手"、"卖国贼"，已成定论，不容置疑；改革开放以来，学术思想活跃，"禁区"被渐次打破，对曾国藩的评价又成了一个议论纷纷的热门话题。这就难怪人们想要拨开迷雾，见识见识"庐山真面目"了。

儒家讲"三立"，"立德"居第一位，然后才是"立功"、"立言"。曾国藩在修身立德方面，一向笃学力行，老而不懈，尤其注重教育子弟，认为家族兴旺不在积银钱，置田产，而在出贤子弟。他在政事繁劳、军务紧张之际，总共写了一千六百多封、近百万字的家书。其内容涉及社会生活、人际交往、家教家训等各个方面，不仅是研究近代中国的宝贵史料，而且是研究曾国藩生平、思想和学术的核心资料。这些家书过去曾经广为流传，而今又越来越引起人们的浓厚兴趣，其影响已不局限于家教伦理，而扩展到了从政、练兵、处世、治学等方面。为了给广大读者尤其是青年朋友提供一个认识曾国藩及其家教内容、家教方法的简便途径，我们从其大量家书中精选了近百封有代表性的，加以注释评介，译成白话，编成这样一个选本，以便阅读，进而取其精华，探其奥义，从中获得借鉴和教益。

所选家书以光绪五年(1879)传忠书局《曾文正公全集》为底本，并据近年所出各种版本比照校勘。本属文字讹误或各本歧互需要斟酌取舍之处,径改原文,不做校记;遇有阙文,用方框□标出来。各封家书依照写作时间先后编排。注释力求简明扼要,凡是通过译文可以理解清楚的词语原则上不再加注。题解着重说明写信的背景、意图、主要内容及其可资研究借鉴之处。译文一般坚持直译,个别语句实在不好直译的稍作变通。文中反映作者政治倾向的若干用词,如称太平军为"贼"、"匪"、"逆"之类,仍然照译,以求保持作品原貌。

本书由陈霞村、萧泰芳、白平、冯良珍、张儒、王醒、马麦贞、杨光荣、王卯根共同完成。

目前学术界对曾国藩的研究还在"争鸣"阶段,许多问题有待于进一步探讨论证,本书译注评析肯定会有种种疏误,敬请专家学者和读者朋友不吝赐教。

陈霞村
1995年6月20日初稿
2003年11月8日定稿
2008年4月10日重订

目录

笔记杂著卷

前言 /001

◎ 道光时期

与祖父书(道光二十一年四月十七日) /001
与父亲书(道光二十一年八月初三日) /002
与父母亲书(道光二十一年九月十五日) /006
与父母亲书(道光二十一年十月十九日) /008
与澄、温、沅、季四弟书(道光二十二年九月十八日) /012
与澄、温、沅、季四弟书(道光二十二年十二月二十日) /018
与澄、温、沅、季四弟书(道光二十三年正月十七日) /024
与澄、温、沅、季四弟书(道光二十四年五月十二日) /033
与澄、温、沅、季四弟书(道光二十四年九月十九日) /037
与澄、温、沅、季四弟书(道光二十四年十月二十一日) /039
与叔父母书(道光二十五年十月初一日) /041
与澄、沅、季三弟书(道光二十七年六月二十七日) /044
与澄、沅、季三弟书(道光二十八年六月十七

日）/046

与澄、温、沅、季四弟书（道光二十九年三月二十一日）/049

与澄、温、沅、季四弟书（道光二十九年四月十六日）/053

◎ 咸丰时期

与澄、温、沅、季四弟书（咸丰元年五月十四日）/056

与澄、温、沅、季四弟书（咸丰四年八月十一日）/060

与澄、温、沅、季四弟书（咸丰四年十一月二十七日）/062

与澄、温、沅、季四弟书（咸丰五年三月二十六日）/065

与澄、温、沅、季四弟书（咸丰六年二月八日）/068

与纪鸿儿书（咸丰六年九月二十九日）/071

与纪泽儿书（咸丰六年十月二日）/072

与澄弟书（咸丰六年十一月二十九日）/074

与沅弟书（咸丰八年正月初四日）/077

与沅弟书（咸丰八年三月六日）/080

与沅弟书（咸丰八年四月九日）/082

与纪泽儿书（咸丰八年七月二十一日）/086

与纪泽儿书（咸丰八年八月三日）/089

与纪泽儿书（咸丰八年八月二十日）/091

与澄、季二弟书（咸丰八年九月十二日）/094

与纪泽儿书（咸丰九年三月初三日清明）/096

与纪泽儿书（咸丰九年五月四日）/098

与纪泽儿书（咸丰九年六月十四日）/099

与纪泽儿书（咸丰九年十月十四日）/101

与纪泽儿书（咸丰十年闰三月初四日）/103

与沅、季二弟书（咸丰十年七月三日）/106

与沅、季二弟书（咸丰十年七月初八日）/107

与沅、季二弟书（咸丰十年七月二十三日）/109

与沅、季二弟书（咸丰十年八月十二日）/111

与沅、季二弟书（咸丰十年九月二十四日）/113

与纪泽儿书（咸丰十一年正月初四日）/116

与纪泽儿书（咸丰十一年正月十四日）/118

与纪泽儿书（咸丰十一年正月二十四日）/120

与澄弟书（咸丰十一年六月十四日）/123

与纪泽儿书(咸丰十一年六月二十四日)／124

与纪泽儿书(咸丰十一年八月二十四日)／126

◎ 同治时期

与纪泽儿书(同治元年正月十四日)／129

与纪泽儿书(同治元年四月初四日)／131

与纪泽、纪鸿儿书(同治元年四月二十四日)／132

与纪泽儿书(同治元年五月十四日)／134

与沅、季二弟书(同治元年五月十五日)／136

与沅、季二弟书(同治元年五月二十八日)／139

与沅、季二弟书(同治元年七月初一日)／140

与澄弟书(同治元年闰八月初四日)／142

与澄弟书(同治元年九月四日)／143

与沅弟书(同治元年十月十三日)／144

与沅弟书(同治二年正月二十日)／147

与纪泽儿书(同治二年二月二十四日)／148

与沅弟书(同治二年三月二十四日)／150

与沅弟书(同治二年四月二十七日)／152

与沅弟书(同治二年七月初一日)／154

致沅弟书(同治二年七月十一日)／155

与沅弟书(同治二年七月二十一日)／157

与澄弟书(同治二年十月十四日)／159

与沅弟书(同治二年十一月十二日)／161

与澄弟书(同治二年十一月十四日)／163

与纪瑞侄书(同治二年十二月十四日)／164

与澄弟书(同治三年正月十四日)／167

与澄弟书(同治三年三月二十四日)／168

与沅弟书(同治三年四月二十日)／170

与纪鸿儿书(同治三年七月初九日)／171

与沅弟书(同治三年八月初五日)／173

与纪泽、纪鸿儿书(同治四年七月初三日)／175

与纪鸿儿书(同治五年正月十八日)／177

与澄、沅二弟书(同治五年三月二十六日)／179

与澄弟书(同治五年六月初五日)／181

与纪泽、纪鸿儿书(同治五年六月二十六日)／184

与沅弟书(同治五年九月十二日)／186

与纪泽儿书(同治五年十月十一日)／188

与纪泽儿书(同治六年二月二十五日)／190

与纪泽儿书(同治八年二月十七日)／193

与纪泽、纪鸿儿书(同治九年六月初四日)／195

与澄、沅二弟书(同治十年五月初十日)／203

◎道光时期

与祖父书

(道光二十一年四月十七日)

【题解】

由近及远地爱护救抚所有的人,是中国古代的一种道德规范,在这一点上,曾国藩可谓身体力行。在写这封信时,他还是一个连年靠借贷维持生计的穷京官,湖南家中也负债累累,但他对同胞、族亲、同乡、同学、朋友等至仁至义,以扶危济困为己任,尤其重视对其家族声誉的维护及对家族成员的保护。从这封信中也可以看出,曾国藩的这种德操颇受其上辈家风的影响。这里节选的是全信的后半部分。

【原文】

祖父大人万福金安:

……

楚善八叔事[1],不知去冬是何光景。如绝无解危之处,则二伯祖母将穷迫难堪,竟希公之后人[2],将见笑于乡里矣。孙国藩去冬已写信求东阳叔祖兄弟,不知有补益否。此事全求祖父大人作主。如能救焚拯溺[3],何难嘘枯回生[4]?伏念祖父平日积德累仁,救难济急,孙所知者,已难指数。如廖品一之孤、上莲叔之妻、彭定五之子、福益叔祖之母及小罗巷、樟树堂各庵[5],皆代为筹画,曲加矜恤[6]。凡他人所束手无策、计无复之者,得祖父善为调停,旋乾转坤,无不立即解危,而况楚善八叔同胞之亲、万难之时乎?孙因念及家事,四千里外杳无消息,不知同堂诸叔目前光景。又念家中此时亦甚艰窘,辄敢冒昧饶舌,伏求祖父大人宽宥无知之罪。楚善叔事如有说法之处,望详细寄信来京。

兹逢折便,敬禀一二,即跪叩祖母大人万福金安。

[1] 楚善八叔:曾楚善,排行第八,是曾国藩的堂叔。他因为负债沉重,被债主逼迫,陷入了窘境,下文提到的"二伯祖母"即曾楚善的母亲。

[2] 竟希公:即曾国藩的曾祖父曾竟希。

[3] 溺:沉进水中,喻指陷于危难。

[4]煦(xū)枯:温暖滋润枯死的植物,比喻扶危济困。
[5]孤:失去父母的孤儿。
[6]矜恤:同情救助。

祖父大人万福金安:

......

　　楚善八叔的事情,不知道去年冬天情形怎么样了。如果根本没有解危的办法,那么二伯祖母的处境将困苦不堪,竟希公的后代将要被乡亲们嘲笑了。我在去年冬天已经写了信去求东阳叔祖兄弟,不知道起作用了没有。这件事全求祖父大人做主,如果您能拯救他于水火之中,使他枯木再生又有何难?想到祖父平时常积德行善,救济危难,据我所知做过的好事已屈指难数,像廖品一的孤儿、上莲叔的妻子、彭定五的儿子、福益叔祖的母亲,以及小罗巷、樟树堂的各庵,您都替他们筹划,想方设法地加以同情救助。凡是别人束手无策,认为回天无力的事,通过您妥善地调停,便会扭转乾坤,没有不立即解脱危难的,何况楚善八叔是同胞骨肉,处在万分困难的时候呢?由这件事我又挂念到家中的情况,远离家乡四千里外,一点消息也得不到,不了解本家各位叔父的近况。又想到家里现在也窘迫,我就敢这样冒昧多嘴,还求祖父大人宽恕我无知的罪过。楚善叔的事情如果有了结果,希望把详细情况写信寄到京城里告我。

　　正赶上送公文的差人回湖南之便,捎信向您敬禀这些,同时跪拜祖母大人,祝祖母万福金安。

与父亲书

(道光二十一年八月初三日)

　　常言说"家书抵万金",在当时交通不便,通信困难的情况下,更是如此。曾国藩的家书总是不厌其详地向上辈们禀告自己一家人在外地生活的各种琐事,以慰亲人的悬念,设身处地,读之必备感亲切欣慰。同时他还常要求家人来信时内容越详细越琐碎越好,体现了他深切细密的故乡之情。他在家书中,不但谈与自己家有关的各项事情,而且还经常通报国家发生的各种大事的有关情况,体现出他心系国运民生的品格。这里节选了全信的后半部分。

男国藩跪禀父亲大人万福金安:

……

男在京身体平安，国荃亦如常[1]。男妇于六月二十三四感冒，服药数帖全愈，又服安胎药数帖。孙纪泽自病全愈后，又服补剂十余帖，辰下[2]体已复元。每日行走欢呼，虽不能言，已无所不知。食粥一大碗，不食零物。仆婢皆如常。

周贵已荐随陈云心回南，其人蠢而负恩。肖祥已跟别人，男见其老成，加钱呼之复来。

男目下光景渐窘，恰有俸银接续，冬下又望外官例寄炭资[3]，今年尚可勉强支持，至明年则更难筹画。借钱之难，京城与家乡相仿，但不勒追强逼耳。

前次寄信回家，言添梓坪借项内[4]，松轩叔兄弟实代出钱四十千，男可寄银回家，完清此项。近因完彭山屺项，又移徙房屋，用钱日多，恐难再付银回家。男现看定屋在绳匠胡同北头路东，准于八月初六日迁居(初二日已搬一香案去，取吉日也)。棉花六条胡同之屋，王翰城言冬间极不吉，且言重庆下者不宜住三面悬空之屋[5]，故遂迁移绳匠胡同房。每月大钱十千，收拾又须十余千。心斋借男银已全楚[6]。渠家中付来银五百五十两，又有各项出息，渠言尚须借银出京，不知信否。

广东事前已平息[7]，近又传闻异辞。参赞大臣隆文已病死，杨芳已告病回湖南。七月间又奉旨派参赞大臣特依顺往广东查办。八月初一日，又奉旨派玉明往天津，哈哴阿往山海关。

黄河于六月十四日开口，汴梁四面水围，幸不淹城。七月十六，奉旨派王鼎、慧成往河南查办。现闻泛溢千里，恐其直注洪泽湖。又闻将开捐名"豫工"，例办河南工程也。

男已于七月留须。楚善叔有信寄男，系四月写，备言其苦。近闻衡阳田已卖，应可勉强度日。成戌冬所借十千二百，男曾言帮他。曾禀告叔父，未禀祖父大人，是男之罪，非渠之过[8]。其馀细微曲折，时成时否，时朋买，时独买，叔父信不甚详明，楚善叔信甚详，男不敢尽信。总之，渠但免债主追逼，即是好处。第目前无屋可住，不知何处安身。若万一老亲幼子栖托无所，则流离四徙，尤可怜悯。以男愚见，可仍使渠住近处，断不可住衡阳。求祖父大人代渠谋一安居。若有餘资，则佃田耕作。又求父亲寄信问朱尧阶，备言楚善光景之苦与男关注之切，问渠所管产业可佃与楚善耕否。渠若允从，则男另有信求尧阶，租谷须格外从轻。但路太远，至少亦须耕六十亩，方可了吃。尧阶寿屏，托心斋带回。

严丽生在湘乡不理公事，簠簋不饬[9]，声名狼藉。如查有真实劣迹，或有上案，不妨抄录付京，因有御史在男处查访也，但须机密。

四弟、六弟考试，不知如何。得不足喜，失不足忧，总以发愤读书为主。史宜日日看，不可间断。九弟阅《易知录》，现已看至隋朝。温经须先穷一经，一经通后，再治他经，切不可兼营并鹜，一无所得。厚二总以书熟为主，每日读诗一首。

右谨禀父母亲大人万福金安。

[1]国荃：曾国荃，字沅甫，是曾国藩的弟弟，排行第九，当时跟着曾国藩在京城读书。
[2]辰下：目前。
[3]炭资：旧时外地官员在冬季馈赠给京官的银钱，有时是行贿的一种借口。
[4]项：款。
[5]重庆：祖父母、父母均健在称为重庆。
[6]楚：清，结清（欠款）。
[7]广东事：指英国军队侵犯广东的事。
[8]渠：他。
[9]簠(fǔ)簋(guǐ)不饬：对做官不廉洁的一种婉转的说法。"簠簋"代指贿赂。严丽生当时任湘乡知县。

男国藩跪禀父亲大人万福金安：

……

我在京城身体平安，国荃也很正常。我的妻子在六月二十三四患感冒，服了几服药便全好了，又服了几服保胎药。您的孙子纪泽自从病好以后，又服了十几服补药，目前身体已经复原。他每天行走欢呼，虽然不会说话，但已经无所不知了，能吃下一大碗粥，不吃零食。这里的男女仆人情形还和过去一样。

周贵已经被推荐，跟随陈云心回了南方，这个人既愚蠢又负恩。肖祥已经跟了别人，我见他为人老成，加了工钱又把他召回来了。

我目前的生计渐渐窘迫了，正好领到俸禄银子可以接续，到冬天又指望在外地做官的按惯例寄来买炭的钱。今年还可以勉强支持，到明年就更难筹划了。借钱的难处，京城和家乡差不多，只是债主不强逼硬要而已。

上次给家中写信，谈到添梓坪借款之中，松轩叔兄弟们实际上代出了四十串钱，我可以往家中寄银子，结清这笔债款。但近来因为还彭山屺的钱，又搬迁房子，用的钱一天天地多起来,恐怕难以再往家里寄银子了。我现在看好的房子在绳匠胡同北头的路东面,定在八月初六日搬家(初二日已经搬去一只香案,为了占一个吉日)。棉花六条胡同的房子,王翰城说是冬天非常不吉利,并且说祖父母、父母都健在的人不适宜住三面悬空的房子,所以就决定搬到绳匠胡同的房子里。每月房租为大钱十串,收拾一下又得花十几串。心斋从我这里借的银子已经全还清了。他家中给他寄来五百五十两银子,又有各项其他收入,但他说离京时还得借银子,不知道是不是真的没钱。

广东的事情以前已经平息,最近又听到有不同的说法。参赞大臣隆文已经病死,杨芳已经请病假回了湖南。七月里,又奉圣旨派参赞大臣特依顺前往广东查办。八月初一日,又奉圣旨派玉明前往天津,派哈哴阿往山海关。

黄河在六月十四日决口,汴梁四面被水包围,幸好没有淹到城里。七月十六日,奉圣旨派王鼎和慧成前往河南查办。现在听说泛滥区域宽广达一千里,担心会直冲到洪泽湖中。又听说将要设立"豫工捐",是为了照例办理河南的黄河工程。

我已经从七月开始留胡须。楚善叔给我来了封信,是四月写的,信中详细地谈了他困苦的情形。最近听说他已经把衡阳的地卖了,估计他应该能勉强地过下去。道光十八年冬天借给他的十串又二百文钱,我曾经说过是帮他的。这事曾经禀告过叔父,没有禀告祖父大人,这是我的罪过,不是他的过错。其他细微曲折的情节,时而成交时而不成,时而合伙买时而又单独买,叔父信中谈得不很详细清楚,楚善叔信中谈得十分详细,我不敢全信他的。总而言之,只要能使他免去债主的逼迫,便是好处。只是他目前没有房子住,不知道在哪里安身。如果万一老母亲和幼小的儿子没地方栖身,使他们四处流离,就更令人可怜。以我的愚见,可以让他仍然住在近处,千万不能住在衡阳。求祖父大人代他谋求一个安定的住所。如果有剩馀的钱,就租赁土地来耕种。并且求父亲写信给朱尧阶,详尽地告诉他楚善光景的艰难和我对这事关注的深切,问一下他所经管的田产能不能租给楚善耕种。如果他能应允,我就另外写信求他,租谷要格外减轻。只是路太远,至少也得耕种六十亩,才能够吃用。尧阶的寿屏,我将托心斋给他带回去。

严丽生在湘乡不理公事,贪财受贿,声名狼藉,如果查到他的真实劣迹,或者有上司对他进行的核查材料,不妨抄录下来寄给我,因为正有御史在我这里查访他,只是这事要注意保密。

四弟和六弟参加了考试,不知道结果如何。考中了不值得高兴,落榜了也不值得痛苦,总之应以发愤读书为主旨。史书应该天天看,不可间断。九弟读《纲鉴易知录》。现在已经看到隋朝。学习经书必须先彻底读完一部,精通一种之后,再研究其他经书,千万不可齐抓并举,一无所得。厚二的学习应当以把书读熟为主,每天要读一首诗。

谨禀父母亲大人万福金安。

与父母亲书

(道光二十一年九月十五日)

兄弟之间和睦友爱，这是中国古代的基本道德规范之一。曾国藩的弟弟曾国荃跟随他在京城读书，他尽心授课，竭力关怀，相处和洽。当弟弟突然要回湖南家乡时，他再三开导、劝阻弟弟。他将弟弟要走的原因看作是自己没有尽到做兄长的责任，请求父母亲惩责自己，并且不让外人闻知此事，体现了他友爱弟弟，孝顺长辈，维护家族声誉的操行。他在信中没有贬责弟弟，没有开脱表白自己，而是忍辱负重，从兄弟关系、家庭声誉处着眼，其思想境界确实比一般人高出了一个层次。

【原文】

男国藩跪禀父母亲大人万福金安：

八月十四接家信三件，内系得父亲信一，叔父信一，丹阁叔信一。十八日，男发家信第十二号，不知已收到否。

男等在京身体平安，甲三母子如常。惟九弟迫思南归，不解何故。自九月初间即言欲归，男始闻骇异，再四就询，终不明言。不知男何处不友[1]，遂尔开罪于弟，使弟不愿同居。男劝其明白陈辞，万不可蕴藏于心，稍生猜疑。如男有不是，弟宜正容责之，婉言导之，使男改过自赎。再三劝谕，弟终无一言。如男全无过愆[2]，弟愿归侍定省[3]，亦宜写信先告知父亲，待回信到时，家中谕令南归，然后择伴束装，尚未为晚。男因弟归志已决，百计阻留，劝其多住四十天，而弟仍不愿，欲与彭山屺同归。彭会试罢屈，拟九月底南旋，现在尚少途费，待渠家寄银来京。男目下已告匮，九弟若归，途费甚难措办。

英夷在浙江滋扰日甚，河南水灾，豫楚一路饥民甚多，行旅大有戒心。胡咏芝前辈扶榇南归[4]，行李家眷雇一大船，颇挟重资。闻昨已被抢劫，言之可惨。九弟年少无知，又无大帮作伴，又无健仆，又无途费充裕，又值道上不甚恬谧之际[5]，兼此数者，男所以大不放心，万万不令弟归。即家中闻之，亦万万放心不下。男现在苦留九弟在此，弟若婉从，则读书如故，半月内男又有禀呈。弟若执拗不从，则男当责以大义，必不令其独行。

自从闰三月以来,弟未尝片语违忤,男亦从未加以词色,兄弟极为湛乐。兹忽欲归,男寝馈难安,展转思维,不解何故。男万难辞咎,父亲寄谕来京,先责男教书不尽职、待弟不友爱之罪,后责弟少年无知之罪,弟当翻然改寤。男教训不先,鞠爱不切[6],不胜战栗待罪之至。伏望父母亲俯赐惩责,俾知悛悔遵守[7],断不敢怙过饰非[8],致兄弟仍稍有嫌隙。男谨禀告家中,望无使外人闻知,疑男兄弟不睦,盖九弟不过坚执,实无丝毫怨男也。

男谨禀

[1]友:友爱。
[2]愆(qiān):过失,罪过。
[3]定省(xǐng):晚上为父母铺床为定,早晨向父母问安为省,后来定省即指早晚向长辈问安。
[4]扶榇(chèn):护送灵柩。榇,棺材。
[5]恬谧:安静、安宁。
[6]鞠爱:爱护。
[7]俾:使。 悛悔:改悔。
[8]怙(hù):坚持。

男国藩跪禀父母亲大人万福金安:

八月十四日接到三封家信,其中有父亲的一封、叔父的一封,以及丹阁叔的一封。十八日,我给家中寄去第十二封信,不知收到了没有。

我们在京城身体都平安,甲三母子俩的情况也正常。只有九弟急切地想回到家乡去,不知道是什么原因。他从九月初就说要回,我听了感到惊异,再三再四地向他询问,他始终不肯明说。不知道我在什么地方待弟弟不好,因而得罪了他,使得他不愿意和我住在一起。我劝他有话直说,千万不可藏在心里,致使互相产生一些猜疑。如果我有不对的地方,弟弟应该认真地责备,或者婉言劝导,使我改正错误,将功补过。我再三劝告,弟弟始终不说一个字。如果是我完全没有过错,弟弟只是想回家探望和侍奉二位大人,也应该先写信告诉父亲,等回信到达,家中让他回去,然后选择旅伴,整理行装动身,也为时不晚。我因为弟弟回家的决心已定,便千方百计地阻止挽留,劝他再多住四十天,可是弟弟仍然不愿意,要和彭山屺一同回去。彭山屺参加进士考试落榜,打算九月底回南方,现在路费还不够,正等着他家往京城寄银子。我目前已经没钱,九弟如果回家,旅途的费用很难筹措。

英国鬼子在浙江生事侵扰一天比一天厉害,河南遭了水灾,河南、湖北一带挨饿逃荒的百姓很多,出门在外行走的人都对他们特别存有戒心。胡咏芝前辈护送灵柩回南方,又有行李家眷,雇了一只大船,携带着不少钱财等。听说昨天已经遭到抢劫,说起来真令人感到凄惨。九弟年轻无知,既没有许多人做伴,又没有健壮的仆人跟随,也没有充裕的路费,还正赶上旅途不很安全的时候,有这几个因素,所以我非常不放心,万万不能让他回去。就是家中听到他要回去的消息,也万万放心不下。我现在苦留九弟在这里,他如果能委屈听从,就让他照旧读书,半月之内我再给父母亲写信禀告。如果弟弟执拗不听,我就将用大义来责备他,肯定不会让他一个人走。

自从闰三月以来,弟弟从未有半句话不听我的,我也从未对他变脸指责过,我们兄弟之间极为欢乐。现在他忽然要回去,使我寝食不安,左思右想,不理解是什么缘故。这件事我确实难以推卸罪责。父亲寄信到京城,应当先谴责我教弟弟读书不尽职,对待他不友爱的罪过,然后责备他年轻不懂事的过错,弟弟一定会幡然醒悟。我对弟弟未能事先训导,未能亲切地养育爱护,等待大人责罚的心情不禁惶惧到了极点。希望父母亲对我责罚,使我懂得改悔,遵守训诫,决不敢坚持错误,遮掩过失,使我们兄弟之间仍然有一些隔阂。我认真地将情况禀告了家中,希望不要使外人知道,因而怀疑我们兄弟不和睦。可能九弟不过是固执,实际上对我没有丝毫埋怨。

男谨禀

与父母亲书
(道光二十一年十月十九日)

在这封信中,曾国藩详细叙述了他耐心地开导、教育弟弟曾国荃的经过,令人读后备受感动。应该注意的是,他对弟弟的关怀爱护,不仅仅是出于仁义的心肠,更有其深层的原因。兄弟亲如手足,必将患难与共,同御外侮,所以必须团结和睦,互相庇护。兄弟之间能休戚与共,就可以互相保护,在社会竞争中增强实力。将弟弟们教育成材,就可以光大门第,提高家族声望。曾家兄弟几人在事业上都有较高的成就,这和其家风家教,以及曾国藩的榜样作用是分不开的。古人特别重视修身齐家,这在曾国藩身上体现得非常充分。

男国藩跪禀父母亲大人万福金安:

十月十七日接奉在县城所发手谕,知家中老幼安吉,各亲戚家并皆如常。七月二十五由黄恕皆处寄信,八月十三日由县附信寄折差,皆未收到。男于八月初三发第十一号家信,十八发第十二号,九月十六发第十三号,不知皆收到否。

男在京身体平安。近因体气日强,每天发奋用功。早起温经,早饭后读二十三史,下半日阅诗、古文。每日共可看书八十页,皆过笔圈点,若有耽搁,则止看一半。

九弟体好如常,但不甚读书。前八月下旬迫切思归,男再四劝慰,询其何故,九弟终不明言,惟不读书,不肯在上房共饭。男因就弟房二人同食,男妇独在上房饭,九月一月皆如此。弟待男恭敬如常,待男妇和易如常,男夫妇相待亦如常,但不解其思归之故。男告弟云"凡兄弟有不是处,必须明言,万不可蓄疑于心。如我有不是,弟当明争婉讽;我若不听,弟当写信禀告堂上。今欲一人独归,浪用途费,错过光阴,道路艰险,尔又年少无知,祖父母、父母闻之,必且食不甘味,寝不安枕,我又安能放心?是万万不可也"等语。又写书一封,详言不可归之故,共二千馀字,又作诗一首示弟。弟微有悔意,而尚不读书。十月初九,男及弟等恭庆寿辰。十一日,男三十初度,弟具酒食、肃衣冠,为男祝贺。嗣是复在上房四人共饭,和好无猜。

昨接父亲手谕,中有示荃男一纸,言境遇难得,光阴不再等语,弟始愧悔读书。男教弟千万言,而弟不听,父亲教弟数言,而弟遽惶恐改悟,是知非弟之咎,乃男不能友爱,不克修德化导之罪也。伏求更赐手谕,责男之罪,俾男得率教改过,幸甚。

男妇身体如常,孙男日见结实,皮色较前稍黑,尚不解语。男自六月接管会馆公项,每月收房租大钱十五千文,此项例听经管支用,俟交卸时算出,不算利钱。男除用此项外,每月仅用银十一二两。若稍省俭,明年尚可不借钱。比家中用度较奢华,祖父母、父母不必悬念。男本月可补国史馆协修官,此轮次挨派者。

英夷之事,九月十七大胜,在福建、台湾生擒夷人一百三十三名,斩首三十二名,大快人心!

许吉斋师放甘肃知府。同乡何宅尽室南归,馀俱如故。同乡京官现仅十馀人。敬呈近事,馀容续禀。

男谨禀

又,呈附录诗一首云:

松柏翳危岩[1],葛藟相钩带[2]。
兄弟匪他人[3],患难亦相赖。
行酒烹肥羊,嘉宾填门外。
丧乱一以闻,寂寞何人会[4]?
维鸟有鹣鹣[5],维兽有狼狈[6]。
兄弟审无猜[7],外侮将予奈[8]?
愿为同岑石[9],无为水下濑[10]。
水急不可矶[11],石坚犹可磕[12]。
谁谓百年长? 仓皇已老大[13]。
我迈而斯征[14],辛勤共粗粝[15]。
来世安可期[16]?今生勿玩愒[17]?

注释

[1]翳:遮蔽。 危:高。
[2]葛藟(lěi):又名千岁藟,落叶木质藤本植物。《诗经·周南·樛木》:"南有樛木,葛藟累之。" 钩带:缠绕。
[3]匪:非。
[4]这两句意为:一旦听到某人家出了灾祸,他家就会门庭冷落,谁还去上门呢?
[5]维:于,在……中。 鹣(jiān)鹣:即比翼鸟。《尔雅·释地》:"南方有比翼鸟焉,不比不飞,其名谓之鹣鹣。"据说这种鸟只长着一只眼睛,一只翅膀,要两只合到一起才能飞行。
[6]狼狈:狈是传说中的一种像狼的兽。《酉阳杂俎·毛篇》:"或言狼狈是两物。狈前足绝短,每行常驾两狼,失狼则不能动。"
[7]审:真的。 猜:嫌隙。
[8]外侮:来自外界的侵犯、欺凌。《左传·僖公二十四年》引《诗经·小雅·棠棣》:"凡今之人,莫如兄弟……兄弟阋于墙,外御其侮。" 予:我。 将予奈:能对我们有什么办法?
[9]岑(cén):山顶。
[10]无:勿。 濑(lài):浅水沙石滩。
[11]矶:触激。《孟子·告子下》:"亲之过小而怨,是不可矶也……不可矶,亦不孝也。"张素《秋风曲》:"水急那可矶?下有百尺湍。"
[12]磕:碰撞。以上两句意为:急水若触激其下之濑,就会发生波浪,而坚硬的石头即使碰撞也不会损伤。
[13]仓皇:匆忙。
[14]迈:行走。 而:你。 斯:则。 征:行走。
[15]粗粝(lì):指粗恶的饭食。 粝:糙米。
[16]期:待。
[17]玩愒(kài):忽视,荒废。《左传·昭公元年》:"赵孟将死矣。主民,玩岁而愒日,其与几何?"

男国藩跪禀父母亲大人万福金安：

十月十七日接到了父亲在县城寄来的手谕，得知家中老幼平安，各亲戚家的情况也都如常。父亲七月二十五日从黄恕皆那里寄来的信和八月十三日从县里托送公文的差人捎寄的信，这里都没有收到。我在八月初三寄出第十一号家信，十八日寄出第十二号，九月十六日寄出了第十三号，不知家中都收到了没有。

我在京城身体平安。近来因为精神越来越好，每天发奋用功。早晨起来温读经书，早饭后读二十三史，下半天阅读诗和古文。每天一共可以看八十页书，全都用笔圈点。如果有事耽搁，就只看一半。

九弟身体还和往常一样好，只是不怎么读书。八月中旬时，他迫切地想回去，我再三劝慰，问他到底为什么，九弟始终不明讲，只是不读书，不肯和我们在上房里一同吃饭。我便到弟弟房里和他两个人一同吃，我妻子一个人在上房里吃。九月里整一个月都是这样。弟弟对我还和往常一样恭敬，对我妻子也和往常一样和气。我们夫妻俩对他也和过去一样，只是不理解他想回去的原因。我告诉弟弟说："兄弟之间凡是有不对的地方，必须讲出来，千万不能在心中藏下猜疑。如果我有不对的地方，弟弟应当直爽地讲出来，或者婉转地规劝。如果我不听，弟弟应当写信禀告家中大人们。现在要一个人单独回去，不仅浪费盘缠，而且耽误了学习的大好光阴，路上很危险，你又年轻无知，祖父母和父母亲听到消息，一定会为你担心得吃不下，睡不着，我又怎么能放心？这是万万不行的。"我还给他写了一封信，详细地谈了不能回去的理由，一共写了两千多字。又作了一首诗劝他。弟弟稍微有些后悔的意思，可是仍然不读书。十月初九日，我和弟弟等一同为家中大人庆祝寿辰。十一日，我过三十岁生日，弟弟准备了酒饭，穿着整齐的衣服，为我祝贺。从那以后，我们又恢复在上房中四个人一起吃饭，和好无猜了。

昨天接到父亲的手谕，其中有专门写给国荃的一张，谈到他学习的环境和机会难得，光阴不复返等，弟弟才惭愧悔悟，开始读书。我教导弟弟千言万语，他都不听，父亲教导了他几句话，他马上便惶恐改悔，这就说明不是弟弟的过错，确是我对他不能友爱，不能以身作则地开导的罪过。我求父母亲再赐来手谕，谴责我的罪过，使我能够遵循教诲，改正过错，那就太好了。

我妻子身体正常，你们的孙子一天比一天结实，皮肤比以前黑了点，还不会说话。我从六月里接管了长郡会馆的财务，每月收房租十五串大钱，这笔钱规定任由主管人使用，等到交接手续时算还，不计利息。我除了花这笔钱外，每月只用十一二两银子。如果稍微俭省些，明年还可以不借钱。我这里比家中用度较为奢华，祖父母和父母亲不必挂念。我在本月内可以补国史馆协修官的缺，这是按次序轮过来的。

关于英国佬的事，九月十七日获得大胜，在福建、台湾俘虏鬼子一百三十三名，斩首三十二名，真是大快人心！

许吉斋老师出任了甘肃知府。同乡何家已经全家都回了南方，其他人的情形照旧。同乡的京官现在只有十几个人了。恭敬地把近来的事情写信告知父母亲，其馀的容以后再禀告。

男谨禀

又，呈上附录诗一首：
松柏翳危岩，葛藟相钩带。
兄弟匪他人，患难亦相赖。
行酒烹肥羊，嘉宾填门外。
丧乱一以闻，寂寞何人会？
维鸟有鹡鸰，维兽有狼狈。
兄弟审无猜，外侮将予奈？
愿为同岑石，无为水下濑。
水急不可矶，石坚犹可磕。
谁谓百年长？仓皇已老大。
我迈而斯征，辛勤共粗粝。
来世安可期？今生勿玩愒？

与澄、温、沅、季四弟书
（道光二十二年九月十八日）

古人成才，家风家教是一个重要的因素，而师友的熏陶帮助是另一个重要因素。曾国藩给弟弟们写信，往往详细地谈自己修身的内容、方法、过程等，现身说法，以自己为榜样给弟弟们以感化熏陶。这封信中讲治学修身之道，妙语连珠，感染力强，例如"师友夹持，虽懦夫亦有立志"，"为学譬如熬肉"，"用功譬若掘井"，均十分贴切深刻。这些虽然并非什么创见，但从一个已经学有所成，并且极有责任心的兄长口中说出来，就更容易为弟弟们所接受。曾家弟兄几人后来的行事，显然和曾国藩平时的教育有着十分密切的关系。

四位老弟足下[1]：

九弟行程，计此时可以到家。自任邱发信之后，至今未接到第二封信，不胜悬悬[2]，不知道上不甚艰险否。四弟、六弟院试，计此时应有信,而折差久不见来,实深悬望。

予身体较九弟在京时一样,总以耳鸣为苦。问之吴竹如,云只有静养一法,非药物所能为力。而应酬日繁,予又素性浮躁,何能著实养静?拟搬进内城住,可省一半无谓之往还,现在尚未找得。予时时自悔,终未能洗涤自新。

九弟归去之后,予定刚日读经[3],柔日读史之法。读经常懒散不沉着。读《后汉书》,现已丹笔点过八本,虽全不记忆,而较之去年读《前汉书》,领会较深。九月十一日起,同课人议每课一文一诗,即于本日申刻用白折写[4]。予文、诗极为同课人所赞赏,然予于八股绝无实学,虽感诸君奖借之殷[5],实则自愧愈深也。待下次折差来,可付课文数篇回家。予居家懒做考差工夫[6],即借此课以摩厉考具[7],或亦不至临场窘迫耳。

吴竹如近日往来极密,来则作竟日之谈,所言皆身心国家大道理。渠言有窦兰泉者(垿,云南人),见道极精当平实。窦亦深知予者,彼此现尚未拜往。竹如必要予搬进城住,盖城内镜海先生可以师事,倭艮峰先生、窦兰泉可以友事。师友夹持,虽懦夫亦有立志。子思、朱子言为学譬如熬肉,先须用猛火煮,然后用慢火温。予生平工夫全未用猛火煮过,虽略有见识,乃是从悟境得来。偶用功,亦不过优游玩索已耳。如未沸之汤,遽用慢火温之,将愈煮愈不熟矣。以是急思搬进城内,屏除一切,从事于克己之学。镜海、艮峰两先生亦劝我急搬,而城外朋友,予亦有思常见者数人,如邵蕙西、吴子序、何子贞、陈岱云是也。

蕙西尝言:"'与周公瑾交,如饮醇醪'[8],我两人颇有此风味。"故每见辄长谈不舍。子序之为人,予至今不能定其品。然识见最大且精,尝教我云:"用功譬若掘井,与其多掘数井而皆不及泉,何若老守一井,力求及泉而用之不竭乎?"此语正与予病相合。盖予所谓掘井多而皆不及泉者也。

何子贞与予讲字极相合,谓我真知大源,断不可暴弃。予尝谓天下万事万理皆出于乾坤二卦,即以作字论之,纯以神行,大气鼓荡,脉络周通,潜心内转,此乾道也。结构精巧,向背有法,修短合度,此坤道也。凡乾以神气言,凡坤以形质言。礼乐不可斯须去身,即此道也。乐本于乾,礼本于坤。作字而优游自得真力弥满者,即乐之意也;丝丝入扣转折合法,即礼之意也。偶与子贞言及此,子贞深以为然,谓渠生平得力尽于此矣。陈岱云与吾处处痛痒相关，此九弟所知者也。

　　写至此，接得家书，知四弟、六弟未得入学，怅怅然。科名有无迟早，总出前定，丝毫不能勉强。吾辈读书只有两事：一者进德之事，讲求乎诚正修齐之道，以图无忝所生。一者修业之事，操习乎记诵词章之术，以图自卫其身。进德之事难以尽言，至于修业以卫身，吾请言之：

　　卫身莫大于谋食。农工商劳力以求食者也，士劳心以求食者也。故或食禄于朝，或教授于乡，或为传食之客，或为入幕之宾，皆须计其所业，足以得食而无愧。科名者，食禄之阶也，亦须计吾所业，将来不至尸位素餐，而后得科名而无愧。食之得不得，穷通由天作主，予夺由人作主；业之精不精，则由我作主。然吾未见业果精而终不得食者也。农果力耕，虽有饥馑必有丰年；商果积货，虽有壅滞必有通时；士果能精其业，安见其终不得科名哉？即终不得科名，又岂无他途可以求食者哉？然则特患业之不精耳。

　　求业之精别无他法，曰专而已矣。谚曰"艺多不养身"，谓不专也。吾掘井多而无泉可饮，不专之咎也。诸弟总须力图专业。如九弟志在习字，亦不必尽废他业，但每日习字工夫，断不可不提起精神，随时随事皆可触悟。四弟、六弟，吾不知其心有专嗜否，若志在穷经，则须专守一经；志在作制义[9]，则须专看一家文稿；志在作古文，则须专看一家文集。作各体诗亦然，作试帖亦然，万不可以兼营并鹜，兼营则必一无所能矣。切嘱切嘱，千万千万。此后写信来，诸弟各有专守之业，务须写明，且须详问极言，长篇累牍，使我读其手书，即可知其志向识见。凡专一业之人，必有心得，亦必有疑义。诸弟有心得，可以告我共赏之；有疑义，可以同我共析之。且书信既详，则四千里外之兄弟不啻晤言一室，乐何如乎？

　　予生平于伦常中，惟兄弟一伦抱愧尤深。盖父亲以其所知者尽以教我，而我不能以吾所知者尽教诸弟，是不孝之大者也。九弟在京年馀，进益无多，每一念及，无地自容。嗣后我写诸弟信，总用此格纸，弟宜存留，每年装订成册。其中好处，万不可忽略看过。诸弟写信寄我，亦须用一色格纸，以便装订。

　　谢果堂先生出京后，来信并诗二首。先生年已六十馀，名望甚重，与予见面，辄彼此倾心，别后又拳拳不忘，想见老辈爱才之笃。兹将诗并予送诗附阅，传播里中，使共知此老为大君子也。

予有大铜尺一方,屡寻不得,九弟已带归否?频年寄黄芽白菜子,家中种之好否?在省时已买漆否?漆匠果用何人?信来并祈详示。

国藩手具

[1]指曾国藩的四位弟弟:曾国潢,字澄侯;曾国华,字温甫;曾国荃,字沅甫;曾国葆,字季洪。
[2]悬悬:挂念。
[3]刚日:古人用天干记日,甲、丙、戊、庚、壬五天为奇数,属于阳刚,称这五天为刚日;乙、丁、己、辛、癸五天为偶数,属于阴柔,称为柔日。
[4]申刻:申时,每天下午三时到五时之间为申时。
[5]奖借:夸赞、勉励。
[6]考差:参加乡试主考官的选拔考试。清代,在京的翰林通过这项考试,可被派往各省任乡试的主考官。
[7]摩厉:磨砺,磨炼。
[8]与周公瑾交,如饮醇醪(láo):这是引用三国时吴国人陈普说的话。
[9]制义:也叫"制艺",即八股文。

四位老弟足下:

九弟的行程,估计现在能够到家了。他自从在任邱写来信以后,到现在也没有接到第二封信,我心中非常挂念,不知道途中是不是很顺利。四弟和六弟参加院试,估计现在也应该有信来了,但送公文的差人一直不见到来,确实令人深为盼望。

我的身体和九弟在京城的时候一样,老是因为耳鸣而苦恼。问过吴竹如,他说只有清静地保养一种办法,不是药能治好的。但现在各种应酬一天比一天多,我又一向性格浮躁,哪能够真正清静地保养?打算搬进内城去住,这样可以省掉一半在路上来往的无谓消耗,但现在还没有找到住所。我常常后悔,始终没有能够全部改正缺点,使自己进步。

九弟回去以后,我定了一个单日读经,双日读史的计划。读经书时常常懒散不扎实。现在读《后汉书》,已经用红笔标点了八本,虽然都记不住,但比起去年读《前汉书》来,领会得较为深刻。从九月十一日起,我们在一起学习的人商定每次聚会写一篇文章、一首诗,就在当天的申时用白折子写出来。我的文章和诗很受大家赞赏。但我在八股文方面根本没有实实在在的功夫,虽然感谢他们各位对我的盛情奖勉,实际上内心的惭愧却更深重。等到下次送公文的差人来京城时,我可以托他们给家中捎几篇习作回去。我平时懒得为考差事下工夫,就正好借这样的习作来磨炼本领,或许也不至于会临场窘迫。

吴竹如近日和我来往很密切,一来就整天地在一起交谈,所讲的都是有关修身治国的大道理。他说有个叫窦兰泉的(名叫窦垿,云南人),见识非常精当实在,窦兰泉也对我十分了解,但彼此之间还没有会见过。竹如一定要我搬进城去住,因为城里有唐镜海先生可以作为良师,倭艮峰先生和窦兰泉可以作为益友,有良师和益友帮助,即使是懦夫也会树立起远大的志向。子思和朱熹说治学就像熬肉,先要用猛火煮,然后用慢火温。我向来的学业全都没有用猛火煮过,虽然稍微有点见识,那也是从悟境中得来的,偶然用点功,也不过是悠闲地玩味探索而已。就像没有煮沸的汤,一下子就用慢火温,会越煮越煮不熟。因此我急着想搬进城里,排除一切干扰,从事于培养自身素质的学习。镜海和艮峰两位先生也劝我速搬,但住在城外的朋友们,有几个也是我想时常见到的,像邵蕙西、吴子序、何子贞、陈岱云等。

邵蕙西曾经和我说过:"和周公瑾交往,就像喝极好的美酒,不知不觉地就醉了,我们两个人之间很有点这样的味道。"所以每次见面就长谈不止。吴子序的为人,我到现在也不能确定其等级,然而他的见识最为博大精深,他曾经教诲我说:"用功就像掘井,与其多掘几口井而都见不到水,哪比得上坚持老挖一口,力求掘出水来而用之不尽呢?"这话正讲到了我的病根上,我也许就是他所说的那种掘井多而都没有见到泉水的人。

何子贞和我谈书法,意见非常相投,他认为我真正懂得书法的根本道理,千万不可自暴自弃。我曾经谈到天下的万事万理都包容在乾坤两卦的义理之中,就以写字而论,纯粹靠精神运行,大气勃发激荡,脉络圆通,潜心创意,这都属于乾卦的精神;字的结构精巧,布局有章法,笔画长短适度,这都属于坤卦的精神。一般来说,乾是就精神气质而言,坤是就实在形体而言。人不可以有一时一刻忘记礼乐,讲的就是这个道理。乐扎根于乾卦,礼扎根于坤卦。写字时优雅自得,精力充沛,就是乐的精神;丝丝入扣,转折得体,就是礼的精神。我偶尔和子贞谈到这一点,他觉得非常对,认为他一生中的受益全在其中了。陈岱云和我处处意见一致,痛痒相关,这是九弟所了解的。

写到这里,正接到了家中的来信,知道四弟和六弟因为未能考入学堂,心中闷闷不乐。科举功名的有无和迟早,总是命中注定的,丝毫不能勉强。我们读书只注重两件事,一是培养自身的美德,探究诚实正直修身齐家的道理,以求对得起生身的父母。其次是增进学业,在记诵词章的事情上下工夫,以求自我保护。培养美德的事难以一下子讲清楚,至于增进学业以求自我保护的事,我可以给你们谈一下:

在自我保护方面没有比谋食更紧要的。农民、工匠和商人都是靠体力劳作而求食的人,读书人是靠脑力劳作求食的人。所以有的在朝廷做官享受俸禄,有的在乡间教书,有的当公侯家的食客,有的当大官们的幕僚,都应当衡量自己的学识,足以对得起自己获得的报酬。科举功名是当官享受俸禄的阶梯,也应当衡量我们的学业,将来不至于不尽职而白拿报酬,然后得到功名才不惭愧。能不能谋到饭吃,命运的通达与否是由天主宰,官职的得到与失去是由别人主宰,学业的精通与不精通是由自己主宰。但是我从未见过学业确实精通而最终没有得食的人。农民如果在用力耕作,虽然有灾荒的年景,但总有丰收的年景。商人如果囤积了货物,虽然有时滞销,但总有畅销的时候。读书人如果真的能精通学业,又怎么能断定他会始终得不到科举功名呢?即使最终得不到科举功名,又怎么会没有别的途径可以求食呢?这就只须担心学业不精通而已。

追求学业精通没有别的办法,只有一个"专"字而已。俗话说"艺多不养身",指的就是不专。我掘的井很多却没有水喝,这就是不专的过。弟弟们一定要力求在学业上专一。如果九弟立志于书法,也不一定要把其他学业都抛开。但每天练字的时候,千万不可以不提起精神,随时遇到什么事,都可以领悟到书法的道理。四弟和六弟,我不知道你们在学业上有偏爱没有,如果立志于研究儒学经典,就应当专门搞通一部经书。如果立志要写好八股文,就应当专门看一家的文稿。如果立志要写古文,就应当专门看一家的文集。作各种体制的诗词也是这样,作试帖诗(译者注:科举考试中采用的一种诗体,一般以古人的诗句命题,有的为五言,有的为七言,有的写八韵,有的写六韵,诗题冠以"赋得"二字)也是这样,千万不可以同时从事多种学业,什么都同时用功就一定会没有一项专长。我殷切地嘱咐你们,千万要注意这个问题。今后再写信来,弟弟们如果各自有专攻的学业,一定要写清楚,并且要极其详尽,连篇累牍,使我读到你们亲手写的信,就能够知道你们的志向和见识。凡是专攻一种学业的人,必定会有独到的心得,也一定会有疑难的问题。弟弟们有了心得,可以告诉我共同欣赏;有了疑难,可以同我一起剖析。并且书信写得详尽之后,我们相隔四千里之外的兄弟们就和在一个屋子里交谈差不多,这种欢乐有什么能比得上呢?

我一生在伦理方面,只有在兄弟这一层上最感惭愧。因为父亲把他所知道的一切全都教给了我,而我却没有能把我所知道的东西全教给弟弟们,这是最大的不孝。九弟在京城一年多,没有很大的进步,每当想到这事,我就愧疚得无地自容。以后我给弟弟们写信,总是用这样的格纸,弟弟们应该把信都保存下来,每年装订成册。信中讲的有益的地方,你们千万不可以粗略地看过就了事。弟弟们给我写信,也应当用一样的格纸,以便装订。

谢果堂先生离开京城后,给我来了信,并且附寄来两首诗。谢先生已经六十多岁了,名望很大,他和我一见面就彼此都倾心交谈,离别后又念念不忘,可以推想见老辈人爱才的深切。现将先生的诗和我赠给他的诗寄给你们阅读,要在乡里传播,使人们都知道这位老者是位大君子。

我有一条大铜尺,多次寻找也没找到,九弟是不是把它带回去了?我连年给家中寄黄芽白菜籽,家中种了它以后收成好不好?你们在省城时买好了漆寿器的油漆没有？漆匠到底用谁？来信时请一并详细地告知。

兄国藩手具

与澄、温、沅、季四弟书
（道光二十二年十二月二十日）

儒家提倡"修身、齐家、治国、平天下"，其中"修身"是起点，是基础。曾国藩在这封长信中讲了不少关于"修身"的道理和方法，谈到人成材第一要有志，第二要有识，第三要有恒，做到言有矩，动有法，并且开列了自己修身养性的课程，每天都纠正过失，增长知识和技能，培养良好的心理素质。他不但自己这样做，而且也希望弟弟们能够仿效。自己的品德行为能够在家人身上推而广之，这就实现了"齐家"，将来才能承担国家的重任，成为能干大事业的人才。以身作则，教育家人，最能收到良好的效果；如果只是高谈一些空洞的说教，恐怕很难叫人信服。

诸位贤弟足下：

十一月十七寄第三号信，想已收到。父亲到县纳漕[1]，诸弟何不寄一信，交县城转寄省城也？以后凡遇有便，即须寄信，切要切要。九弟到家，遍走各亲戚家，必各有一番景况，何不详以告我？

四妹小产以后生育颇难，然此事最大，断不可以人力勉强。劝渠家只须听其自然，不可过于矜持[2]。又闻四妹起最晏，往往其姑反服事她，此反常之事，最足折福。天下未有不孝之妇而可得好处者，诸弟必须时劝导之，晓之以大义。

诸弟在家读书，不审每日如何用功。余自十月初一立志自新以来，虽懒惰如故，而每日楷书写日记，每日读史十页，每日记《茶馀偶谈》一则，此三事未尝一日间断。十月二十一日立誓永戒吃水烟，迄今已两月不吃烟[3]，已习惯成自然矣。予自立课程甚多，惟记《茶馀偶谈》，读史十页，写日记楷本，此三事者誓终身不间断也。诸弟每人自立课程，必须有日日不断之功，虽行船走路，俱须带在身边。予除此三事外，他课程不必能有成，而此三事者，将终身以之[4]。

前立志作《曾氏家训》一部，曾与九弟详细道及。后因采择经史，若非经史烂熟胸中，则割裂零碎，毫无线索；至于采择诸子各家之言，尤为浩繁，虽抄数百卷犹不能尽收。然后知古人作《大学衍义》《衍义补》诸书，乃胸中自有条例自有议论，而随便引书以证明之，非翻书而遍抄之也，然后知著书之难。故暂且不作《曾氏家训》，若将来胸中道理愈多，议论愈贯串，仍当为之。

现在朋友愈多。讲躬行心得者，则有镜海先生、艮峰前辈、吴竹如、窦兰泉、冯树堂。穷经知道者，则有吴子序、邵蕙西。讲诗、文、字而艺通于道者，则有何子贞。才气奔放，则有汤海秋。英气逼人，志大神静，则有黄子寿。又有王少鹤（名锡振，广西主事，年二十七岁，张筱浦之妹夫）、朱廉甫（名琦，广西乙未翰林）、吴莘畲（名尚志，广东人，吴抚台之世兄）、庞作人（名文寿，浙江人）。此四君者，皆闻予名而先来拜，虽所造有浅深，要皆有志之士，不甘居于庸碌者也。京师为人文渊薮，不求则无之，愈求则愈出。近来闻好友甚多，予不欲先去拜别人，恐徒标榜虚声。盖求友以匡己之不逮，此大益也，标榜以盗虚名，是大损也。天下有益之事，即有足损者寓乎其中，不可不辨。黄子寿近作《选将论》一篇，共六千馀字，真奇才也。子寿戊戌年始作破题[5]，而六年之中遂成大学问，此天分独绝，万不可学而至。诸弟不必震而惊之，予不愿诸弟学他，但愿诸弟学吴世兄[6]、何世兄。吴竹如之世兄现亦学艮峰先生写日记，言有矩，动有法，其静气实实可爱。何子贞之世兄每日自朝至夕总是温书，三百六十日，除作诗文时，无一刻不温书，真可谓有恒者矣。故予从前限功课教诸弟，近来写信寄弟，从不另开课程，但教诸弟有恒而已。盖士人读书第一要有志，第二要有识，第三要有恒。有志则断不甘为下流。有识则知学问无尽，不敢以一得自足，如河伯之观海，如井蛙之窥天，皆无识者也。有恒则断无不成之事。此三者缺一不可。诸弟此时惟有识不可以骤几[7]，至于有志有恒，则诸弟勉之而已。予身体甚弱，不能苦思，苦思则头晕，不耐久坐，久坐则倦乏，时时属望惟诸弟而已。

明年正月恭逢祖大人七十大寿。京城以进十为正庆，予本拟在戏园设寿筵，窦兰泉及艮峰先生劝止之，故不复张筵。盖京城张筵唱戏，名为庆寿，实则打把戏。兰泉之劝止，正以此故。现在作寿屏两架。一架淳化笺四大幅，系何子贞撰文并书，字有茶碗口大。一架冷金笺八小幅，系吴子序撰文，予自书。淳化笺系内府用纸，纸厚如钱，光彩耀目。寻常琉璃厂无有也[8]，昨日偶有之，因买四张。子贞字甚古雅，惜太大，万不能寄回，奈何奈何!

侄儿甲三体日胖而颇蠢,夜间小解知自报,不至于湿床褥。女儿体好,最易扶携,全不劳大人费心力。

今年冬间,贺耦庚先生寄三十金,李双圃先生寄二十金,其馀尚有小进项。汤海秋又自言借百金与我用。计还清兰溪、寄云外,尚可宽裕过年。统计今年除借会馆房钱外,仅借百五十金。岱云则略多些。岱云言在京已该账九百馀金,家中亦有此数,将来正不易还。寒士出身,不知何日是了也!我在京该账尚不过四百金,然苟不得差,则日见日紧矣。

书不能尽言,惟诸弟鉴察。

兄国藩手草

课程

主敬(整齐严肃,无时不惧。无事时心在腔子里,应事时专一不杂)。

静坐(每日不拘何时,静坐一会,体验静极生阳来复之仁心。正位凝命[9],如鼎之镇)。

早起(黎明即起,醒后勿沾恋)。

读书不二(一书未点完断不看他书。东翻西阅都是徇外为人)。

读史(二十三史每日读十页,虽有事不间断)。

写日记(须端楷。凡日间过恶,身过、心过、口过,皆记出。终身不间断)。

日知具所亡[10](每日记《茶馀偶谈》一则。分德行门、学问门、经济门、艺术门)。

月无忘所能(每月作诗文数首,以验积理之多寡、养气之盛否)。

谨言(刻刻留心)。

养气(无不可对人言之事。气藏丹田)。

保身(谨遵大人手谕:节欲、节劳、节饮食)。

作字(早饭后作字。凡笔墨应酬,当作自己功课)。

夜不出门(旷功疲神,切戒切戒)。

[1]纳漕:交纳公粮。

[2]矜持:固执,坚持。

[3]洎(jì):至,到。

[4]以:用,实行。

[5]破题:唐宋时应举诗赋和经义的起首处,须用几句话说破题目要义,叫做破题。明清时八股文的头两句也沿称为破题,并成为一种固定的程式。

[6]世兄:对世交的晚辈的称呼。

[7]骤几:马上达到。

[8]琉璃厂:北京城南街道名,元代时在其地建琉璃窑,故得名。清代时开设书籍、古玩、字画、碑帖、文具等店。

[9]正位凝命:《周易·鼎卦》:"象曰:木上有火,鼎。君子以正位凝命。"本指尊卑有序,教令严明。此指遵循规矩,言行整肃。

[10]亡:无,指缺陷、不足之处。

诸位贤弟足下:

十一月十七日我寄了第三号信,估计你们已经收到。父亲到县里交纳公粮,弟弟们为什么不顺便寄一封信,交给县城的人转寄到省城呢?以后凡遇到有机会,就要给我寄信,千万谨记。九弟到家后,到各亲戚家全走了一趟,必定了解了每一家各自的近况,为什么不详细地告诉我呢?

四妹流产以后,再要生育很难,但这件事最为重大,千万不可以人为地勉强。劝她家只可以听其自然,不要过分固执。又听说四妹每天起床最晚,往往让她的婆母反而侍候她,这是反常的事,最能折损她的福分。普天下没有不孝的媳妇能得到好处的,弟弟们必须经常劝导她,晓以大义。

弟弟们在家读书,不知道你们每天怎样用功法。我从十月初一日立志自己上进以来,虽然还像过去一样懒惰,但每天坚持用楷书写日记,每天读十页史书,每天写《茶馀偶谈》一篇,这三件事从来没有间断过一天。从十月二十一日起发誓永远戒了抽水烟,到现在已有两个月不抽烟,已经习惯成自然了。我给自己规定的自修内容很多,只有写《茶馀偶谈》,读十页史书,记楷书日记,这三件事我发誓终身都不间断。弟弟们每人给自己规定的学习内容,必须坚持有天天不间断的功夫,即使是乘船或走路时,都要带在身边。我除了这三件事以外,其他课程不一定能有成就,但这三件事我将终身坚持下去。

以前我立志要写一部《曾氏家训》,曾经和九弟详细谈过。后来从经书和史书中收集选择材料,感到如果胸中没有把经书和史书记得烂熟,就会搞得支离破碎,一点也没有系统。从诸子百家的著作中收集材料时,更觉得浩如烟海,即使抄几百卷也不能收全。这才知道古人写《大学衍义》、《衍义补》等书,是胸中已经有了条例和要发的议论,然后随心所欲地引用古书的材料来作佐证,不是翻检古书而把有益的东西全抄下来，这才知道著书的难处。所以决定暂时不写《曾氏家训》，如果将来胸中知道的道理越来越多，要发的议论越来越有系统，还是要著这部书的。

我现在的朋友越来越多了。能够讲自己身体力行的独到见解的，有唐镜海先生和倭艮峰前辈、吴竹如、窦兰泉、冯树堂。精通经典懂得儒道的，有吴子序、邵蕙西。谈论诗词、文章、书法而技艺能与哲理融通的，有何子贞。才气横溢奔放的，有汤海秋。英气逼人，志向远大，精神沉静的，有黄子寿。又有王少鹤（名锡振，任广西主事，今年二十七岁，是张筱浦的妹夫）、朱廉甫（名琦，广西道光十五年的翰林）、吴莘畲（名尚志，广东人，是吴抚台的世兄）、庞作人（名文寿，浙江人）。这四位都是听说了我的名声而先来拜会的，他们的造诣虽然各有深浅，总之都是有志之士，不甘心处于庸庸碌碌之中的人。京城是人文荟萃的地方，这样的朋友不找就没有，越找就越多。近来听到的可交的好友很多，我不想先去拜会别人，怕只会标榜了自己的虚名。因为寻求益友是为了弥补、纠正自己的不足和失误，这是最大的益处，但借此来标榜自己，盗取虚名，这对自己是最大的损害。普天下凡是有益的事情，其中往往就蕴含着有害的因素，不能不辨别清楚。黄子寿近来写了一篇《选将论》，共有六千多字，真是奇才。子寿从道光十八年才开始学着写八股文的开头，六年之间就获得了大学问，这是因为他天资绝顶，根本不能通过学习而达到。弟弟们不必因此而震惊，我不希望弟弟们学他，只希望你们学习吴世兄和何世兄。吴竹如的世兄现在也学着倭艮峰先生写日记，说话有规矩，行动有法则，他的沉静的气度确实令人喜爱。何子贞的世兄每天从早到晚总是在温习书籍，一年三百六十天，除了做诗写文章以外，没有一刻不读书，真可以算是能持之以恒的了。所以我从前指定了功课教弟弟们，近来给你们写信，从不另外再指定课程，只是教导你们要持之以恒而已。一般来讲，士人读书第一要有志气，第二要有见识，第三要有恒心。有志气就肯定不甘心居于下游。有见识就懂得学问没有穷尽，不敢学到一点东西就自满，像《庄子》中讲的河伯看海以及井蛙观天之类的人，都是没有见识的。有恒心就肯定没有办不成的事情。这三点缺一不可。你们现在只是有见识一条不能够马上达到，至于有志气和有恒心，各位努力鞭策自己就行了。我身体很弱，不能过多思考，思考多了便头晕；也不能久坐，坐久了就疲乏。我时时盼望的只是你们的进步而已。

明年正月恭逢祖父大人的七十大寿。京城把年岁达到整十的数作为大庆的时候，我本来打算在戏园里设宴庆祝，窦兰泉和倭艮峰先生予以劝阻，所以不再摆宴了。因为京城摆宴唱戏，名义上是庆寿，实际上是热闹取乐。兰泉进行劝阻，正是因为这个缘故。现在我做了两架寿屏，一架用淳化笺写成，共四大幅，是何子贞撰稿并书写的，每个字有茶碗口大。一架用冷金笺写成，共八小幅，是吴子序撰稿，我自己书写的。淳化笺是皇宫中用的纸，像铜钱那么厚，光彩耀目。平时琉璃厂没有卖的，前些时候偶然有了，便买了四张。子贞的字很古雅，可惜写得太大，肯定不能托人捎回去,实在惋惜无可奈何啊!

你们的侄儿甲三的身体一天天地发胖,很笨,但夜里要小便时知道自己报告,不至于弄湿被褥。女儿身体好,最容易携带,一点也不用大人费心。

今年冬天,贺耦庚先生寄来三十两银子,李双圃先生寄来二十两,其他还有些小收入。汤海秋又自己说要借给我一百两银子使用。算下来在还清兰溪和寄云的债务外,还能够宽裕地过年。总算下来,今年除了挪借了会馆的房钱以外,只借了别人的一百五十两银子。岱云借的债比我稍多些。岱云说他在京城已经欠了九百多两银子的债务,他家中也欠到了这个数,将来真不容易还。贫寒出身的士人,不知道什么时候才能熬到头。我在京城欠的债还没有超过四百两,但如果得不到差事,就一天比一天紧张了。

再长的信也不能把想说的话全写出来,希望弟弟们鉴察。

兄国藩手草

课程:

一、崇尚严于律己(作风整齐严肃,时时存有戒惧心理。没事时心在肚子里,应对事务时专一不杂乱)。

二、静坐(每天不论什么时候,静坐一会,体验沉静到极点时阳刚之气发生,仁义之心回归的感受。把自己置于中正的位置上,言行整肃,像鼎立地一样镇定)。

三、早起(天刚亮就起床,醒来后不沾恋床席)。

四、读书专一(一本书没有圈点完,绝对不看别的书。东翻西看的做法都是南辕北辙)。

五、读史书(二十三史要每天读十页,即使有事也不间断)。

六、写日记(必须用正楷,凡是一白天自己的过失,不论行为错,思想错,言语错,都要记下来。终身不间断)。

七、每天都获得自己欠缺的知识(每天写《茶馀偶谈》一篇。分为德行、学问、经营管理、艺术四个门类)。

八、每月都不荒废已有的本领(每月做诗和文章几篇,以检验自己获得的道理的多少,培养的浩然之气是不是盛壮)。

九、慎重言谈(时时刻刻都要留心)。

十、涵养气质(没有不能对人说的事。气藏于丹田)。

十一、保重身体(严格遵守父亲的手谕:节欲、节劳、节饮食)。

十二、练字 (早饭后练字。凡是笔墨方面的往来应酬,都当作自己练字的功课)。

十三、夜不出门(夜间外出会荒废学业,使精神疲劳,千万要注意戒止)。

与澄、温、沅、季四弟书

(道光二十三年正月十七日)

题解

曾国藩认为,兄弟之间不仅要和睦相处,而且要休戚与共,互相庇护,相互扶植,"兄以弟得坏名为忧,弟以兄得好名为快。兄不能使弟尽道得令名是兄之罪,弟不能使兄尽道得令名是弟之罪。"如果兄弟之间能各存此心,家庭自然不会不和睦,家族自然不会不兴旺。年轻人读书上进,师、友二端有着举足轻重的作用,曾国藩告诫弟弟们要注意"但取明师之益,无受损友之损",实在不失为金玉良言。信中又说,诗文书法应当有倔强不驯之气;义理之学最大,不尚考据,遵循守约之道;主张读经、读史、读专集,讲义理之学;学习上要恪守一个"耐"字和一个"专"字。这些都不是泛泛之谈,而是他自己成功的经验。由此看来,他既是兄长,也是弟弟们的良师益友。

原文

诸位老弟足下:

正月十五日接到四弟、六弟、九弟十二月初五日所发家信。

四弟之信三页,语语平实,责我待人不恕,甚为切当。谓月月书信徒以空言责弟辈,却又不能实有好消息,令堂上阅兄之书,疑弟辈粗俗庸碌,使弟辈无地可容云云。此数语,兄读之不觉汗下。

我去年曾与九弟闲谈,云为人子者,若使父母见得我好些,谓诸兄弟俱不及我,这便是不孝;若使族党称道我好些,谓诸兄弟俱不如我,这便是不弟。何也?盖使父母心中有贤愚之分,使族党口中有贤愚之分,则必其平日有讨好底意思,暗用机计,使自己得好名声,而使其兄弟得坏名声,必其后日之嫌隙由此而生也。刘大爷、刘三爷兄弟皆想做好人,卒至视如仇雠。因刘三爷得好名声于父母族党之间,而刘大爷得坏名声故也。今四弟之所责我者,正是此道理,我所以读之汗下。但愿兄弟五人各各明白这道理,彼此互相原谅。兄以弟得坏名为忧,弟以兄得好名为快。兄不能使弟尽道得令名是兄之罪[1],弟不能使兄尽道得令名是弟之罪。若各各如此存心,则亿万年无纤芥之嫌矣。

至于家塾读书之说,我亦知其甚难,曾与九弟面谈及数十次矣。但四弟前次来书,言欲找馆出外教书,兄意教馆之荒功误事较之家塾为尤甚,与其出而教馆,不如静坐家塾。若云一出家塾便有明师益友,则我境之所谓明师益友者,我皆知之,且已凤夜熟筹之矣,惟汪觉庵师及欧阳沧溟先生是兄意中所信为可师者。然衡阳风俗,只有冬学要紧,自五月以后,师弟皆奉行故事而已。同学之人类皆庸鄙无志者,又最好讪笑人(其笑法不一,总之不离乎轻薄而已。四弟若到衡阳去,必以翰林之弟相笑。薄俗可恶)。乡间无朋友,实是第一恨事。不惟无益,且大有损。习俗染人,所谓与鲍鱼处,亦与之俱化也。兄尝与九弟道及,谓衡阳不可以读书,涟滨不可以读书,为损友太多故也。今四弟意必从觉庵师游,则千万听兄嘱咐,但取明师之益,无受损友之损也。

接到此信,立即率厚二到觉庵师处受业[2]。其束脩[3],今年谨具钱十挂[4],兄于八月准付回[5],不至累及家中。非不欲从丰,实不能耳。兄所最虑者,同学之人无志嬉游,端节以后放散不事事,恐弟与厚二效尤耳。切戒切戒。凡从师必久而后可以获益,四弟与季弟今年从觉庵师,若地方相安,则明年仍可从游。若一年换一处,是即无恒者见异思迁也,欲求长进难矣。此以上答四弟信之大略也。

六弟之信乃一篇绝妙古文,排戛似昌黎[6],拗很似半山[7]。予论古文总须有倔强不驯之气,愈拗愈深之意,故于太史公外,独取昌黎、半山两家[8]。论诗亦取傲兀不群者,论字亦然。每蓄此意,而不轻谈。近得何子贞意见极相合,偶谈一二句,两人相视而笑。不知六弟乃生成有此一枝妙笔。往时见弟文亦无大奇特者,今观此信,然后知吾弟真不羁才也。欢喜无极,欢喜无极!凡兄所有志而力不能为者,吾弟皆可为之矣。

信中言兄与诸君子讲学,恐其渐成朋党,所见甚是。然弟尽可放心,兄最怕标榜,常存暗然尚䌹之意[9],断不至有所谓门户自表者也。信中言四弟浮躁不虚心,亦切中四弟之病,四弟当视为良友药石之言。

信中又有"荒芜已久,甚无纪律"二语,此甚不是。臣子与君亲,但当称扬善美,不可道及过错,但当谕亲于道,不可疵议细节。兄从前常犯此大恶,但尚是腹诽,未曾形之笔墨。如今思之,不孝孰大乎是?常与欧阳牧云并九弟言及之。以后愿与诸弟痛惩此大罪,六弟接到此信,立即至父亲前磕头,并代我磕头请罪。

信中又言弟之牢骚非小人之热中[10],乃志士之惜阴。读至此,不胜惘然,恨不得生两翅忽飞到家,将老弟劝慰一番,纵谈数日乃快。然向使诸弟已入学，则谣言必谓学院做情。众口铄金，何从辩起！所谓塞翁失马，安知非福？科名迟早，实有前定，虽惜阴念切，正不必以虚名萦怀耳。

来信言看《礼记疏》一本半，浩浩茫茫，苦无所得，今已尽弃，不敢复阅，现读朱子《纲目》，日十馀页云云。说到此处，兄不胜悔恨。恨早岁不曾用功，如今虽欲教弟，譬盲者而欲导人之迷途也，求其不误难矣。然兄最好苦思，又得诸益友相质证，于读书之道，有必不可易者数端：

穷经必专一经，不可泛骛[11]。读经以研寻义理为本，考据名物为末。读经有一"耐"字诀。一句不通，不看下句。今日不通，明日再读。今年不精，明年再读。此所谓"耐"也。读史之法莫妙于设身处地，每看一处，如我便与当时之人酬酢笑语于其间。不必人人皆能记也，但记一人，则恍如接其人。不必事事皆能记也，但记一事，则恍如亲其事。经以穷理，史以考事。舍此二者，更别无学矣。

盖自西汉以至于今，识字之儒约有三途：曰义理之学，曰考据之学，曰词章之学。各执一途，互相诋毁。兄之私意以为义理之学最大，义理明则躬行有要而经济有本[12]。词章之学亦所以发挥义理者也，考据之学吾无取焉矣。此三途者皆从事经史，各有门径。吾以为欲读经史，但当研究义理，则心一而不纷。是故经则专守一经，史则专熟一代，读经史则专主义理。此皆守约之道，确乎不可易者也。

若夫经史而外，诸子百家，汗牛充栋，或欲阅之，但当读一人之专集，不当东翻西阅。如读昌黎集，则目之所见，耳之所闻无非昌黎，以为天地间除昌黎集而外更别无书也。此一集未读完，断断不换他集，亦专字诀也。六弟谨记之。

读经、读史、读专集、讲义理之学，此有志者万不可易者也，圣人复起，必从吾言矣。然此亦仅为有大志者言之，若夫为科名之学，则要读四书文，读试帖、律赋，头绪甚多。四弟、九弟、厚二弟天质较低，必须为科名之学。六弟既有大志，虽不科名可也，但当守一"耐"字诀耳。观来信言读《礼记疏》，似不能耐者，勉之勉之。

兄少时天分不甚低，厥后日与庸鄙者处，全无所闻，窍被茅塞久矣。及乙未到京后[13]，始有志学诗古文并作字之法，亦苦无良友。近年得一二良友，知有所谓经学者、经济者，有所谓躬行实践者，始知范、韩可学而至也，司马迁、韩愈亦可学而至也，程、朱亦可学而至也。慨然思尽涤前日之污,以为更生之人,以为父母之肖子,以为诸弟之先导。无如体气本弱,耳鸣不止,稍稍用心,便觉劳顿。每自思念,天既限我以不能苦思,是天不欲成我之学问也,故近日以来意颇疏散。计今年若可得一差,能还一切旧债,则将归田养亲,不复恋恋于利禄矣。粗识几字,不敢为非以蹈大戾已耳[14],不复有志于先哲矣。吾人第一以保身为要,我所以无大志愿者,恐用心太过足以疲神也。诸弟亦须时时以保身为念,无忽无忽。

来信又驳我前书,谓必须博雅有才,而后可明理有用。所见极是。兄前书之意,盖以躬行为重,即子夏"贤贤易色"章之意[15],以为博雅者不足贵,惟明理者乃有用,特其立论过激耳。六弟信中之意以为不博雅多闻,安能明理有用?立论极精,但弟须力行之,不可徒与兄辩驳见长耳。

来信又言四弟与季弟从游觉庵师,六弟、九弟仍来京中,或肄业城南云云[16]。兄之欲得老弟共住京中也,其情如孤雁求曹也。自九弟辛丑秋思归[17],兄百计挽留,九弟当能言之。及至去秋决计南归,兄实无可如何,只得听其自便。若九弟今年复来,则一岁之内忽去忽来,不特堂上诸大人不肯,即旁观亦且笑我兄弟轻举妄动。且两弟同来,途费须得八十金,此时实难措办。弟云能自为计,则兄窃不信。曹西垣去冬已到京,郭云仙明年始起程,目下亦无好伴。惟城南肄业之说,则甚为得计。兄于二月间准付银二十两至金竺虔家,以为六弟、九弟省城读书之用。竺虔于二月起身南旋,其银四月初可到。

弟接到此信,立即下省肄业。省城中兄相好的如郭云仙、凌笛舟、孙芝房皆在别处坐书院,贺蔗农、俞岱青、陈尧农、陈庆覃诸先生皆官场中人,不能伏案用功矣。惟闻有丁君者(名叙忠,号秩臣,长沙廪生)学问切实,践履笃诚。兄虽未曾见面,而稔知其可师[18],凡与我相好者皆极力称道丁君。两弟到省,先到城南住斋,立即去拜丁君(托陈季牧为介绍),执贽受业。凡人必有师,若无师,则严惮之心不生。即以丁君为师,此外择友则慎之又慎。昌黎曰:"善不吾与,吾强与之附。不善不吾恶,吾强与之拒。"一生之成败,皆关乎朋友之贤否,不可不慎也。

来信以进京为上策,以肄业城南为次策。兄非不欲从上策,因九弟去来太速,不好写信禀堂上。不特九弟形迹矛盾,即我禀堂上亦必自相矛盾也。又目下实难办途费,六弟言能自为计,亦未历甘苦之言耳。若我今年能得一差,则两弟今冬与朱啸山同来甚好,目前且从次策。如六弟不以为然，则再写信来商议可也。此答六弟信之大略也。

九弟之信写家事详细，惜话说太短，兄则每每太长，以后截长补短为妙。尧阶若有大事，诸弟随去一人帮他几天。牧云接我长信，何以全无回信？毋乃嫌我话太直乎？扶乩之事全不足信[19]，九弟总须立志读书，不必想及此等事。季弟一切皆须听诸兄话。此次折弁走甚急，不暇抄日记本。余容后告。

冯树堂闻弟将到省城，写一荐条荐两朋友，弟留心访之可也。

[1] 令：美、好。
[2] 厚二：即季洪。
[3] 束脩：十条干肉。《论语·述而》："自行束脩以上，吾未尝无诲焉。"后来"束脩"就代指入学敬师的礼物。
[4] 十挂：相当于八串铜钱。
[5] 付：寄，捎。
[6] 排奡(ào)：刚劲有力。
[7] 拗很：执拗不驯。
[8] 半山：王安石之故宅在江苏省江宁县东北从县城东门到蒋山的半路上，所以名为半山。此代指王安石。
[9] 尚䌹：《礼记·中庸》："《诗》曰：衣锦尚䌹，恶其文之著也。故君子之道，闇然而日章，小人之道，的然而日亡。""衣锦尚䌹"的意思是穿着锦绣衣服时，外面再加上一件单衣。表示不让华美的东西外露。尚，加上；䌹，单衣。"尚䌹"表示故意掩饰，不炫耀自己的长处。
[10] 热中：急切地追逐名利权势。
[11] 泛骛：泛求，不专一。
[12] 经济：治国治民。
[13] 乙未：道光十五年。
[14] 戾：罪。
[15] 贤贤易色：《论语·学而》："子夏曰：贤贤易色。事父母能竭其力，事君能致其身，与朋友交，言而有信，虽曰未学，吾必谓之学矣。""贤贤易色"意为用好色那样的欲望好贤。
[16] 肄：学习。
[17] 辛丑：道光二十一年。
[18] 稔(rěn)：熟。
[19] 扶乩(jī)：一种求神问疑的迷信活动。

诸位老弟足下：

正月十五日接到了四弟、六弟和九弟十二月初五日寄来的家信。

四弟的信写了三页，句句实在，责备我对人不宽容，非常确当。信中说我每月写信只是用些空话责备弟弟们，却又不能有什么实际的好消息，让父母亲读了我的信后，便怀疑弟弟们粗俗平庸，使弟弟们无地自容等等。这几句话，我读着不觉流下汗来。

我去年曾经和九弟闲谈，讲到做儿子的，如果想让父母亲偏爱自己一些，认为兄弟们都不如我，这就是不孝；如果想让家族的人和乡亲们多夸赞自己一些，认为兄弟们都比不上我，这就是不悌(译者注：悌，敬爱兄长，也泛指敬重长上)。为什么这样说呢？因为使得父母亲心目中对儿子们有了贤愚之分，使得家族和乡亲们对一家兄弟的议论有了贤愚之分，那么他平时一定有故意讨好的意思，暗中使用心计，使自己得到了好名声，而使他的兄弟们得到了坏名声，他和兄弟们之间的矛盾以后一定会因此而产生了。刘大爷和刘三爷兄弟俩都想当好人，最终发展到和仇敌一样。这是因为刘三爷在父母和家族乡亲们中间得到了好名声，而刘大爷却得到了坏名声的缘故。现在四弟所责备我的，正是这个道理，因此我读着流下了汗来。但愿我们兄弟五个人人都明白这个道理，彼此之间互相谅解。哥哥要为弟弟得到坏名声而忧虑，弟弟要为哥哥得到好名声而欢喜。哥哥不能让弟弟发挥才能而得到好名声，是哥哥的罪过；弟弟不能让哥哥表现长处而得到好名声，是弟弟的罪过。如果人人都能这样想，那么就在一起相处时间再长也不会有丝毫的猜忌了。

至于谈到在家里的书馆中读书的事，我也知道那样很难进步，曾经和九弟面谈过几十次了。只是四弟上次来信，说要出外去找一个学馆教书，我觉得因为教书而荒废和耽误学业比在家中的学馆中更厉害，与其出外去教书，还不如静坐在家里的学馆中读书。如果说一离开家中学馆就会找到良师益友，那么我们那里的所谓良师益友我都知道，并且已经从早到晚盘算得烂熟了，只有汪觉庵老师和欧阳沧溟先生是我心中信任的可以当老师的人。但衡阳的习惯，只有对冬天的教学看得重要，从五月以后，老师和学生都是敷衍故事而已。在一起读书的人基本上都是平庸愚昧没有志气的，又最爱取笑别人(他们取笑的方法不一，总之不外乎轻薄而已。四弟如果到衡阳去，他们一定会拿你是翰林的弟弟而取笑。这种坏的风俗令人可恶)。乡村里没有好的学友，实在是最令人遗憾的事。不仅不受益，而且还大有损害。习俗会把人染坏，就像人们所说的和鲍鱼在一起，也会和它一样变臭。我曾经和九弟谈及，认为衡阳不可以读书，涟滨也不可以读书，都是因为损友(译者注：损友指对自己有害的朋友)太多的缘故。现在四弟思想上一定要跟随汪觉庵老师学习的话，那就千万要听我的嘱咐，只接受良师的教益，不要受损友的影响。

四弟接到这封信，便立即率领厚二到汪觉庵老师那里去学习。拜师的花销，今年给你们准备十挂钱，我在八月里肯定寄回去，不至于牵累家中。我不是不想多给，实在是力不从心。我所最担心的，是在那里一同学习的人们没有志气只顾玩耍，端午节以后自由散漫不学习,担心四弟和厚二学他们的样子。千万要注意!千万要注意!凡是拜师,必须时间长久,然后才可以受益。四弟和季弟今年跟随汪觉庵老师学习,如果那地方还可以,明年就还可以跟着他。如果一年换一个地方,那就是没有恒心的人见异思迁了,想要长进是不容易的。这以上是简略地答复四弟的来信。

六弟的信真是一篇绝妙的古文,在刚劲方面像韩愈,在执拗方面像王安石。我认为古文必须有倔强不驯的文势和越拗越深的文义,所以在司马迁之外,只推崇韩愈和王安石两家。品评诗词也是喜欢那种傲骨突兀而不同一般的,品评书法也是如此。心中常存有这个想法,但不轻易和人谈起。近来听到了何子贞的意见,和我的看法极其投合,偶尔谈一两句,两个人都相视而笑。不知道六弟竟然天生有这样一枝妙笔。过去看弟弟的文章也没有什么太出众的地方。现在看了这封信,然后才知道我的弟弟真是个出类拔萃的人才。我真是欢喜不尽,欢喜不尽!凡是我有志向而能力做不到的事,弟弟都可以做它了。

信中谈到我和这里的各位君子在一起讲论学问,担心我们会渐渐地结成朋党,这个看法很对。不过弟弟完全可以放心,我这人最怕标榜宣扬,经常想着暗暗地掩盖自己,肯定不至于会用所谓的门户去自己向人夸示。信中说四弟浮躁不虚心,也确实讲到了四弟的病根上,四弟应当把六弟的话看作是良友赠送的治病药石。

信中还有"学业被荒废已久,对儿子们一点也没有管束"两句话,这样讲很不对。臣对君,子对父,只应当称扬其善美,不可以谈论其过错,只应当在父亲面前明讲道理,不可以在细节上非议。我以前经常犯这种大罪过,但还是心里头不满,没有用笔墨写出来。现在想起来,还有比这更大的不孝吗?我常对欧阳牧云和九弟谈到这一点。今后希望能和弟弟们痛改这种大罪过。六弟接到这封信后,要立即到父亲面前磕头,并且也代我磕头请罪。

信中又说弟弟的牢骚不是出于小人急切追逐名利,而是出于有志之士对光阴的悯惜。读到这里,我心中不胜伤感,恨不得生出两只翅膀一下子飞回家中,将老弟劝慰一番,畅谈几天才痛快。不过假如过去弟弟们已经进了学堂,就一定会有谣言说学院送人情,众口铄金,怎么能辩得清楚?所谓塞翁失马,安知非福?科举功名迟得早得,实际上是命中注定的,虽然你悯惜光阴的想法很痛切,也不必因为虚名而困扰自己。

来信说你读《礼记疏》到一本半,觉得浩浩茫茫,嫌没有什么收获,现在已经全丢弃开,不敢再去看,现在正读朱子《纲目》,每天读十几页等等。说到这一点,我心中悔恨不已,恨自己早年没有用功,现在虽然想教弟弟,就好像是盲人想给迷路的人当向导,要想不失误是很难的。但是我最喜欢苦想问题,又能和益友们互相讨论辨析,认为在读书学习上,有几点规律是肯定不能改变的:

研究经典时必须专攻其中的一部,不可以泛泛地都看。读经书时要把琢磨探求义理看得最重要,考据名物是次要的。读经书有一个"耐"字的口诀,一句读不懂,就不看下一句。今天读不懂,明天再读。今年不精通,明年再读。这就是我所说的"耐"。读史书的方法没有比设身处地更好的,每看到一个地方,像是我就在当时的人们中间应酬谈笑。不一定书上的每个人都能记住,只要记住一个人,就仿佛是和他在一起。不一定书上的每件事都能记住,只要记住一件事,就好像自己亲身经历过这件事。读经书而探求义理,读史书而用实际的史事验证,除了这两点,就再没有学问了。

从西汉发展到今天,读书人做学问大致上走着三条道:第一是义理之学,第二是考据之学,第三是词章之学。大家各走一条道,互相诋毁。我个人的看法觉得义理之学最为重大,义理探求明白了,就会自己行事有纲要,治国治民有根本。词章之学也是用来发挥义理的,考据之学我认为没有什么可取之处。走这三条路的人都从事经史研究,各有门径。我认为要读经史,只应当研究义理,就会用心专一而不纷乱。所以要研究经典就专门攻读一部经书,要读史书就专门搞熟一个朝代,读经史则专门在探讨义理上下功夫。这都是简易可行的方法,是坚定而不可动摇的原则。

至于经史以外的书籍,诸子百家,汗牛充栋,或者要阅读的,就只应当读一个人的专集,不应当东翻西看。如果读韩愈的文集,就眼睛里看的,耳朵里听的没有不是韩愈,觉得天地之间除了韩愈的文集以外再没有别的书了。这一个集子没有读完,就坚决不换读其他的集子,这也是一个"专"字的口诀。六弟要谨记着它。

读经,读史,读专集,研讨义理之学,这是有志向的人万万不可改变的途径,即使是孔圣人复活过来,也一定会同意我的这些话的。不过这也只是对有远大志向的人谈的,至于从事于科举功名的学业,那就要读"四书"的文章,读试帖诗和讲究格律的辞赋,头绪很多。四弟、九弟和厚二弟天资比较低,必须从事于科举功名的学习。六弟既然胸怀大志,那就不走科举的道路也可以,只是应当坚守一个"耐"字诀而已。看到你来信中说读《礼记疏》的事,好像是不能"耐",一定要自勉啊!

我小时候天资不很低,后来每天和平庸愚陋的人相处,从他们那里什么有益的东西也听不到,心窍被堵塞了很久。在道光十五年到了京城之后,才开始有志于学习诗、古文,以及写字的方法,也从来没有良友。近年来遇到了一两个良友,才懂得有人们所说的经学和经营治理国家的学问,有所谓身体力行而实践的人,这才知道像范、韩这样的人可以通过学习而达到,像司马迁和韩愈这样的人也可以通过学习而达到,像程、朱这样的人也可以通过学习而达到。于是激昂地想全部洗刷掉自己以前的污点,做一个新生的人,做一个父母亲的好儿子,做一个弟弟们的先导。无奈身体本来虚弱,耳鸣不止,稍微用心一些就觉得劳累。经常自己考虑,老天既然不准我苦思冥想,这就说明老天不愿意成就我的学问,所以近日来思想上很懒散放松。打算着今年如果能得到一个差事,能够还清一切旧债,就将回家乡去奉养父母亲大人，不再对利禄恋恋不舍了。粗粗地认得几个字，不敢因为胡作非为而犯大罪而已，不再有志于效法前代的贤哲了。做人首先要以保护自身为最重要的事，我之所以没有了大的志向，是怕太过分地用心会使精神疲乏。弟弟们也要常常把保身的事放在心上，千万不可疏忽。

六弟在来信中又反驳我的前一封信，认为人必须博雅有才，然后方能明理有用，这一见解非常对。我前一封信的意思，是强调以身体力行圣人的道理为重，也就是子夏"贤贤易色"的意思。认为博雅的人不值得崇尚，只有明理的人才有用，只是一时观点过激而已。六弟信中的意思是认为不博雅多闻，怎么能明理有用？这一观点非常精当，只是弟弟还要努力实行它，不能只是和哥哥辩驳取胜而已。

来信又谈到四弟和季弟跟随汪觉庵老师学习，六弟和九弟还是来京城，或者是到城南学习等。我想让老弟们一起住在京城，这种心情就像是孤雁寻求伙伴一样热切。九弟在前年秋天想着回家，我曾经千方百计地挽留，九弟应当能够说出当时的情况。到去年秋天他下决心要回南方去，我实在无可奈何，只得听其自便。如果九弟今年又来，这样一年之中忽而去忽而来，不仅是家里的大人们不同意，就是旁观的人们也将会讥笑我兄弟们举动轻率。况且两位弟弟一同来，路费需要八十两银子，现在确实难以筹措。弟弟说能够自己想办法，而我内心却不相信。曹西垣去年冬天已经到了京城，郭云仙明年才从湖南动身，眼下也没有好的旅伴。只有到城南去学习的意见还很合适。我在二月里准捎二十两银子到金竺虔家，作为六弟和九弟到省城读书的费用。竺虔在二月里动身回南方，这笔银子在四月初就可以捎到。

六弟、九弟接到这封信，就可以立即到省城去学习。省城中和我相好的人像郭云仙、凌笛舟、孙芝房都在别处书院教书，贺蔗农、俞岱青、陈尧农、陈庆覃各位先生都是官场中的人，不能再伏案用功了。只听说有位丁君（名叫叙忠，号秩臣，是长沙的廪生）学问扎实，行为厚道诚实。我虽然没有和他见过面，但深知这个人可以拜为老师。凡是和我相好的人都在我面前极力地称道他。两位弟弟到了省城，先到城南去住进学舍，然后立即去拜见丁君（托陈季牧作介绍），送拜师的财礼而当他的学生。人必须有老师，如果没有老师，敬惧的思想就不会产生。就拜丁君为老师，此外选择朋友时要谨慎再谨慎。韩愈说过："贤人不和我交往，我要硬去主动接近他。不贤的人欢迎我，吾要坚决地拒绝他。"人一生的成败，都和朋友的贤与不贤有很大关系，不可以不谨慎。

来信把到京城来作为上策，把在城南学习列为其次。我不是不想同意上策，只是因为九弟来去得太快，不好写信禀告父母亲。不只是九弟的行动矛盾，就是我禀告父母时也一定会自相矛盾的。另外眼下确实难筹办路费，六弟说能够自己想办法，这也是没有经历过甘苦的幼稚话而已。如果我今年能得到一个差事的话，两位弟弟在今年冬天和朱啸山一起来最好。目前权且实行次策。如果六弟不同意我的意见,就再写信来商议也行。以上是简略地答复六弟的来信。

九弟信中写家里的事很详细,可惜话说得太短,我写信却经常是太长,以后我们截长补短最妙。朱尧阶如果有大事,弟弟们可以跟去一个人帮他几天。欧阳牧云接到了我的长信,为什么一直不回信?是不是嫌我的话太直率呢?扶乩的事完全不可信,九弟一定要立志读书,不必去想这些事情。季弟一切都要听哥哥们的话。这次送公文的差人走得很急,顾不上抄日记本了。其他的事容以后再写信告知。

冯树堂听说弟弟们将要到省城,写了一个条子向你们推荐两个朋友,你们可以留心去找一下。

与澄、温、沅、季四弟书

(道光二十四年五月十二日)

题解

明清以来,科举取士的制度日趋腐朽弊陋,压抑人才,浪费青春,贻害匪浅。曾国藩参加科考还算顺利,但他却明确认识到"此中误人终身多矣"。他期望于弟弟们的,不在于科名的有无,而是孝悌为瑞,文章不朽,要真才实学,不图科举虚名。这些都堪称真知灼见,体现了他务大、务远、务实的思想作风。

四位老弟足下:

自三月十三日发信后,至今未寄一信。余于三月二十四日移寓前门内西边碾儿胡同,与城外消息不通。四月间到折差一次,余竟不知,迨既知,而折差已去矣。惟四月十九欧阳小岑南归,余寄衣箱银物并信一件。四月二十四梁蓉庄南归,余寄书卷零物并信一件。两信皆仅数语,至今想尚未到。四月十三黄仙垣南归,余寄闱墨[1],并无书信,想亦未到。兹将三次所寄各物另开清单付回,待三人到时,家中照单查收可也。

内城现住房共二十八间,每月房租京钱三十串,极为宽敞。冯树堂、郭云仙所住房屋皆清洁。甲三于三月二十四日上学,天分不高不低,现已读四十天,读至"自修齐,至平治"矣。因其年太小,故不加严。已读者字皆能认。两女皆平安,陈岱云之子在余家亦甚好。内人身子如常,现又有喜,大约九月可生。

余体气较去年略好,近因应酬太繁,天气渐热,又有耳鸣之病。今年应酬较往年更增数倍。第一为人写对联条幅,合四川、湖南两省求书者几日不暇给。第二公车来借钱者甚多[2]，无论有借无借，多借少借，皆须婉言款待。第三则请酒拜客及会馆公事。第四则接见门生。颇费精神。又加以散馆[3]、殿试则代人料理，考差则自己料理，诸事冗杂，遂无暇读书矣。

三月二十八大挑甲午科[4]，共挑知县四人，教官十九人。其全单已于梁蓂庄所带信内寄回。四月初八日发会试榜，湖南中七人，四川中八人，去年门生中二人，另有题名录附寄。十二日新进士复试，十四发一等二十一名，另有单附寄。十六日考差，余在场，二文一诗，皆妥当无弊病，写亦无错落，兹将诗稿寄回。十八日散馆，一等十九名，本家心斋取一等十二名，陈启迈取二等第三名，二人俱留馆。徐棻因诗内皴字误写皱字，改作知县，良可惜也。二十二日散馆者引见，二十六七两日考差者引见。二十八日新进士朝考，三十日发榜，全单附回。二十一日新进士殿试，二十四日点状元，全榜附回。五月初四五两日新进士引见。初一日放云贵试差，初二日钦派大教习二人，初六日奏派小教习六人，余亦与焉。

初十日奉上谕，翰林侍读以下、詹事府洗马以下，自十六日起每日召见二员。余名次第六，大约十八日可以召见。从前无逐日分见翰、詹之例，自道光十五年始一举行，足徵圣上勤政求才之意。十八年亦如之，今年又如之。此次召见，则今年放差大半，奏对称旨者居其半，诗文高取者居其半也。

五月十一日接到四月十三家信，内四弟、六弟各文二首，九弟、季弟各文一首。四弟东皋课文甚洁净，诗亦稳妥。"则何以哉"一篇亦清顺有法，弟词句多不圆足，笔亦平沓不超脱。平沓最为文家所忌，宜力求痛改此病。六弟笔气爽利，近亦渐就范围，然词意平庸，无才气峥嵘之处，非吾意中之温甫也。如六弟之天资不凡，此时作文，当求议论纵横，才气奔放，作为如火如荼之文，将来庶有成就。不然一挑半剔，意浅调卑，即使获售，亦当自惭其文之浅薄不堪。若其不售，则又两失之矣。今年从罗罗山游，不知罗山意见如何。吾谓六弟今年入泮固妙，万一不入，则当尽弃前功，壹志从事于先辈大家之文。年过二十，不为少矣，若再扶墙摩壁[5]，役役于考卷截搭小题之中，将来时过而业仍不精，必有悔恨于失计者，不可不早图也。余当日实见不到此，幸而早得科名，未受其害。向使至今未尝入泮，则数十年从事于吊渡映带之间，仍然一无所得，岂不腼颜也哉！此中误人终身多矣。温甫以世家之子弟，负过人之资质，即使终不入泮，尚不至于饥饿，奈何亦以考卷误终身也？九弟要余改文详批，余实不善改小考文[6]，当请曹西垣代改，下次折弁付回。季弟文气清爽异常，喜出望外，意亦层出不穷。以后务求才情横溢，气势充畅，切不可挑剔敷衍，安于庸陋。勉之勉之，初基不可不大也。书法亦有褚字笔意，尤为可喜。总之，吾所望于诸弟者不在科名之有无，第一则孝弟为瑞，其次则文章不朽。诸弟若果能自立，当务其大者远者，毋徒汲汲于进学也。

冯树堂、郭云仙在寓看书作文，功无间断。陈季牧日日习字，亦可畏也。四川门生留京约二十人，用功者颇多。馀不尽书。

兄国藩草

[1]闱墨：乡试、会试之后，主考官挑选试卷中文字符合程式的，编刻成书，称为"闱墨"。

[2]公车：汉代用公家车马递送应征的人，后来便用"公车"作为应试举人的代称。

[3]散馆：明清时翰林院设有庶常馆，新进士朝考获得庶吉士资格者入馆学习，三年期满举行考试，成绩优良者留馆，授以编修、检讨之职，其馀分发各部为给事中、御史、主事，或出为州县官，谓之"散馆"。

[4]大挑：清代乾隆以后定制，三科以上会试不中的举人，挑取其中一等的用为知县，二等的用为教职。每六年举行一次，意在使举人出身的人有较宽的出路，名为"大挑"。

[5]扶墙摩壁：比喻小心谨慎，没有创见。

[6]小考：童生应县试、府试和院试，俗称为"小考"。

四位老弟足下：

自三月十三日给你们寄了信以后，直到现在也没有再寄信。我于三月二十四日移居到了前门内西边的碾儿胡同，和城外消息不通。四月里送公文的公差来过一次，我竟然不知道，等知道以后，公差已经走了。只是在四月十九日欧阳小岑回南方时，我托他捎回去衣服、箱子、银子等其他东西，另外有一封信。四月二十四日梁蒉庄回南方，我托他捎回去了书籍、考卷和一些零物，以及一封信。两封信都只有简单的几句话，估计至今还没有到达。四月十三日黄仙垣回南方，我托他捎回去一批科考的答卷文字，没有带信，估计也没有到达。现将三次捎回去的各种物品另开一张清单寄回去，等他们三位到达时，家中可以照清单查收。

我目前在内城中共住着二十八间房子，每月的房租是京钱三十串，极为宽敞。冯树堂和郭云仙住的房屋也都清洁。甲三于三月二十四日开始上学，他的天资不高不低,现在已经读了四十天,读到"自修齐,至平治"了。因为他年龄太小,所以对他要求不严。已经读过的字都能认得。两个女儿都平安,陈岱云的儿子在我家也很好。我妻子身体正常,现在又有了喜,大约到九月里可以生下。

  我的身体比去年稍好一些,近来因为应酬太多,天气逐渐变热,又犯了耳鸣的毛病。今年的应酬比往年又增加了几倍。第一是给人写对联条幅,全四川和湖南两省来要字的几乎闹得人一点闲工夫也没有。第二是到京城参加考试的举子们来向我借钱的很多,不论是借给不借给,多借或少借,都得婉言接待。第三是请酒拜客和会馆的公事。第四是接见门生。这些事都颇费精神。再加上散馆和殿试时替别人张罗,考差事则是为自己张罗,各种事情十分杂乱,便没有时间读书了。

  三月二十八日,朝廷对道光十四年参加会试的举人们进行大挑,共选拔了知县四人,教官十九人,全部人员的名单已经装在梁蔉庄所带的信中捎了回去。四月初八日出了会试榜,湖南考中七人,四川中了八人,去年我在四川的门生们考中了两人,另外有题名录附寄给你们。十二日新进士复试,十四日公布了获得一等者二十一名,另外有名单附寄给你们。十六日考差事,我也到场参加,写了两篇文章一首诗,都写得妥当而没有毛病,字也工整而没有失误,现将诗稿给你们寄回去。十八日散馆考试,被录取为一等的有十九名,本家心斋录取为一等第十二名,陈启迈录取为二等第三名,他俩都留在了馆中。徐棻因为诗中的"皴"字误写成了"皱"字,被改任为知县,真是可惜。二十二日是散馆者拜见皇上,二十六日和二十七日是考差事者拜见皇上。二十八日是对新进士举行朝考,三十日出榜公布结果,现将全部名单给你们寄回去。二十一日对新进士进行殿试,二十四日点状元,也将全榜名单给你们寄回去。五月初四日和初五日是新进士拜见皇上。初一日,朝廷委任了云贵的主考官。初二日,皇上亲自委派了大教习两名。初六日,朝廷奏请皇上批准而委派了小教习六名,我也是其中之一。

  初十日接到皇上的谕旨,对翰林侍读以下、詹事府洗马以下的官员,从十六日开始,皇上每天召见两名。我的名字排在第六,大约在十八日可以受到皇上召见。从前没有皇上逐日分别召见翰林和詹事的先例,从道光十五年始举行过一次,足以体现皇上勤于政事广求人才的用意。道光十八年也举行了一次,今年又这样做。这次召见后,今年就会有一大半的人被委任差事,其中回答提问使皇上满意的占半数,因为诗文写得好而被录取的也占半数。

  五月十一日接到了家中于四月十三日寄来的信件,其中有四弟和六弟的文章各两篇,有九弟和季弟的文章各一篇。四弟的东皋习作文笔很洁净,诗也作得稳妥。"则何以哉"一篇也清丽通顺且有章法,只是词句有许多不圆满的地方,文笔也平沓而不超越。文笔平沓是写文章者的大忌,应当力求痛改这一弊病。六弟的文笔爽利,近来也逐渐进入了规范,但遣词命意都平庸,没有才气惊人的地方,这不是我期望中的温甫。像六弟这样不凡的天资,这时候写文章,应当力求议论纵横,才气奔放,写出如火如荼的篇章来,将来有希望取得成就。不然的话雕琢一些小问题,命意肤浅,格调低下,即使换取到科举功名,也应当惭愧自己的文章浅薄不堪。如果文章换取不到科举功名,那就两头都落空了。六弟今年跟着罗罗山学习,不知道罗山的意见如何。我认为六弟如果今年能考入学堂固然好,万一入不了学堂,就应当把以前准备参加科举考试的学业全部抛弃,专心致志地学习攻读先辈大家的文章。已经年过二十,不算小了,如果谨小慎微,亦步亦趋,劳累于从经书上截取零碎而凑成的考题之中,将来时光流逝而学业仍然不精,必定会悔恨自己当初打错了主意,这事不可不早作打算。我以前其实认识不到这一点,幸好较早地得到了科举功名,未受其害。假如我到现在还没有考入学堂,那就会几十年奔波在通往学校的路上,仍然一无所得,岂不让人羞愧?这条道路误人终身的事太多了。温甫作为一个世家子弟,有超人的天资,即使终身不进学堂,也还不至于挨饿,为什么也要因为考卷而误掉自己的一生呢?九弟要我详细批改他的文章,我其实不善于批改参加县考的文章,将请曹西垣代我批改,下次由送公文的公差捎回去。季弟的文笔异常清爽,令我喜出望外,文章的命意也层出不穷。以后一定要力求才情横溢,气势充足畅达,切不可雕琢敷衍,满足于平庸浅陋。千万努力,开始的基础不能不雄厚广大。季弟的书法也有褚遂良体的味道,尤其令人可喜。总而言之,我对弟弟们的期望不在于能否获得科举功名,第一要在孝悌方面争先,其次要使文章不朽。弟弟们如果能够自强自立,就应当追求远大的目标,不要只是为考入学堂而忙碌。

冯树堂和郭云仙住在我这里看书写文章,学业从不间断。陈季牧天天在练字,也是后生可畏。四川的门生们留在京城的约有二十多人,用功的很多。其他的事不全写了。

国藩草

与澄、温、沅、季四弟书

（道光二十四年九月十九日）

立志是成材的一个最重要的因素。凡成材者,都是有志者;凡平庸者,都是无志或志短者。曾国藩对此有深切的感受,他多次写信教导弟弟们要立志猛进,在这封信中更对弟弟们历年来无长进的情况进行了尖锐的批评。良师良友虽然重要,但那都只是外在条件,而自身立志则是内因。如果没有远大的志向和坚韧的毅力,即使每天和尧舜禹汤这样的圣人们生活在一起,也不能受益而进步。

四位老弟足下：

自七月发信后未接诸弟信，乡间寄信较省城百倍之难，故余亦不望也[1]。

九弟前信有意与刘霞仙同伴读书，此意甚佳。霞仙近来读朱子书大有所见，不知其言语容止、规模气象何如。若果言动有礼，威仪可则，则直以为师可也，岂特友之哉[2]？然与之同居，亦须真能取益乃佳，无徒浮慕虚名。人苟能自立志，则圣贤豪杰何事不可为？何必借助于人？"我欲仁，斯仁至矣[3]。"我欲为孔孟，则日夜孜孜，惟孔孟之是学，人谁得而御我哉[4]？若自己不立志，则虽日与尧舜禹汤同住，亦彼自彼，我自我矣，何与于我哉？去年温甫欲读书省城，吾以为离却家门局促之地而与省城诸胜己者处，其长进当不可限量。乃两年以来看书亦不甚多，至于诗文，则绝无长进，是不得归咎于地方之局促也。去年余为择师丁君叙忠，后以丁君处太远，不能从，余意中遂无他师可从。今年弟自择罗罗山改文，而嗣后杳无信息，是又不得归咎于无良友也。日月逝矣，再过数年则满三十，不能不趁三十以前立志猛进也。

余受父教，而余不能教弟成名，此余所深愧者。他人与余交，多有受余益者，而独诸弟不能受余之益，此又余所深恨也。今寄霞仙信一封，诸弟可抄存信稿而细玩之。此余数年来学思之力，略具大端。

六弟前嘱余将所作诗录寄回，余往年皆未存稿，近年存稿者不过百馀首耳，实无暇抄写，待明年将全本付回可也。

[1]望：埋怨。
[2]特：仅仅，只是。
[3]这句话是孔子说的，见于《论语·述而》。
[4]御：阻挡。

四位老弟足下：

自从七月里寄了信以后，一直没有收到弟弟们的来信，在乡村里寄信比在省城难一百倍，所以我也不埋怨你们。

九弟在前一封信中说想和刘霞仙结伴读书,这个想法很好。霞仙近来读朱子的书大有收获,不知道他的言谈举止和品格气度怎么样。如果他言语行为合于礼度,庄重的仪容举止可以效法,那就直接把他当作老师也可以,岂止是和他交朋友呢?"不过和他住在一起,也应该真能受到教益才好,不要只是羡慕虚名。人如果能自己立志,什么圣贤豪杰的事情办不到?何必借助于别人呢?"我想要实行仁,仁就会到来。"我想当孔、孟一样的圣贤,就日夜孜孜不倦,只是一个劲地学习孔孟,别人谁能挡得住我呢?如果自己不立志,那么即使每天和尧舜禹汤住在一起,也是他们自是他们,我自是我,他们对我能有什么影响呢?去年温甫要到省城读书,我觉得离开了自己家狭小的天地而和省城中许多比自己强的人相处,其进步会不可限量。但两年以来,你们看的书也不很多,至于谈到诗和文章,就更是一点也没有长进,这就不能归罪于环境的局限了。去年我挑选了丁叙忠君当你们的老师,后来因为他那里太远,你们没有去拜他为师,我心里就觉得再没有别的人可以做老师了。今年弟弟自己挑选了罗罗山改文章,但后来又杳无音讯,这就又不能归罪于没有良友了。时光不停地流逝过去了,再过几年就会年满三十,不能不趁三十岁之前立志奋进。

我接受了父亲的教导,而我却不能够教导弟弟们成名,这是我深感愧疚的。别人和我交朋友,从我这里受到教益的人很多,而只有弟弟们不能从我这里受到教益,这又是我深深怨恨自己的。今寄去给刘霞仙的一封信,弟弟们可以把信稿抄录一份,留存下来,细细地玩味。这是我几年来学习和思考的功力,粗略地谈了一些大的方面。

六弟以前嘱咐我把自己写的诗抄出来寄回去,我往年写的诗都没有留底稿,近年来留下底稿的也不过一百多首,实在没有时间抄写,等明年我可以把全部诗稿都托人捎回去。

国藩草

与澄、温、沅、季四弟书

(道光二十四年十月二十一日)

满招损,谦受益;虚心使人进步,骄傲使人落后,这历来是人们律己的准则。凡骄傲者,总是拿自己的长处与别人的短处相比,因而沾沾自喜,不求上进。或者觉得自己怀才不遇,牢骚满腹。这些都是影响进步的因素。曾国藩在信中通过总结正反两方面的教训,谆谆告诫弟弟们要力除骄气,力戒自满,对后人也同样会有深刻的教益。

四位老弟足下：

前次回信内有四弟诗，想已收到。九月家信有送率五诗五首[1]，想已阅过。

吾人为学最要虚心。尝见朋友中有美材者，往往恃才傲物，动谓人不如己，见乡墨则骂乡墨不通，见会墨则骂会墨不通[2]，既骂房官[3]，又骂主考，未入学者则骂学院。平心而论，己之所为诗文实亦无胜人之处，不特无胜人之处，而且有不堪对人之处。只为不肯反求诸己，便都见得人家不是，既骂考官，又骂同考而先得者。傲气既长，终不进功，所以潦倒一生而无寸进也。

余平生科名极为顺遂，惟小考七次始售。然每次不进，未尝敢出一怨言，但深愧自己试场之诗文太丑而已，至今思之，如芒在背。当时之不敢怨言，诸弟问父亲、叔父及朱尧阶便知。盖场屋之中[4]，只有文丑而侥幸者，断无文佳而埋没者，此一定之理也。

三房十四叔非不勤读，只为傲气太胜，自满自足，遂不能有所成。京城之中亦多有自满之人，识者见之，发一冷笑而已。又有当名士者，鄙科名为粪土，或好作古诗，或好讲考据，或好谈理学，嚣嚣然自以为压倒一切矣。自识者观之，彼其所造曾无几何，亦足发一冷笑而已。故吾人用功力除傲气，力戒自满，毋为人所冷笑，乃有进步也。

诸弟平日皆恂恂退让，第累年小试不售，恐因愤激之久致生骄惰之气，故特作书戒之，务望细思吾言而深省焉，幸甚幸甚。

国藩手草

[1]率五：曾国藩的妹夫率五，曾经从湖南跑到京城找曾国藩，曾国藩劝他仍回家乡种地为生，并写诗赠他。

[2]乡墨、会墨：乡试、会试中入选的优秀文章。

[3]房官：乡试、会试时分房阅卷的考官。

[4]场屋：科举考试的地方。

四位老弟足下：

前一次的回信中有四弟的诗，估计你们已经收到。九月的家信中有送给率五的五首诗，想来你们也已经看过了。

我们学习时一定要虚心。我曾经见到过朋友中有素质不错的人，往往仗着自己的才能傲视一切，动不动就说别人不如自己，见到乡试的文章就骂乡试的文章不通，见到会试的文章就骂会试的文章不通，既骂阅卷的考官，又骂主考，没有进入学堂的就骂学堂。平心而论，他自己所作的诗和文章其实也没有胜过别人的地方，不仅是没有胜过别人的地方，而且还有不堪让人看的地方。只因为他不肯反过来检点自己，便总觉得人家不对，既骂考官，又骂和自己一同参加考试而先考中的人。傲气滋长以后，终于不肯用功，因此一生潦倒而没有取得一点进步。

我这一生在科举上非常顺利，只是在县考时，参加了七次才考中。但每次落榜后，从来没有敢出一句怨言，只是深深地惭愧自己在考场上写的诗和文章太丑而已，到现在想起来，还如同芒刺在背一样。我当时不敢有怨言的情况，弟弟们问一下父亲、叔父和朱尧阶就知道了。在考场之中，只会有文章丑陋而侥幸被录取的人，绝没有文章佳妙而被埋没的人，这是肯定的道理。

三房的十四叔读书并不是不勤奋，只是因为傲气太盛，自满自足，所以不能有所成就。京城里也有很多自满的人，有见识的人见了他们，只是冷笑一声而已。又有一些当名士的，把科举功名像对粪土一样鄙视，有的好做诗和古文，有的好讲考据，有的好谈理学，趾高气扬地认为自己压倒一切了。而在有见识的人看来，他们所达到的成就并没有多少，也只能令人发一声冷笑而已。所以我们用功学习时要力除傲气，力戒自满，不要被别人冷笑，这才能有所进步。

弟弟们平日都谦恭退让，只是连年来参加县考都没有考中，我担心你们会因为长期心情愤激而导致产生骄傲怠惰的习气，所以专门写信告诫你们，希望你们务必要仔细地思考我的话而深刻检点自己，那样就太好了。

兄国藩手草

与叔父母书

（道光二十五年十月初一日）

银钱出纳历来是人际关系的焦点之一，反映着一个人的品质和待人接物的能力。作者对此既能泾渭分明，又有远见卓识。当时，向他借钱的大都是赴京参加科考或办事的同乡，日后自当归还,若家中前往讨索,不仅有违解囊相助的初衷,而且势必扰乱曾氏的收支安排。信义第一,这是曾国藩处世为人的原则,也是他后来能罗致人才的原因之一。信中透辟地剖析了地方官的心态,劝诫父亲莫要依仗自己的权势干预县衙公务,与那些纵容家人横行乡里的官僚相比,尤见其明智、深沉。这里节选了原信的后半部分。作者当时在京城。

侄国藩谨启叔父母大人万福金安:

……

前次写信回家,内有寄家毅然宗丈一封[1],言由长沙金年伯家寄去心斋之母奠仪三十金[2]。此项本罗苏溪寄者,托侄转交,故侄兑与周辑瑞用,由周家递金家。顷闻四弟言,此项作途费矣,则毅然伯家奠分必须家中赶紧办出付去,万不可失信。谢兴岐曾借去银三十两,若还来甚好;若未还,求家中另行办法。又黄麓西借侄银二十两,亦闻家中已收。

侄在京借银与人颇多,若侄不写信告家中者,则家中不必收取。盖在外与居乡不同,居乡间紧守银钱,自可致富;在外者有紧有松,有发有收,所谓大门无出,耳门亦无入[3]。全仗名声好,乃扯得活;若名声不好,专靠自己收藏之银,则不过一年,即用尽矣。以后外人借侄银者,仍使送还京中,家中不必收取。去年蔡朝十曾借侄三十千,侄已应允作文昌阁捐项[4],家中亦不必收取。盖侄言不信,则日后虽有求于人,人谁肯应哉?侄于银钱之间,但求四处活动,望堂上大人谅之。

又闻四弟、六弟言父亲大人近来常到省城县城,曾为蒋市街曾家说坟山事、长寿庵和尚说命案事[5]。此虽积德之举,然亦是干预公事。侄现在京四品,外放即是臬司[6]。凡乡绅管公事,地方官无不衔恨。无论有理无理,苟非己事,皆不宜与闻。地方官外面应酬,心实鄙薄[7]。设或敢于侮慢,则侄靦然为官而不能免亲之受辱,其负疚当何如耶?以后无论何事,望劝父亲总不到县,总不管事。虽纳税正供,使人至县。伏求堂上大人鉴此苦心,侄时时挂念独此耳。

侄谨启

[1]宗丈:同族长辈。此处指曾毅然,即下文曾心斋之父。

[2]年伯:对科举考试同科登榜者父亲的称呼。此处指同科湖南进士金竺虔之父。　奠仪:赠送别人用于

祭奠的礼金。

[3]耳门:正院或正房的侧门。
[4]文昌阁:又称魁星阁,古代学校中祭祀文昌星(旧说主文运之星)之庙。文中似指湖南湘乡县学文昌阁。
[5]坟山:坟墓。此处表示坟地。
[6]臬(niè)司:清代提刑按察使司的简称,为主管一省司法的官员,隶属于总督、巡抚之下。清末改称提法使。
[7]鄙薄:轻视,鄙视。

侄国藩谨启叔父母大人万福金安:

......

上次给家里去信,其中装着给毅然尊长的一封信,谈及从长沙金大伯家里寄去用做曾心斋母亲祭奠金的三十两银子。这笔款项本是罗苏溪寄的,托我转交,所以我兑换给周辑瑞使用,由周家交给金家。刚才听四弟说,这笔钱已经用做路费了,那么毅然伯家的奠礼金必须赶紧由家里拿出寄去,千万不能失信用。谢兴岐曾从我这里借了三十两银子,如果还回来就很好,如果没有还,请求家里另想办法交付人家。此外黄麓西借过我的二十两银子,也听说家里已经要回去了。

我在京城借给很多人银子,如果我不写信告诉家里,家里就不必索要。在外面和在乡下不同,在乡下的人严格掌握银钱,自然可以致富;在外面的人既要有严格,又要有宽松,有放出去的,也有收回来的,这就是人们所说的大门没有出去的,小门也就没有进来的。全靠着名声好,才能够在社会上应付自如;如果名声不好,专靠自己积攒的银子,不超过一年就会用完的。以后外人借了我的银子,仍然让他们送还到京城里,家中不要收取。去年蔡朝十曾向我借了三十吊钱,我已许诺作为文昌阁的捐款,家中也不必收取。如果我说话不讲信用,那么以后如果求别人办事,人家谁肯答应呢?我在银钱的问题上,只求各方面能转得开,希望大人们能体谅。

又听四弟和六弟说,父亲大人近来常到省城县城里,曾经为蒋市街的曾家说坟地的事、为长寿庵和尚说人命案子的事。这些虽然是积德的举动,但也是干涉官府事务。我现在在京城做四品官,到地方上任职便是按察使。凡是乡间绅士插手公家的事,地方官员没有不心怀怨恨的。无论是有道理还是没道理,如果不是有关自己的事,都不应当过问。地方官员表面应付,心里实际上嫌恶。假使地方官员敢于欺侮怠慢,那么我这个官就当得很惭愧,而不能避免亲人遭受侮辱,所担负的愧疚该是怎样呢?以后无论是什么事,希望劝父亲一定不要到县里,一定不要过问地方政务。即使是交纳法定的赋税,也要派别人到县里。恭敬地请求大人们了解这番苦心,我挂念的只是这件事情而已。

侄谨启

与澄、沅、季三弟书
（道光二十七年六月二十七日）

此信以亲身经历揭示了人情往往是钓饵，欠人之情终究会得不偿失，教诲弟弟凡事不可占人半点便宜，切莫轻易接受他人恩惠施舍。作者所见尽管不无偏颇，但为人廉洁自爱，宁吃亏而不占别人便宜的处事原则却是值得肯定的。信中批评澄侯对女儿的婚姻草率从事，提出了结亲当着眼于长远，莫为一时"华丽"所蒙蔽的见解。后来，曾国藩要为长子纪泽选择乡间耕读人家的女子，也就是因为如此人家呈现蓬勃向上的趋势，有利于自身的发展兴旺。

"二品本应坐绿呢车，兄一切向来俭朴，故仍坐蓝呢车。"读至此处，不禁令人肃然起敬。在等级森严的封建时代，车舆服饰是权力的象征，地位的标志，也是物质享受的需要，作为二品大员的曾国藩为什么不慕虚荣？这与他历览多少兴亡事，成由俭朴败由奢的深刻思虑有着密切关系，这也正是曾国藩所要告诉诸弟的。作者当时在京城。

澄侯、子植、季洪三弟足下：

自四月二十七日得大考谕旨以后[1]，二十九日发家信，五月十八又发一信，二十九又发一信，六月十八又发一信，不审俱收到否。二十五日接到澄弟六月一日所发信，具悉一切，欣慰之至。

发卷所走各家[2]，一半系余旧友，惟屡次扰人，心殊不安，我自从己亥年在外把戏[3]，至今以为恨事。将来万一作外官，或督抚[4]，或学政[5]，从前施情于我者，或数百，或数千，皆钓饵也。渠若到任上来[6]，不应则失之刻薄，应之则施一报十，尚不足以满其欲。故兄自庚子到京以来[7]，于今八年，不肯轻受人惠，情愿人占我的便益，断不肯我占人的便益。将来若作外官，京城以内无责报于我者。澄弟在京年馀，余得略见其概矣。此次澄弟所受各家之情，成事不说，以后凡事不可占人半点便益，不可轻取人财，切记切记！

彭十九家姻事，兄意彭家发泄将尽[8]，不能久于蕴蓄，此时以女对渠家，亦若从前之以蕙妹定王家也[9]。目前非不华丽，而十年之上，局面亦必一变。澄弟一男二女，不知何以急急定婚若此，岂少缓须臾，即恐无亲家耶？贤弟行事，多躁而少静，以后尚期三思。儿女姻缘前生注定，我不敢阻，亦不敢劝，但嘱贤弟少安无躁而已。

……

京寓中大小平安。纪泽读书已至"宗族称孝焉[10]",大女儿读书已至"吾十有五"。前三月买骡子一头,顷赵炳坤又送一头。二品本应坐绿呢车[11],兄一切向来俭朴,故仍坐蓝呢车。寓中用度比前较大,每年进项亦较多(每年俸银三百两、饭银一百两)。其他外间进项尚与从前相似。同乡诸人皆如旧。李竹屋在苏寄信来,立夫先生许以干馆[12]。馀不一一。

兄国藩手草

[1]大考:清代专对翰林、詹事的升职选拔考试。详道光二十四年五月十二日信注[4]。

[2]发卷:犹"发解",明清时指考中举人。道光十四年(1834)秋季,曾国藩参加乡试,中第三十六名举人,此后两度赴京应会试,曾得到同乡旧友的帮助。

[3]己亥年:即道光十九年(1839)。是年五月,曾国藩入居翰林院,为庶吉士,开始了他的京官生活。 把戏:方言词,表示充任公职,当差办事的意思,也是做官的谦词。

[4]督抚:总督与巡抚的合称。清代总督为地方最高长官,总理一省或二三省的军事和民政,例兼兵部尚书衔,属从一品官;巡抚为省级地方政府的长官,总揽一省的军事、民政、吏治、刑狱等,例兼兵部侍郎、都察院右副都御史衔,本属从二品,加衔后为正二品官。

[5]学政:清代提督学政的简称,清末改称提学使,掌管一省学校生员考课升降事宜,加提督衔,品级略低于巡抚,又称为学台、学院、学宪等。

[6]渠:第三人称代词,他。一般用于口语。

[7]庚子:即道光二十年(1840)。曾国藩于道光十九年(1839)入居翰林院后曾返湘探亲,于次年回京任职。

[8]发泄:挥霍。

[9]蕙妹:曾国藩的二妹曾国蕙,嫁给同乡王率五,婚后生活拮据。

[10]纪泽:曾国藩的长子,后官至侍郎。

[11]绿呢车:用绿呢绒装饰的轿车,为清代二品官之乘舆规格,较蓝呢车豪华。

[12]干馆:在学馆中只占名额,不做事,白领薪金。

澄侯、子植、季洪三弟足下:

自从四月二十七日获得关于大考的皇上命令以后,二十九日发出家信,五月十八日又发出一封信,二十九日又发出一封信,六月十八日又寄去一封信,不知道是否全部收到。二十五日接到澄侯弟弟六月一日发出的信,知悉了所有的情况,我感到十分欣慰。

考中举人后走动的各家,有一半是我的老朋友,只是多次地打扰人家,心里特别不安宁,我自从己亥年(道光十九年)在外面做事以来,到现在都把这些看作遗憾的事情。将来万一做了地方官,或者是总督巡抚,或者是学政,从前对我施舍过恩惠的,或者几百,或者几千,都是钓饵。他们如果到我任职的地方来,不接应就显得太不讲情面,接应他们就得加倍地报答其施舍,尚且不能满足他们的要求。所以我自从庚子年(道光二十年)到京师以来,到现在已经八年了,从不愿意轻易地接受别人的恩惠,宁肯让别人占自己的便宜,也绝对不愿自己占别人的便宜。将来如果做了地方官,京城以内不会有向我要求报答的人。澄侯弟在京城一年多,也能略微看到这种做法的大概情况。这一次澄侯弟接受各家的人情,已经形成的事就不要提了,以后任何事情都不可以占别人的半点便宜,不可以轻易地接受别人的钱财,一定要牢牢记住。

与彭十九家联姻的事情,我认为彭家的运数将要散尽,不能保持积蓄很久了,在这样的时候把女儿许配给他家,正如从前把国蕙妹妹定给王家一样。眼下彭家并非不繁盛,但十年以后,局面也肯定彻底改变。澄弟有一个儿子两个女儿,不知道为什么如此匆忙决定婚姻,难道稍稍推迟一会儿,就害怕没有亲家吗?贤弟办事情,急躁多而冷静少,以后还期望能慎重考虑。儿女们的姻缘是前世注定的,我不敢阻拦,也不敢劝勉,只叮嘱贤弟稍微稳妥不要急躁。

……

京城家中大人小孩平安无事。纪泽读书已经读到"宗族称孝焉",大女儿读书已经读到"吾十有五"。三个月以前买了一头骡子,不久赵炳坤又送了一头。二品官本来应该乘坐绿呢绒装饰的轿车,但为兄在生活的各方面向来是节俭朴素,所以仍然乘坐蓝呢绒装饰的轿车。家里的开支比起以前较为增多,但每年的收入项目也比较多(每年俸禄有三百两银子,饭食补贴有一百两银子)。其他来自外面的收入款项还与从前相似。同乡们各人都和过去一样。李竹屋从江苏寄信来,说立夫先生许诺让他在学馆中不做事而白拿薪金。别的事就不一件一件地细说了。

兄国藩手草

与澄、沅、季三弟书

(道光二十八年六月十七日)

体察入微,未雨绸缪,是曾国藩家教方法的一大特色。曾氏之所以一再强调弟弟们写信越多,内容越烦冗越好,原因之一,就是从那些细枝末节中可以看出某种征兆动向,防患于未然,使年轻的弟弟们少走弯路,免受挫折。澄侯为朱岚轩出了二十分力,帮他取回一部分应该属于自己的银子,就朱氏而言,自然应该"滴水之恩,当以涌泉相报",但澄侯若不适当地一味领受酬谢,便会使当初助人的动机黯然失色。曾国藩告诫弟弟:"渠若以钱来谢,吾弟宜斟酌行之,或受或不受,或辞多受少,总以不好利为主。"其意义恰在此处。人生价值,存乎利义之际;何去何从,所宜审慎。曾国藩寄希望于澄侯的,是漂母饭韩信而不图报,鲁仲连退秦救赵辞千金。作者当时在京城。

澄侯、子植、季洪三弟左右:

……

六月十六日接到家信,系澄侯五月初七在县城所发,具悉一切。月内京寓大小平安,予癣疾上身已好,惟腿上未愈。六弟在家已一月,诸事如常。内人及儿女辈皆好。郭雨三之大女许配黄莆卿之次子,系予作伐柯人[1],亦因其次女欲许余次子故,并将大女嫁湖南。此婚事似不可辞,不知堂上大人之意云何。澄侯在县和八都官司[2],忠信见孚于众人[3],可喜之至。朱岚轩之事,弟虽二十分出力,尚未将银全数取回。渠若以钱来谢,吾弟宜斟酌行之,或受或不受,或辞多受少,总以不好利为主。此后近而乡党[4],远而县城省城,皆靠澄弟一人与人相酬酢[5]。总之,不贪财、不失信、不自是,有此三者,自然鬼服神钦,到处人皆敬重。此刻初出茆庐[6],尤宜慎之又慎。若三者有一,则不为人所与[7]。

李东崖先生来信,要达天听[8],予置之不论。其诰轴[9],则杜兰溪即日可交李笔峰。刘东屏先生常屈身讼庭[10],究为不美。澄弟若见之,道予寄语,劝其"危行言孙[11],蠖屈存身[12]"八字而已。

……

何子贞于六月十二丧妻,今年渠家已丧三人,家运可谓乖舛[13]。季弟考试万一不得[14],亦不必牢骚。盖予既忝窃侥幸[15],九弟去年已进[16],若今年又得,是极盛,则有盈满之惧,亦可畏也。同乡诸家一切如常。凌笛舟近已移居胡光伯家,不住我家矣。书不十一,馀俟续具[17]。

兄国藩手草

[1]伐柯人:媒人。语出《诗经·豳风·伐柯》:"伐柯如何?匪斧不克。取妻如何?匪媒不得。"
[2]都:县与乡之间的行政区划名称。曾国藩的家乡白杨坪便属湘乡县荷塘二十四都。官司:官署。
[3]孚(fú):信服。
[4]乡党:周制以五百家为一党,一万二千五百家为一乡,后因以"乡党"泛指乡里。
[5]酬酢(zuò):交往应对。

[6]茆:同"茅"。

[7]与(yù):赞许。

[8]达:传告。 天听:皇帝的视听。

[9]诰轴:皇上诰封五品以上官员及其先代和妻室的卷轴文书。

[10]讼(sòng)庭:诉讼案件的地方,相当于现代的法庭。

[11]危:正直。 孙(xùn):通"逊"。

[12]蠖(huò)屈存身:犹"蠖屈求伸"。语出《易·系辞下》:"尺蠖之屈,以求信(伸)也。"意谓尺蠖虫之所以弯曲它的身体,为的是向前伸展。

[13]乖舛(chuǎn):不顺利,不幸。

[14]得:成功,考中。

[15]忝(tiǎn):谦词,表示辱没他人,愧疚。 窃:非分占据。

[16]进:指通过府试考中秀才,以生员资格进入县学。

[17]俟(sì):等待。 具:陈述,开列。

澄侯、子植、季洪三弟左右:

......

六月十六日接到家里的信,是澄侯五月七日在县城里发来的,一切全都知悉了。这个月里京城家里大人小孩都平安。我的癣病上半身已经治好,只是腿上没有痊愈。六弟呆在家里已经一个月了,各方面的情况如同往常。我妻子及子女都很好。郭雨三的大女儿许配给了黄茆卿的二儿子,是我做的媒人,这也是因为他的二女儿要许配给我二儿子的缘故,一同把大女儿嫁给湖南人。这件婚事似乎不能推辞,不知道父母大人的意见如何。

澄侯在县里使八都官署之间和解,一片赤诚为众人所信服,非常值得高兴。朱岚轩的事情,弟弟尽管出了二十分力,还没有把银子全部取回。他如果用钱来表示谢意,你应该根据情况处理,是接受还是不接受,或者辞退大部分,接受少数,总归要以不追求利益为原则。从今以后近自乡里,远到县城省城,都靠澄弟一个人和别人应对交往。总而言之,不贪图钱财、不失掉信用、不自以为是,有了这三条,自然是连鬼神都钦佩,处处都受人敬重。现在正是初出茅庐的时候,尤其要谨慎再谨慎。如果前三条缺了一条,就不会被别人赞成了。

李东崖先生来信,想要有话向皇上禀奏,我放到一边不管。他的诰封卷轴,杜兰溪今天就可以交给李笔峰。刘东屏先生经常委屈自己到法庭上去,毕竟不是什么好事。澄弟如果见到他,转述我嘱托的话,奉劝他"行为正直,说话谦逊,像尺蠖虫弯曲身体那样保护自己"一句话而已。

......

何子贞在六月十二日死了妻子,今年他家已经死去三人,家里的运气可以说是很不顺利。季洪弟考试万一不成功,也不需要有烦闷不满的情绪。大概是我既然羞愧地占据着侥幸得来的职位,九弟去年已经进入县学,如果今年又考中,便是兴盛达到极点,就会有物极必反的恐惧,也是可怕的事情。同乡们各家一切情况都和平常一样。凌笛舟最近已搬到了胡光伯家,不住在我家了。信不能尽言,其他事情待以后接着陈述。

兄国藩手草

与澄、温、沅、季四弟书

(道光二十九年三月二十一日)

曾国藩的六弟温甫于道光二十五年(1845)九月赴京读书,同年参加乡试失利。此后便日见懒散,举业抛荒。直到道光二十八年(1848)末被澄侯、子植骗回家乡。温甫在京期间,曾国藩因他过继给了叔父,格外加意栽培,但温甫对其严绳勤教以及周济亲族的做法深为不解,甚或牢骚满腹;对曾国藩明知澄侯、子植之计而不为揭破,也十分恼火。数月之后,温甫的心情渐趋平静,曾国藩才将"以做官发财为可耻,以官囊积金遗子孙为可羞可恨"的立身准则一吐为快。曾氏着眼于家族的命运,子孙的未来,主张不把钱财留给子孙,不以姑息迁就来友爱兄弟,为的是创造艰苦磨炼的环境,让他们在拼搏中长才干,求发展。这种具有深谋远虑的训导子弟之道,即对今人也有重要参考价值。作者当时在京城。

澄侯、温甫、子植、季洪足下:

……

二月初四澄弟所发之信,三月十八接到;正月十六七之信,则至今未收到。据二月四日书云,前信着刘一送至省城,共二封,因欧阳家、邓星阶、曾厨子各有信云云[1]。不知两次折弁何以未见带到[2]。温弟在省时,曾发一书与我,到家后未见一书,想亦在正月一封之中。此书遗失,我心终耿耿也。

温弟在省所发书,因闻澄弟之计,而我不为揭破,一时气忿,故语多激切不平之词。予正月复温弟一书,将前后所闻温弟之行,不得已禀告堂上,及澄弟、植弟不敢禀告而误用诡计之故一概揭破。温弟骤看此书,未免恨我,然兄弟之间,一言欺诈,终不可久,尽行揭破,虽目前嫌其太直,而日久终能相谅。现在澄弟书来,言温弟鼎力办事[3],甚至一夜不寐,又不辞劳，又耐得烦云云。我闻之欢喜之至，感激之至，温弟天分本高，若能改去荡佚一路，归入勤俭一边，则兄弟之幸也，合家之福也。

　　我待温弟似乎近于严刻，然我自问此心，尚觉无愧于兄弟者，盖有说焉。大凡做官的人，往往厚于妻子而薄于兄弟，私肥于一家而刻薄于亲戚族党[4]。予自三十岁以来，即以做官发财为可耻，以宦囊积金遗子孙为可羞可恨，故私心立誓，总不靠做官发财以遗后人。神明鉴临[5]，予不食言。此时侍奉高堂，每年仅寄些须，以为甘旨之佐[6]，族戚中之穷者，亦即每年各分少许，以尽吾区区之意。盖即多寄家中，而堂上所食所衣亦不能因而加丰，与其独肥一家，使戚族因怨我而并恨堂上，何如分润戚族[7]，使戚族戴我堂上之德而更加一番钦敬乎？将来若作外官，禄入较丰，自誓除廉俸之外[8]，不取一钱，廉俸若日多，则周济亲戚族党日广，断不畜积银钱为儿子衣食之需。盖儿子若贤[9]，则不靠宦囊，亦能自觅衣饭；儿子若不肖[10]，则多积一钱，渠将多造一孽，后来淫佚作恶，必且大玷家声。故立定此志，决不肯以做官发财，决不肯留银钱与后人。若禄入较丰，除堂上甘旨之外，尽以周济亲戚族党之穷者，此我之素志也。至于兄弟之际，吾亦惟爱之以德，不欲爱之以姑息。教之以勤俭，劝之以习劳守朴，爱兄弟以德也；丰衣美食，俯仰如意[11]，爱兄弟以姑息也。姑息之爱，使兄弟惰肢体，长骄气，将来丧德亏行，是即我率兄弟以不孝也，吾不敢也。我仕宦十余年，现在京寓所有惟书籍、衣服二者。衣服则当差者必不可少[12]，书籍则我生平嗜好在此，是以二物略多。将来我罢官归家，我夫妇所有之衣服，则与五兄弟拈阄均分；我所办之书籍，则存贮利见斋中[13]，兄弟及后辈皆不得私取一本。除此二者，予断不别存一物以为宦囊，一丝一粟不以自私，此又我待兄弟之素志也。恐温弟不能深谅我之心，故将我终身大规模告与诸弟[14]，惟诸弟体察而深思焉。

　　去年所寄亲戚各项，不知果照单分送否。杜兰溪为我买《皇清经解》[15]，不知植弟已由省城搬至家中否？

　　京寓一切平安。纪泽《书经》读至《冏命》[16]。二儿甚肥大[17]。易南谷开复原官[18]，来京引见[19]，闻左青士亦开复矣。同乡官京中者，诸皆如常。余不一一。

兄国藩手草

[1]欧阳:曾国藩岳父复姓欧阳,名沧溟。
[2]折弁:各省专门往京城送奏折的低级官员,又称折差。
[3]鼎力:大力。
[4]族党:同族亲属。
[5]鉴临:居高审视。
[6]甘旨:本指美味,后用于奉养父母之婉词。 佐:帮助。
[7]润:对人施以恩惠。
[8]廉俸:正俸与养廉银的合称。清制,文武官员除发给正俸以外,另发养廉银。
[9]贤:德才兼备,与"不肖"相对。
[10]不肖:不才,不正派,与"贤"相对。
[11]俯仰:低头和抬头,此处比喻一举一动。
[12]当差者:做官的人的谦词。
[13]利见斋:曾国藩湘乡家中的私塾。
[14]规模:规制,格局。此处指所遵循的法则。
[15]《皇清经解》:清代学者训释儒家经典书籍的汇刻。此书由阮元主编,搜集清初至乾隆、嘉庆年间的经学著作七十四家,共一百八十一种,一千四百馀卷。
[16]同命:《尚书》篇名。
[17]二儿:指曾国藩的次子曾纪鸿。后被清廷赐为举人,颇精算术。
[18]开复:官员因事降革,后仍复其原官或原衔。
[19]引见:清制,京官五品以下,外官四品以下,授官时,文官由吏部大臣,武官由兵部大臣引导入见皇帝,称作引见。

澄侯、温甫、子植、季洪足下:

……

二月四日澄弟所发的信,三月十八日接到;正月十六七日的信,至今还没有收到。据二月四日的信中说,前次的信派刘一送到省城,共两封,因为欧阳家、邓星阶、曾厨子各自都有信等等。不知为什么送奏折的专差两次都没有带来。温弟在省城时,曾经给我寄来一封信,到家后没有见到他的一封来信,料想也在正月里的那些信件之中。这封信的遗失,使我心里始终不得安静。

温弟在省城所发的信里,因为听说了澄弟的计策,而我又不给他说明真相,一时气愤,所以话里有很多激切不满的措辞。我在正月里给温弟写了封回信,将先后听到的有关温弟的行为,不得已告诉父母,以及澄弟、植弟不敢告诉大人而错用狡诈计策的缘故全部挑明。温弟乍一读这封信,不免恨我,但兄弟之间,一句欺骗的话,终究不可以长久,彻底说明真相,虽然现在显得太直露,但日子长了最终能相互谅解。现在澄弟的信寄来,说温弟全力以赴地处理家事,甚至彻夜不眠,又不辞劳苦,又不怕麻烦等等。我得知这些十分高兴,十分感激。温弟的天资本来很高,如果能改掉放浪安逸的那种毛病,返回到勤劳节俭这一边来,那就是兄弟的幸运,全家的福气。

我对待温弟似乎近于严厉苛刻,然而我扪心自问,尚且觉得无愧于兄弟之情,这是有一定道理的。一般来说,做官的人,往往对妻子儿女感情深厚,而对兄弟感情淡薄;富了自己一家,而对亲戚本家冷酷无情。我自从三十岁以来,就认为做官发财可耻,认为官宦人家积攒钱财留给子孙令人羞愧,令人憎恨,所以内心发誓,决不靠做官发财来留给后代。神灵可以作证,我不会违背诺言。现在奉养父母,每年只寄少许,来作为生活之助,同族亲戚当中穷困的人家,也给每家各自分配一点儿,来尽我一点点心意。即使给家中多寄,父母亲吃的穿的东西也不能因此而增加,与其单单使一家富足,使得亲戚本族因为怨恨我而连带怨恨父母,哪里比得上分别周济亲戚同族,使亲戚同族感戴我父母的恩惠而更增加一层敬重呢?将来如果做地方官,俸禄所得较多,发誓除正俸和养廉钱之外,不多拿一文钱。廉俸收入如果越来越多,周济亲戚本家的范围就越来越广,绝对不积蓄银钱作为儿子的吃穿需要。儿子如果有才德,那么他不依靠父亲做官得来的钱财,也能自己寻求衣服饭食;儿子如果不成器,那么父亲多存一文钱,他就将多干一件坏事,以后纵欲放荡干坏事,必将大大玷污家里的名声。所以确立这一志向:决不肯靠做官发财,决不肯留银钱给后代。如果俸禄收入较多,除父母奉养所需之外,全部用来周济亲戚同族中穷困的人家,这就是我一向的志愿。至于兄弟彼此之间,我也是用道德去爱护,不想用无原则的宽容去爱护。用勤劳节俭教育他,用经常劳动保持质朴劝导他,这是用道德爱护兄弟;使衣服丰足,使饭食甘美,每件事都符合心意,这是无原则的迁就、爱护兄弟。迁就的爱,使兄弟身体懒惰,滋长骄气,将来丧失道德,损害品行,这等于用不孝率领兄弟,是我所不敢做的。我做官十几年,现在京城家里所有的只是书籍、衣服两样东西。衣服是当差的人必不可少的,书籍是我生平的嗜好,因此这两样东西比较多。将来我离职回家,我们夫妇所有的衣服,就和五位兄弟抓阄平均分配;我置买的书籍,就保存在利见斋中,兄弟们和后辈都不能私自拿走一本。除了这两样东西,我绝对不另外保存一件东西来作为做官得来的财产,连一根线一粒米都不占为己有,这又是我对待兄弟的一贯原则。恐怕温弟不能深刻理解我的用意,所以把我终身的根本准则告给弟弟们,希望弟弟们体验观察,深刻思考。

去年寄给亲戚的各宗款项,不知是否果真按照名单分别送去。杜兰溪替我买《皇清经解》,不知植弟是否已由省城运到家里。

京城家中一切平安。纪泽《书经》读到了《问命》。二儿子很胖大。易南谷恢复原来的官职,来京城接受召见。听说左青士也官复原职了。同乡在京师里任职的,每个人都照旧。其他暂不详叙。

兄国藩手草

与澄、温、沅、季四弟书

(道光二十九年四月十六日)

题解

儒家认为"孝"是治天下的根本,并由此派生出"悌"和"友"。深受理学熏陶的曾国藩将此列入修身的准则,同时作为家庭团结兴旺的凝聚力。在他看来,荣华富贵的仕宦人家好景难长,优越的家庭条件是使子孙滋生骄佚的温床,只有谨朴耕读、孝顺友爱之家才会兴旺发达,前程远大。时代不同了,今天的人们不必再拘守君臣父子之类的纲常信条,而应该还"孝友"之本来面目,赋予其崭新的意义了。一个孝顺父母的人,往往也是胸怀四海,追求美善、笃敬事业的人;一个友爱兄弟的人,难以想像他不是襟怀坦白,肝胆相照,善于合作的人。这里节选了原信的前半部分。作者当时在京城。

原文

澄侯、温甫、子植、季洪足下:

四月十四日接到己酉三月初九所发第四号来信,次日又接到二月二十三所发第三号来信。其二月初四所发第二号信则已于前次三月十八日接到矣,惟正月十六七所发第一号信则至今未接到。京寓今年寄回之家书:正月初十发第一号(折弁),二月初八发第二号(折弁),二十六发第三号(折弁),三月初一发第四号(乔心农太守),大约五月初可到省[1];十九发第五号(折弁),四月十四发第六号(由陈竹伯观察)[2],大约五月底可到省。《岳阳楼记》[3],竹伯走时尚未到手,是以未交渠,然一两月内,不少妥便,亦必可寄到家也。

祖父大人之病,日见日甚如此,为子孙者远隔数千里外,此心何能稍置!温弟去年若未归,此时在京,亦刻不能安矣。请弟仰观父、叔纯孝之行[4],能人人竭力尽劳,服事堂上,此我家第一吉祥事。我在京寓,食膏粱而衣锦绣[5],竟不能效半点孙子之职;妻子皆安坐享用,不能分母亲之劳。每一念及,不觉汗下。

吾细思凡天下官宦之家,多只一代享用便尽,其子孙始而骄佚,继而流荡,终而沟壑,能庆延一二代者鲜矣[6]。商贾之家,勤俭者能延三四代;耕读之家,谨朴者能延五六代;孝友之家[7],则可以绵延十代八代。我今赖祖宗之积累,少年早达[8],深恐其以一身享用殆尽[9],故教诸弟及儿辈,但愿其为耕读孝友之家,不愿其为仕宦之家。诸弟读书不可不多,用功不可不勤,切不可时时为科第仕宦起见。若不能看透此层道理,则虽巍科显宦[10],终算不得祖、父之贤肖[11],我家之功臣。若能看透此道理,则我钦佩之至。澄弟每以我升官得差,便谓我是肖子贤孙,殊不知此非贤肖也。如以此为贤肖,则李林甫、卢怀慎辈,何尝不位极人臣,焄奕一时,讵得谓之贤肖哉?予自问学识薄,谬膺高位[15],然所刻刻留心者:此时虽在宦海之中,却时作上岸之计。要令罢官家居之日,己身可以淡泊[16],妻子可以服劳[17],可以对祖、父、兄弟,可以对宗族、乡党,如是而已。诸弟见我之立心制行与我所言有不符处,切实箴规[18]。至要至要。

……

国藩手草

[1]省:指湖南省会长沙。

[2]观察:清时道员或道台的俗称,为省以下、府以上一级的官员。主管范围有按地区分者,有按职务分者。前者以若干府县为辖区,管理区内的一般政务。信中陈竹伯此时便任广西左江道观察;后者如粮储道、盐法道、海关道、兵备道等。

[3]《岳阳楼记》:北宋范仲淹为巴陵太守滕宗谅重修岳阳楼而撰写的一篇骈体文,是脍炙人口的名篇。当时曾国潢去信向曾国藩索此文刻本。

[4]纯:笃厚,至诚。

[5]膏粱:精美的食物。旧注以膏为肥肉,粱为美谷,合而表示美味。

[6]庆:幸福。 鲜(xiǎn):稀少。

[7]孝友:孝顺父母与友爱兄弟。

[8]少年:年轻。 达:显贵,官位高。

[9]殆(dài):几乎,将近。

[10]巍科:古代科举考试榜上在前列者,犹言高第。

[11]祖父:此处为祖父与父亲的合称。

[12]李林甫(?—752):小字歌奴,唐玄宗时大臣,宗室。官至礼部尚书、同中书门下三品,封晋国公。在位十九年,权势甚盛,政事败坏。对人表面友好,背后陷害,被称为"口蜜腹剑"。卢怀慎(?—677):唐滑州人,玄宗时官至紫微黄门平章事、黄门监,与紫微令姚崇合掌枢密,自以才不及崇,遇事一概推让,时讥为"伴食宰相"。

[13]焄(xì)奕(yì):光耀、盛大的样子。

[14]讵(jù):岂。

[15]膺(yīng):承受。

[16]淡泊:安静闲适而无所欲望的内心境界。

[17]服:从事,承担。

[18]箴(zhēn)规:规谏,告诫。

澄侯、温甫、子植、季洪足下:

四月十四日接到己酉年(道光二十九年)三月九日发出的第四封来信,第二天又接到二月二十三日发出的第三封来信。那二月四日发出的第二封信已经在上次三月十八日就收到了,只有正月十六七日所发第一封信至今没有收到。京城家里今年寄回老家的信有:正月十日发出的第一封(送奏折的专差带),二月八日发出的第二封(送奏折的专差带),二十六日发出第三封(送奏折的专差带),三月一日发出的第四封(乔心农知府带),大约五月初可以送到省城;三月十九日发出的第五封(送奏折的专差带),四月十四日发出的第六封(由陈竹伯观察带),大约五月底可以送到省城。《岳阳楼记》,陈竹伯走时还没有拿到,所以没有交给他,不过在一两个月内,有不少妥当方便的人,也一定可以捎到家里。

祖父大人的病,像这样一天比一天显得严重,作为子孙而远离几千里之外,这心怎么能稍稍放得下!温弟去年如果不回去,这时还留在京城,也是一刻都不能安宁。弟弟们看到父亲和叔父笃厚孝敬的品行,能够人人竭尽全力,侍候老人,这是我家最吉祥的表现。我在京城的家里,吃着精美的食品,穿着精致华丽的丝绣衣服,竟不能尽半点孙子的责任;妻子儿女都安稳地坐在家中享受,不能分担母亲的劳苦。每一次想起这些,不由得就流下汗来。

我仔细思考凡是天下做官的人家,大多只一代人享受便资财耗尽,他们的子孙开始骄横放纵,接着流落漂泊,最终死在沟壑,能使幸福延续一两代的很少。做生意的人家,勤劳俭朴的能延续三四代;边种田边读书的人家谨慎朴实的能延续五六代;孝顺父母、友爱兄弟的人家,就可以十代八代延续不断。我今天依赖祖宗积累的阴德,年纪轻轻就过早显达,深深担心自己一个人享用完,所以教导弟弟们及下一代,只愿你们成为既种田又读书、孝顺友爱的人家,不愿你们成为做官的人家。弟弟们读书不可以不广博,用功不可以不勤奋,但切实不可以时时想着达到科举考中和做官的目的。如果不能认清这个道理,那么即使考试夺魁,官位显赫,终究算不上祖父、父亲的贤孙孝子,也算不上咱家的有功之臣。如果能认清这一道理,那我就感到非常钦佩。澄弟往往因为我提升官职得到差事,就认为我是孝子贤孙,竟不知道这并不是贤孙孝子。如果把这个当作贤肖,那么李林甫、卢怀慎之类,何尝不是地位在人臣中最高,显赫于一时,难道能说是贤肖吗?我衡量自己学识浅薄,错误地接受了尊贵的职位,然而所念念不忘的是:现在虽身处宦海之中,但时时要作上岸的打算。要让离职回家居住的时候,自身可以恬淡寡欲,妻子儿女可以从事劳动,可以对得起祖父、父亲和兄弟,可以对得起本族亲戚和乡邻,如此罢了。弟弟们发现我树立志向制约行动和我所说的有不相符的地方,希望随时切实规劝,这是很重要的。

……

国藩手草

◎咸丰时期

与澄、温、沅、季四弟书

（咸丰元年五月十四日）

题解

自古以来官场险恶，伴君如伴虎，为官者大都苟合取容，投机钻营，鲠直不阿者可谓凤毛麟角。而曾国藩则敢于在新君即位之时力矫时弊，直言进谏，将个人得失祸福置之度外，公而忘私，国而忘家，一切升官得差之念毫不挂于意中，其精神确实难能可贵。在评价分析曾氏其人其事时，不应当忽略他思想构成的这一重要方面。

原文

澄侯、温甫、子植、季洪四位老弟足下[1]：

四月初三日发第五号家信，厥后折差久不来，是以月馀无家书。五月十二折弁来，接到家中四号信，乃四月一日所发者。具悉一切。植弟大愈，此最可喜。

京寓一切平安，癣疾又大愈矣，比去年六月更无形迹。去年六月之愈，已为五年来所未有，今又过之。或者从此日退，不复能为恶矣。皮毛之疾，究不甚足虑，久而弥可信也。

四月十四日考差，题"乐民之乐者，民亦乐其乐"[2]，经文题"必有忍，其乃有济。有容，德乃大"[3]，"赋得濂溪乐处"，得"焉"字。

二十六日，余又进一谏疏，敬陈圣德三端，预防流弊。其言颇过激切，而圣量如海，尚能容纳，岂汉唐以下之英主所可及哉！余之意，盖以受恩深重，官至二品，不为不尊。堂上则诰封三代，儿子则荫任六品，不为不荣。若于此时再不尽忠直言，更待何时乃可建言？而皇上圣德之美出于天亶自然[4]，满廷臣工遂不敢以片言逆耳[5]，将来恐一念骄矜，遂至恶直而好谀，则此日臣工不得辞其咎。是以趁此元年新政，即将此骄矜之机关说破，使圣心日就兢业而绝自是之萌[6]。此余区区之本意也。现在人才不振，皆谨小而忽于大，人人皆习脂韦唯阿之风⑦。欲以此疏稍挽风气，冀在廷皆趋于骨鲠，而遇事不敢退缩。此余区区之馀意也。

折子初上之时，余意恐犯不测之威，业将得失祸福置之度外矣。不意圣慈含容，曲赐矜全。自是以后，余益当尽忠报国，不得复顾身家之私矣。然此后折奏虽多，亦断无有似此折之激直者。此折尚蒙优容，则以后奏折，必不致或触圣怒可知矣。诸弟可将吾意细告堂上大人，毋以余奏折不慎，或以戆直干天威为虑也。

父亲每次家书皆教我尽忠图报，不必系念家事。余敬体吾父之教训，是以公尔忘私，国尔忘家。计此后但略寄数百金偿家中旧债，即一心以国事为主，一切升官得差之念毫不挂于意中。故昨五月初七大京堂考差，余即未往赴考。侍郎之得差不得差，原不关乎与考不与考。上年己酉科，侍郎考差而得者三人：瑞常、花沙纳、张芾是也。未考而得者亦三人：灵桂、福济、王广荫是也。今年侍郎考差者五人，不考者三人。是日题"以义制事以礼制心论"，诗题"楼观沧海日"，得"涛"字。五月初一放云贵差，十二放两广、福建三省，名见京报内，兹不另录。袁漱六考差颇为得意，诗亦工妥，应可一得，以救积困。

朱石翘明府初政甚好，自是我邑之福。余下次当写信与之。霞仙得县首，亦见其犹能拔取真士。

刘继振既系水口近邻，又送钱至我家求请封典，义不可辞。但渠三十年四月选授训导，已在正月二十六恩诏之后，不知尚可办否，当再向吏部查明。如不可办，则当俟明年四月升祔恩诏[8]，乃可呈请。若并升祔之时推恩不能及于外官，则当以钱退还。家中须于近日详告刘家，言目前不克呈请，须待明年六月乃有的信耳[9]。

澄弟河南、汉口之信皆已接到。行路之难乃至于此！自汉口以后，想一路载福星矣。刘午峰、张星垣、陈谷堂之银皆可收，刘、陈尤宜受之，不受反似拘泥。然交际之道，与其失之滥，不若失之隘。吾弟能如此，乃吾之所以欣慰者也。西垣四月二十九到京，住余宅内，大约八月可出都。

此次所寄折底，如欧阳家、汪家及诸亲族不妨抄送共阅，见余忝窃高位，亦欲忠直图报，不敢唯阿取容，惧其玷辱宗族，辜负期望也。馀不一一。

兄国藩手草

[1]子植:即曾国荃。
[2]语出《孟子·梁惠王下》。意为:喜欢百姓所喜欢的事情的人,百姓也会喜欢他所喜欢的事情。
[3]语出《尚书·君陈》。意为:君主必须能忍,事情才能成功;君主有宏阔的胸怀,其德行才能伟大。
[4]天亶:天性。
[5]臣工:群臣百官。
[6]兢业:谨慎戒惧。
⑦脂韦唯阿:形容人阿谀圆滑。脂,油脂;韦,柔软的熟皮。《楚辞·卜居》:"宁廉洁正直以自清乎?将突梯滑稽如脂如韦以絜楹乎?"
⑧升祔:将后死者的神位附在宗庙内祖先神位之旁,并举行祭祀。此指将道光帝及其三位皇后的神牌送入太庙。
[9]的信:准确的消息。

澄侯、温甫、子植、季洪四位老弟足下:

四月初三日我寄出了第五号家信,从那以后湖南送公文的差人好久没有来,所以一个多月没有给家里寄信。五月十二日送公文的差人来了,接到了家中的第四号信,是四月一日寄出的。一切均已知悉。植弟的病完全好了,这件事最让人高兴。

我们一家人在京城一切都平安,我的癣病又好了许多,比去年六月更好得干净。去年六月的好转,已经是五年来所没有过的,现在好转的情况又超过了去年。或者从此会一天天地消退,不再能成为大病了。皮毛的疾病,究竟不值得太操心,这句话过得时间越久,越觉得可信。

四月十四日朝廷举行对官员任命差事的选拔考试,题目是"乐民之乐者,民亦乐其乐"。经学文章的题目是"必有忍,其乃有济。有容,德乃大"。诗题是"赋得濂溪乐处",押韵字是"焉"字。

二十六日,我又向皇帝上了一道进谏的奏章,陈述了当天子的应该具备的三点美德,要求皇上预防流弊。奏章的言辞非常激烈痛切,而皇上的度量像大海一样宏阔,还能够接纳我的建议,这哪里是汉唐以来的英明君主们能够比得上的呢?我的想法是,觉得自己蒙受到的恩泽十分深重,当到了二品官,不能算不高。家中的三代人都得到了皇上的诰封,儿子由于我的关系而获得了六品官员的资格,不能算是不荣耀。如果在这个时候再不向皇上讲忠诚耿直的话,还更待何时才向皇上提建议呢?而皇上圣明的美德是出自他自然的天性,满朝的官员便不敢讲半句逆耳的话,恐怕将来皇上有骄傲自满的念头一产生,便会发展到厌恶正直而喜欢阿谀奉承,那样的话,现在满朝官员们就都不能推卸自己未向皇上进谏的罪责了。所以我趁皇上登极第一年才处理政事的时候,就对他把骄傲自满的要害说破,使皇上的思想一天天地变得小心谨慎,而除掉自以为是的萌芽,这正是我区区的一点本意。现在人才的情况不能令人满意,都是谨小慎微而忽视了根本的大节,人人都被阿谀奉承的风气所感染。我想用这道奏章稍微挽回一下这股不良的风气,希望在朝中的官员们都趋向于忠正耿直,遇事不敢退缩。这也是我区区的一点心意。

奏折刚呈上去的时候,我担心会冒犯皇上的天威,就已经将自己的得失祸福全都置之度外了。没想到仁慈的皇上接纳了我的主张,并且对我赐予了不该有的同情容忍。从此以后,我更应该尽忠报国,不能再顾个人和家庭的私事了。不过以后我要给朝廷上的奏章虽然多,也决不会有像这次的奏章一样激烈直率的。这道奏章还受到了皇上的接纳,以后的奏章就肯定不会触怒皇上,这是可想而知的。弟弟们可以把我的想法详细地告诉家中的大人们,不要担忧我上奏章的时候不小心,或者会因为愚拙刚直而冒犯皇上的天威。

父亲每次来信都教导我要对皇上尽忠报答,不必挂念家里的事。我领会执行父亲的教训,所以公而忘私,国而忘家。打算从此以后只稍微寄几百两银子还家中的旧债,然后就一心以国家的事情为主,一切升官得差事的念头都丝毫也不挂在心上。所以在五月初七日大京堂考差事时,我就没有去参加考试。侍郎能不能得到差事,本来和参加不参加考试没有关系。道光二十九年的一次考试中,侍郎通过考试而得到差事的有三个人:瑞常、花沙纳、张芾。没有参加考试而得到差事的也有三个人:灵桂、福济、王广荫。今年侍郎们考差事的有五个人,不考的有三个人。那天的题目是"以义制事以礼制心论",诗题是"楼观沧海日",押韵字是"涛"字。五月初一日委派了云贵的差事,十二日委派了广东、广西、福建三省的差事,名字都登在京报上,这里不再写了。袁漱六参加这次考试后颇为得意,诗也写得不错,估计应该能如愿以偿,救一下长期以来的困窘。

朱石翘明府初上任后的政绩很好,当然是我们县的福气。我下次将给他写一封信。刘霞仙考试得了全县第一名,也可以看出他还能选拔出真正的人才来。

刘继振既然是住在水口的近邻,又给我们家送了钱求我们帮他向朝廷请求诰封,这件事义不容辞。但他在道光三十年被选拔任命为训导,已经是在正月二十六日诏书规定的日期以后,不知道这件事还能不能办,应当再到吏部去查对清楚。如果不能办,就得等明年四月因升祔大礼而颁发广施恩泽的诏书时,才可以向朝廷提出申请。如果在升祔之时广施的恩泽也涉及不到在外地的官员,就应当把钱退还给他。家中要在近日内详细告诉刘家,就说目前还不能申请,要等明年六月才能有准确的消息。

澄弟从河南、汉口寄来的信都已经收到了,道路的难走竟然到了这个地步!从汉口以后,估计一路上就有福星保佑了。刘午峰、张星垣、陈谷堂送来的银子都可以收下,刘、陈两人的更应该接受,不收反而显得见外。不过和人交朋友的规律是,与其交得过滥,还不如交得少一些。弟弟能够做到现在这个样子,是让我感到很欣慰的。曹西垣四月二十九日来到京城,住在我这里,大约八月里可以离开京城。

这次我寄回去的奏折的底稿,像欧阳家、汪家和各亲戚族人家不妨抄出来送给他们都看一下,表明我处在很高的职位上,也要忠诚正直,图报皇恩,不敢只是阿谀逢迎而讨皇上的欢心,害怕那样会玷污家族的声誉,辜负人们对我的期望。其他事情不一一细谈了。

兄国藩手草

与澄、温、沅、季四弟书

(咸丰四年八月十一日)

曾国藩在这封信中教导弟弟们,对长辈要敬爱兼至,平辈之间要和睦相处,在晚辈面前要作出榜样,人人恪守和、勤、敬三字,树立良好的家风家教。曾家当时已经是官宦大族,但他仍然要求子侄辈除读书之外还要清扫室内和下田劳动,并且认为这是极好之事。之所以如此,就是为了培养良好的德操,以防止沾染疏懒淫逸的官家子弟习气而走向败家之路。

澄侯、温甫、子植、季洪四位老弟足下:

久未遣人回家,家中自唐二、维五等到后亦无信来,想平安也。

余于二十九日自新堤移营,八月初一日至嘉鱼县。初五日自坐小舟至牌洲看阅地势,初七日即将大营移驻牌洲。水师前营、左营、中营自又七月二十三日驻扎金口。二十七日贼匪水陆上犯,我陆军未到,水军两路堵之,抢贼船二只,杀贼数十人,得一胜仗。罗山于十八、二十三、二十四、二十六等日得四胜仗。初四发折俱详叙之,兹付回。

初三日接上谕廷寄[1],余得赏三品顶戴[2],现具折谢恩。寄谕并折寄回。余居母丧,并未在家守制,清夜自思,局蹐不安[3]。若仗皇上天威,江面渐次肃清,即当奏明回籍,事父祭母,稍尽人子之心。诸弟及儿侄辈务宜体我寸心,于父亲饮食起居十分检点,无稍疏忽,于母亲祭品礼仪必洁必诚,于叔父处敬爱兼至,无稍隔阂。兄弟妯娌总不可有半点不和之气[4]。凡一家之中,勤敬二字能守得几分,未有不兴,若全无一分,未有不败。和字能守得几分,未有不兴,不和未有不败者。诸弟试在乡间将此三字于族戚人家历历验之,必以吾言为不谬也。诸弟不好收拾洁净,比我尤甚,此是败家气象。嗣后务宜细心收拾,即一纸一缕、竹头木屑,皆宜捡拾伶俐,以为儿侄之榜样。一代疏懒,二代淫佚,则必有昼睡夜坐,吸食鸦片之渐矣。四弟、九弟较勤,六弟、季弟较懒,以后勤者愈勤,懒者痛改,莫使子侄学得怠惰样子,至要至要。子侄除读书外,教之扫屋,抹桌凳,收粪,锄草,是极好之事,切不可以为有损架子而不为也。

前寄来报笋殊不佳,大约以盐菜蒸几次,又咸又苦,将笋味全夺去矣。往年寄京有竹报,今年寄营有报盐菜,此虽小事,亦足见我家妇职之不如老辈也,因便付及,一笑。烦禀堂上大人。余不一一。

兄国藩手草

坐小舟至京口看营,船太动摇,故不成字。

[1]廷寄:清代皇帝的一种密封谕旨,由军机大臣专寄给外省将军、都统、督、抚、钦差等大员。
[2]顶戴:清代用以区别官员等级的帽饰,用宝石或珊瑚、水晶、玉石、金属等制成,依顶珠品质、颜色的不同而区分官阶大小。
[3]局蹐:形容畏惧。《诗经·小雅·正月》:"谓天盖高,不敢不局。谓地盖厚,不敢不蹐。"
[4]妯娌:妯娌。

澄侯、温甫、子植、季洪四位老弟足下:

好久没有派人回家了,家中自从唐二和维五等人到来之后也没有再写信来,想来一切都平安顺利。

我于(上月)二十九日从新堤拔营出发,八月初一日到达嘉鱼县。初五日自己坐着小船到牌洲察看地形,初七日就将大营移到了牌洲。水军的前营、左营、中营从闰七月二十三日驻扎到了金口。二十七日贼军从水路和地面进犯,我们的陆军还没有到达,水军分两路抵挡敌人,抢到了两只贼军的战船,杀死了几十名贼兵,打了一次胜仗。罗山在十八日、二十三日、二十四日、二十六日打了四次胜仗。初四日向朝廷上了奏折,将以上情况详细地作了报告,现将奏折的底稿寄回家去。

初三日接到了圣旨和军机大臣寄来的皇上的谕旨,我被赏赐了三品顶戴,现已经写了奏折向皇上谢恩。随信将圣旨和我写的奏折寄回家去。我在母亲去世之后,并没有在家守孝,每到深夜时自己想起来,就觉得局促不安。如果仰仗着皇上的天威,将江面的贼军逐渐扫清,我就将向皇上呈上奏章表明心曲,回到原籍,侍奉父亲,祭奠母亲,稍微尽一点做儿子的孝心。弟弟们以及子侄们一定要体察我的思想,对父亲的饮食起居要十分检点,不要有丝毫疏忽;对给母亲的祭品必须洁净,礼仪必须诚敬;对叔父要既尊敬又爱戴,不能有丝毫的隔阂疏远。兄弟妯娌之间一定不能有半点不和睦。一个家庭之中,勤、敬二字能保住几分,就没有不兴旺的,如果连一分也没有,就没有不败落的。和字能保住几分,就没有不兴旺的,如果不和睦,就没有不衰败的。弟弟们可以在乡里试着拿上这三个字在族人和亲戚中一家一家地去验证一下,就一定会觉得我的话不错了。弟弟们不喜欢把一切都收拾利索,比我更加厉害,这是败家的气象。以后一定要细心收拾,即使是一张纸一缕线、竹头木屑,都应该收拾整齐,为子侄们作出榜样。第一代人懒惰,第二代人自然放荡,就一定会有白天睡觉晚上闲坐,吸食鸦片之类的事情出现。四弟和九弟比较勤快,六弟和季弟比较懒惰,以后要勤快的更加勤快,懒惰的痛改前非,不要让子侄们学成懒惰的习气,这一点至关重要。晚辈们除了读书以外,要让他们扫地,抹桌凳,收粪,锄草等,这是非常有益的事情,千万不可以认为有损自己的架子而不肯去做。

前些时候给我寄来的报笋很不好,大概是用盐菜蒸了几次,又咸又苦,把笋味全蒸掉了。往年给京城寄过报竹,今年给军营里又寄来报盐菜,这虽然是件小事,也足以看出我家的女人们在本职事务上比不上老辈人了,顺便提一下,供大家一笑。请将以上情况禀告家中大人,其他事情不一一详谈了。

兄国藩手草

坐了小船到京口视察军营,船晃动得太厉害,所以字写得不成样子。

与澄、温、沅、季四弟书
(咸丰四年十一月二十七日)

要在事业上取得卓越的成就,就要树立远大志向,同时还须具备坚韧顽强的性格。曾国藩自办理军务以来,既要对付强大的太平军,又受到地方势力的排斥、攻击和朝廷的不信任,但他却能从大局出发,"忍辱包着,屈心抑志",用一个"忍"字诀应付险恶的环境,在与太平军的战事中取得了最后的胜利,在中国近代史上创造了奇迹。在这方面,确实值得深入细致地探讨研究。

【原文】

前信已封,而春二、维五于二十五日到营,接奉父亲大人手谕及诸弟信件,敬悉一切。

曾祖生以本境练团派费之事,而必求救于百里之外,以图免出费资,其居心不甚良善。刘东屏先生接得父亲大人手书,此等小事,何难一笑释之,而必展转辩论,拂大人之意?在寻常人尚不能无介介于中[1],况大人兼三达尊而又重以世交[2],言不见信,焉能不介怀耶?望诸弟曲慰父亲大人之意,大度含容,以颐天和,庶使游子在外得以安心治事。所有来往信件,谨遵父亲大人谕,即行寄还。

　　吾自服官及近年办理军务,心中常多郁屈不平之端,每效母亲大人指腹示儿女曰:"此中蓄积多少闲气,无处发泄。"其往年诸事不及尽知,今年二月在省城河下,凡我所带之兵勇仆从人等每次上城,必遭毒骂痛打,此四弟、季弟所亲见者。谤怨沸腾,万口嘲讥,此四弟、季弟所亲闻者。自四月以后两弟不在此,景况更有令人难堪者。吾惟忍辱包羞,屈心抑志,以求军事之万有一济。现虽屡获大胜,而愈办愈难,动辄招尤[3]。倘赖圣主如天之福,歼灭此贼,吾实不愿久居官场,自取烦恼。四弟自去冬以来亦屡遭求全之毁、蜚来之谤[4],几于身无完肤,想宦途风味亦深知之而深畏之矣。而温弟、季弟来书,常以保举一事疑我之有吝于四弟者,是亦不谅兄之苦衷也。

　　甲三从师一事,吾接九弟信,辞气甚坚,即请研生兄,以书聘之。今尚未接回信,然业令其世兄两次以家信催之,断不可更有变局。学堂以古老坪为妥。研兄居马坯铺乡中,亦山林寒苦之士,决无官场习气,尽可放心。至甲三读书,天分本低,若再以全力学八股、试帖,则他项学业必全荒废,吾决计不令其学作八股也。

　　曾兆安、欧阳钰皆已保举教官,日内想可奉旨。曾子庙税钱用空二百四十千之多,可由营寄省还之。应交何店,付何人手收存,下次信来望详明示知,以便妥寄。范知宝来,言尚欠途费一千五百,比即给之。又给三千为两月工价,又给四千为归去途费。上次春二、维五归,给银四两。下次唐四、在十归,给钱八千。渠辈到营,往往言不够使用,不可信也。馀不一一,统候续布。再颂澄、温、沅、季四弟近佳。

国藩再行

　　冯树堂一信,托速寄去。

[1]介介于中:耿耿于怀。
[2]三达尊:指天下共同尊重的三个方面:爵位、高龄、德行。《孟子·公孙丑下》:"天下有达尊三:爵一、齿一、德一。"

[3]尤:非议指责。

[4]蜚:同"飞"。

译文

前一封信已经封好,尚未发出,而春二和维五于二十五日来到营中,接到了父亲大人的手谕和弟弟们的信件,一切均已知悉。

曾祖生因为他们那里训练民团向他家摊派费用的事,向百里之外的父亲大人求助,企图不出捐款,他的用心不很善良。刘东屏先生接到了父亲大人的亲笔信,这样的区区小事,为什么不能付之一笑而消解掉,却一定要反复辩论,不依顺父亲大人的意思呢?这样的事在普通人都不能不耿耿于怀,更何况父亲大人德高望重,又有身份地位,又是长辈,再加上与曾祖生家又是世交,他老人家承诺了别人的事不能兑现,能够不放在心上吗?希望弟弟们委婉地慰解父亲大人的思想,请他老人家大度包涵,以保养身体的元气,使我这在外的游子能够安心地办理公事。所有往来的信件,遵照父亲大人的指示,马上就都寄回家去。

我自从当官,以及近年来办理军事,心中经常装满了委屈不平的事情,常常像母亲大人指着肚子对儿女们说的那样:"这里头积攒着多少闲气,没有地方发泄。"往年的各种事情你们都没有赶上,今年二月里在省城的河下,凡是我部下的军兵随从等每次到省城去,总要遭到毒打痛骂,这是四弟和季弟亲眼见到过的。诽谤和埋怨闹得满城风雨,所有的人都对我嘲笑讥讽,这是四弟和季弟亲耳听到过的。从四月以后两位弟弟离开了这里,情况更有令人难堪的,我只能强忍着屈辱,包藏着羞愤,压抑着自己的想法,都是为了求得军事上万一能够成功。现在虽然多次获得大胜,事情却越来越难办,一有举动就招来非议。如果仰仗着圣明的皇上天大的福气,能够歼灭掉这些贼军,我确实不愿意长期呆在官场上,自取烦恼。四弟从去年冬天以来也屡次遭到吹毛求疵的诋毁和无中生有的诽谤,几乎被搞得体无完肤,想来对官场上的滋味也深深地知道,而且也深深地害怕了。温弟和季弟来信,经常因为保举的事情而怀疑我对四弟刻薄,这也是体谅不到我的苦衷的缘故。

甲三找老师的事情,我接到了九弟的来信,口气很坚决,就请罗研生兄,写信去聘请他。现在还没有接到回信,但已经让他儿子两次写信去催他,决不能再有变动。学堂选在古老坪为好。研生兄住在马圫铺乡间,也是山林间的贫寒之士,肯定没有官场习气,完全可以放心。至于甲三读书的事,他天资本来不高,如果再用尽全力去学八股文和试帖诗,其他学业就一定会全部荒废,我决定不让他学习写八股文了。

曾兆安和欧阳钰都已经被荐为教官,近期内估计就可以接到圣旨。曾子庙的税款亏空多达二百四十串,可以由我这里寄到省城归还。应该寄到哪家店里,交到什么人手上,下次写信来的时候希望详细告知,以便妥善寄去。范知宝来到这里,说是还欠着一千五百文路费,我随后就给了他。又给了他三千文作为两个月的工钱,又给了四千文作为回去的路费。上次春二和维五回去,我给了四两银子。下次唐四和在十回去,我准备给八千文钱。他们来到军营中,常常说家中给他们的钱不够用,这些话都不可相信。其他事情不一一细述了,等以后写信再谈吧。再祝澄、温、沅、季四弟近好。

国藩再行

给冯树堂的一封信,请托人快速捎去。

与澄、温、沅、季四弟书

(咸丰五年三月二十六日)

【题解】

在对子女的教育方面,曾国藩主张鼓励子女自省、自立。长辈应该给子侄做出榜样,而不在于不厌其烦地说教。这封信写于江南军营。

【原文】

澄、温、沅、季四弟足下:

二十五日春二、维五来营,接家书数件,具悉一切。

乘败仗之时,兵勇抢劫粮台[1],此近年最坏风气。向大人营中屡屡见之[2],而皆未惩办。兄奏明将万瑞书即行正法,奉严旨饬骆中丞即行正法[3]。闻骆中丞不欲杀之,将附片奏请开释[4]。近日意见不合,办事之难如此。

周万胜一案,唐父台既经拿获认供[5],即录供通禀,请在本县正法可也,立毙杖下可也,何必遣澄弟先至省城一次?既非湘乡署内之幕友[6],又非署内之书办[7],而仆仆一行,何不惮烦?谓为出色之乡绅耶[8]?则刘、赵诸君皆不肯去,而弟独肯出头,且县署办案,必一一请乡绅去省一次,则绅士络绎于道矣。谓为吾军中之事耶?则军事极多,澄弟能一一管之耶?且军中事件,家中亦不宜干预也。唐父台径禀来营[9],兄可批令正法。自兄办军务以来,澄弟在兄左右得谤议甚多,澄弟肝气亦甚旺,人咎怨于弟[10],弟亦咎怨于人。去春在省在岳之景象[11],岂忘之耶?澄弟在省河告假归家之时,其意似甚忿嫉,若终身不愿复出家门者[12]。而今忽又至省一行,将何颜以对兄乎?澄弟接此回信,务望即刻回家。凡县城、省城、衡城之事,一概不可干预。丹阁叔受辱之事,可为前车之鉴。提捐项五万[13],前有此札[14],后因武昌失守,又有札止之。凡有信托商大营事者,弟概辞以不管可也。捐项事尤不可干预。湖南捐项,实未多解交吾军,十月以后未解一文。粮台所抢,陕西、江西之银也。兄在外年馀,惟有忍气二字日日长进,常恐弟等在家或受侮辱,故不惮迫切言之[15],不知弟果知兄之意否也?

吾癣疾大发,幸精神尚足支持。罗山在广信府大获胜仗,杀贼三四千。塔军门在九江平安[16]。吾常有家信并奏折寄回,而来信言塔公回鄂[17],不听吾家信,而专听谣言,何也?

纪泽儿读书记性平常,读书不必求熟,且将《左传》、《礼记》于今秋点毕,以后听儿之自读自思。成败勤惰,儿当自省而图自立焉。吾与诸弟惟思以身垂范而教子侄[18],不在诲言之谆谆也。即候近祺。

兄国藩手草

[1]粮台:清代行军时沿途所设立的经理军粮的机构。
[2]向大人:向荣,字伯常。太平天国起义后,清政府任命为钦差大臣,镇压太平军。
[3]骆中丞:骆秉章,湖南省巡抚。中丞是对巡抚的称呼。
[4]附片:奏折的附件。
[5]父台:是对知县的敬称。
[6]署:官署,这里指县衙。　幕友:幕僚,是清代地方军政官署中协助办理文案、刑名、钱粮等事务的人员。
[7]书办:文书。
[8]谓:认为。
[9]径:直接。
[10]咎怨:怨恨。
[11]岳:清地名,即今岳阳。
[12]若……者:好像……似的。
[13]捐项:捐款。
[14]札:公文。
[15]惮:怕。
[16]塔军门:指塔齐布。军门,清代为提督或总兵加提督衔的尊称。
[17]鄂:湖北的简称。
[18]垂范:垂示典范。

澄、温、沅、季四弟足下：

二十五日，春二和维五来营中，收到家信几封，一切情况都已知悉。

士兵乘打了败仗之机抢劫粮台，这是近年来最坏的风气。向大人军营中常常发现这种事，但均未惩处。我奏请将万瑞书立刻正法，得到圣旨命令骆中丞立即惩办。听说骆中丞不想处死他，将要用奏折附件奏请赦免。近日意见不一致，办事之难如此。

关于周万胜的案子，唐知县既然已经抓获并供认，就录下供词通报，请求在本县处决即可，马上让他死于杖刑也是可以的，何必派澄弟先去省城一趟？既不是湘乡县衙的幕友，又不是县衙的文书，为何不惜风尘仆仆的烦劳而远赴省城？认为你是出色的地方绅士吧，为什么刘、赵诸位绅士都不肯去，而澄弟偏偏愿意出面？再说县衙办理案子，如果每案都要请绅士名流去省里一趟，那路途中的绅士要络绎不绝了；认为是我军中之事吧，那军中之事很多，澄弟你能一件件都去管吗？而且军内的事情，家里人也不应该干预。若唐知县直接到军营来禀报，我可以批示让他正法。自我办理军务以来，澄弟在我身边遭到的非议很多，澄弟脾气也太盛。别人怨恨你，你也怨恨别人。去年春天在省城在岳阳的情景，难道你忘记了吗？澄弟在省河请假回家之时，看样子十分愤恨，好像这辈子不想再出家门了。而今天忽然又到省城一趟，你将以何面目见我呢？澄弟接到这封回信后，请务必立刻回家。凡是县城、省城、衡城的事，一概不要干预。丹阁叔受辱的事应该吸取教训。提取五万捐款的事，开始有公文批下，后来因武昌失守，又下公文取消了。凡是有人写信托弟商议军中之事的，弟可一概推辞不管。捐款之事尤其不要干预。湖南的捐款实际上送我军的并不多，十月以后连一文也没送来。粮台被抢去的，是陕西、江西的银子。我在外一年多，只是一天比一天学会了忍耐。常常担心弟弟们在家受到侮辱，所以才毫无顾虑地直言指出，不知你是否真能理解为兄的心情？

我的癣疾又大发作了，幸好精神还能支持得住。罗山在广信府获大胜仗，杀贼军三四千。塔军门在九江平安无事。我常给家中寄回书信和奏折，但来信中却说塔公回了湖北，不听信我信中的话，反而一味相信谣言，为什么呢？

纪泽儿读书记性一般，不必要求他熟读。暂且要他把《左传》、《礼记》到今年秋天点读完，以后随他自己阅读思考。成败勤惰，纪泽应该自觉并求自立。我与诸位弟弟应该考虑以身作则来教子侄，而不在于说教得多。即候近祺。

兄国藩手草

与澄、温、沅、季四弟书

（咸丰六年二月八日）

【题解】

曾国藩常以勤俭二字教育晚辈。长子娶亲前夕，他就写信给家里，嘱咐新媳妇到达曾家，就教她勤俭。要新媳妇学习纺线织布，并下厨做饭。这封信写于南康军营。

【原文】

澄侯、温甫、子植、季洪四位老弟左右：

正月十九日发去家信，交王发六、刘照一送回，又派戈什哈萧玉振同送[1]，想日内可到。正月三十日、二月一日连接澄侯在长沙所发四信，具悉一切。唐四、景三等正月所送之信，至今尚未到营。

江西军事，日败坏而不可收拾。周凤山腊月四日攻克樟树，不能乘势进取临江，失此机会。后在新淦迁延十余日[2]，正月五日复回樟镇。因浮桥难成，未遽渡剿临江，而吉安府城已于二十五日失守矣。周臬司[3]、陈太守等坚守六十余日，而外援不至。城破之日，杀戮甚惨。伪翼王石达开，自临江至吉安督战。既破吉郡，自回临江，而遣他贼分攻赣州，以通粤东之路。如使赣郡有失，则江西之西南五府尽为贼有。北路之九、南、饶本系屡经残破之区，九江早为贼据，仅存东路数府耳。

罗山观察久攻武昌[4]，亦不得手。现经飞函调其回江救援。但道途多梗，不知文报可达否。刘印渠一军，闻湘省将筹两月口粮，计二月初启行[5]，不知袁州等处果能得手否。

余在南康身体平安，癣疾已好十之七。青山陆军，正月十八日攻九江城一次，杀贼百余人。水师于二十九打败仗一次，失去战舟六号。湖口陆军于初一日打胜仗一次，杀贼七八十人。省城官绅请余晋省就近调度[6]，余以南康水陆不放心，尚未定也。陈锟捐官，例须专折具奏。黄、曹处之部照不可用[7]，即日当行入奏。

纪泽儿定三月二十一日成婚。招赘之后，七日即回湘乡，尚不为久。诸事总须节省，新妇入门之日，请客亦不宜多。何者宜丰，何者宜俭，总求父亲大人定酌之。

纪泽儿授室太早[8]，经书尚未读毕。上溯江太夫人来嫔之年[9]，吾父亦系十八岁,然常就外傅读书[10],未久耽阁。纪泽上绳祖武[11],亦宜速就外傅,慎无虚度光阴。闻贺夫人博通经史,深明礼法。纪泽至岳家,须缄默寡言,循循规矩。其应行仪节,宜详问谙习[12],无临时忙乱,为岳母所鄙笑。少庚处,以兄礼事之。此外若见各家同辈,宜格外谦谨,如见尊长之礼。

新妇始至吾家,教以勤俭。纺绩以事缝纫,下厨以议酒食,此二者,妇职之最要者也;孝敬以奉长上,温和以待同辈,此二者,妇道之最要者也。但须教之以渐。渠系富贵子女[13],未习劳苦。由渐而习,则日变月化,而迁善不知;若改之太骤,则难期有恒。凡此祈诸弟一一告之。

江西各属告警,西路糜烂。子植若北上,宜走樊城,不宜走浙江;或暂不北上亦可。优贡例在礼部考试,随时皆可补考。余昔在礼部阅卷数次,熟知之也。

澄侯每写家信,全无安详气象,不知何事匆忙若此。以后宜戒之。即问近好,不一一。

兄国藩　书于南康

[1]戈什哈:清代高级官员的侍从护卫。

[2]迁延:拖延。

[3]臬司:清代主管一省司法的长官,也称按察使。

[4]观察:清代是对道员的尊称。

[5]启行:起程,动身。

[6]晋:进。

[7]部照:中央各部发的凭证。

[8]授室:娶妻。

[9]嫔:嫁。

[10]外傅:外边的教师。

[11]绳:继承。　武:步武,足迹。

[12]谙习:熟悉。

[13]渠:第三人称,她或他。

澄侯、温甫、子植、季洪四位老弟左右:

正月十九日发去的家信,是交给王发六和刘照一送回,又派侍从护卫萧玉振一起护送,想这几天里可以送到。正月三十日、二月一日,一连接到澄侯在长沙发来的四封信，一切情况全知悉了。唐四和景三等人正月里送的信，至今还没有送到营里。

江西的军事状况，一天比一天糟糕，到了不可收拾的地步。周凤山腊月四日攻下樟树镇，没能乘胜进攻收复临江，失去了这个机会。后来在新淦拖延了十几天，于正月五日又回到了樟树镇。因为浮桥难以修成，不能很快渡河去围剿临江，所以吉安府城已经于二十五日沦陷了。周臬司、陈太守等坚守了六十多天，而外面的援兵到不了。府城被攻破的那天，贼军杀戮十分残忍。伪翼王石达开从临江来吉安督战。攻破吉安府后，自己返回临江，而派其他的贼军分路去进攻赣州，以便打通粤东这条道路。如果赣州再失守，那么江西南部的五个府就全都被贼军所占有了。北路的九江、南康、饶州本来已是屡次被践踏的地区，九江早就被贼军占据，只剩下东边的几个府罢了。

罗山观察长期进攻武汉，也不能收复。现在用快信把他调回来增援江西。但是路途阻碍很多，不知道那封快信文件能否送到。刘印渠那支军队，听说湖南省准备给筹措两个月的口粮，计划二月初出发，不知道能不能收复袁州等地。

我在南康身体平安，癣病已经好了十分之七。在青山的陆军，正月十八日进攻九江城一次，杀死贼军一百多人。水师于二十九日打败仗一次，失掉战船六只。在湖口的陆军于初一那天打了一个胜仗，杀死贼军七八十人。省城里的官员绅士们请我进城里就近指挥调度，我因为不放心南康水师、陆军，还没有决定下来。陈锟捐买官衔的事，按惯例应该单独写奏折呈报。黄、曹那里的部照不能用，近日应当尽快上奏。

纪泽儿定于三月二十一日成婚。招到女方家后，七天便回我们家，还不算太长。各样事情都要节省，新娘进我家门的那天，也不应请太多的客人。哪项应该丰盛，哪项应该省俭，都要让父亲大人考虑决定。

纪泽儿成家太早了，经书还没有念完。向前推到江太夫人出嫁来我家时，我们的父亲也是十八岁，但常常跟随外边的先生读书，没有太多耽误。纪泽向上效仿前辈，也应该尽快出外就学，千万不要虚度光阴。听说贺夫人博览古代经书史书，非常懂得礼仪法度。纪泽到了岳母家，不要随便说话，要守规矩。在那里要举行的仪式、礼节，要事先详细询问并且熟悉，不要到时候手忙脚乱，让岳母轻视笑话。对少庚要按兄长礼相待。另外，如果见了各家的同辈人，要格外谦虚谨慎，按照见到尊长的礼节对待。

新娘刚到我们家里，要教她勤俭。纺线织布进而学习缝纫，下厨做饭进而学会置办酒饭，这两项是妇女最重要的职责；对待长辈要孝敬，对待同辈人要和蔼，这二项是妇女最重要的道德。但要慢慢地教她。她是富贵人家的女儿，不习惯于吃苦耐劳。从头一点一点做起，慢慢就习惯了，然后就会一天一天地、一月一月地变化，不知不觉中达到完善的地步;如果要求一下子改变过来,那是很难坚持下去的。这些都希望诸位弟弟一项一项地告诉他们。

江西所属各个地方告急,西路已经完全溃败。子植如果北上进京,应当走樊城,不应走浙江;或者暂时不出发也行。优贡按往年例在礼部考试,什么时候都可以补考。我过去在礼部阅过几次卷子,非常了解那里的情况。

澄侯每次写家信,一点也没有安静细心的样子,不知道什么事让他慌慌张张到这种程度。以后应该注意。即问近好,不再一一详叙了。

兄国藩　书于南康

与纪鸿儿书

（咸丰六年九月二十九日）

题解

一般人总希望儿子做大官,曾国藩说他不希望儿子做大官,只希望做一个读书明理的君子。自己做官二十年,不敢稍染官宦习气,饮食起居,还保留着寒素家风。教导儿子切不可贪爱奢华,不可惯习懒惰。这封信写于江西抚州。

原文

字谕纪鸿儿：

家中人来营者,多称尔举止大方,余为少慰。

凡人多望子孙为大官,余不愿为大官,但愿为读书明理之君子。勤俭自持,习劳习苦;可以处乐,可以处约[1]。此君子也。余服官二十年[2],不敢稍染官宦气习,饮食起居,尚守寒素家风,极俭也可,略丰也可,太丰则吾不敢也。凡仕宦之家,由俭入奢易,由奢返俭难。尔年尚幼,切不可贪爱奢华,不可惯习懒惰。无论大家小家、士农工商,勤苦俭约,未有不兴;骄奢倦怠,未有不败。尔读书写字,不可间断。早晨要早起,莫坠高曾祖考以来相传之家风[3]。吾父吾叔,皆黎明即起,尔之所知也。

凡富贵功名,皆有命定;半由人力,半由天事。惟学作圣贤,全由自己作主,不与天命相干涉。吾有志学为圣贤,少时欠居敬工夫,至今犹不免偶有戏言戏动。尔宜举止端庄,言不妄发,则入德之基也。

手谕　时在江西抚州门外

[1]约:贫困。
[2]服官:做官。
[3]坠:失掉,丧失。

字谕纪鸿儿:

从家里来营中的,很多人都说你举止大方,我为此稍稍感到安慰。

大凡人们都希望子孙能当大官,但我不希望你当大官,只希望你能成为知书达理的君子。勤奋节俭自立自强,吃苦耐劳;可以过享乐的生活,也可以过简朴的生活,这才是君子。我当官二十年,从不敢沾染一点官场上的习气,饮食起居,还是保持我们家的俭朴的家风,非常俭朴也行,稍微丰盛也行,太讲究、太排场我是不敢的。凡是做官的家庭,由俭朴进入奢侈容易;由奢侈再返回俭朴就困难。你年龄还小,千万不要贪图奢侈浮华,不要养成懒惰的习惯。无论大家小家,干哪一行,只要勤劳节俭,没有不兴旺的;骄傲奢侈,懒惰懈怠,没有不衰败的。你读书写字,不要间断。早晨要早起,不要败坏了我们祖先一代一代传下来的家风。我的父亲和叔父,都是天刚刚亮就起床,你是知道的。

大凡富贵和功名,都是命里注定的;一半靠人为的努力,一半靠上天的安排。只有学习成为圣贤,是全靠自己做主的,跟天命没有关系。我有志气学做圣贤,但因小时候缺乏持身恭敬的修养,所以到现在仍然免不了偶然有说话、举动随便的地方。你应该举止端庄,不随便说话,这是道德修养的基础。

手谕　时在江西抚州门外

与纪泽儿书
（咸丰六年十月二日）

曾国藩用亲戚陈杏生勤苦好学,少年成名的例子,用古人的名言教育长子纪泽,要他不要坐享安乐,而要勤奋读书。他还要求刚过门的儿媳下厨房做饭,勤于纺线织布。要求三个女儿、一个媳妇每人每年为他做一双鞋,借此考察他们是否懒惰。这封信写于江西省城。

字谕纪泽儿:

胡二等来,接尔安禀[1]。字画尚未长进。尔今年十八岁,齿已渐长[2],而学业未见其益[3]。陈岱云姻伯之子号杏生者,今年入学[4],学院批其诗冠通场[5]。渠系戊戌二月所生,比尔仅长一岁,以其无父无母家渐清贫,遂尔勤苦好学[6],少年成名。尔幸托祖父馀荫[7],衣食丰适,宽然无虑,遂尔酣豢佚乐[8],不复以读书立身为事。古人云:劳则善心生,佚则淫心生;孟子云:生于忧患,死于安乐。吾虑尔之过于佚也。

新妇初来,宜教之入厨作羹,勤于纺绩;不宜因其为富贵子女不事操作。大、二、三诸女已能做大鞋否?三姑一嫂,每年做鞋一双寄余,各表孝敬之忱,各争针黹之工。所织之布,所寄衣袜等件,余亦得察闺门以内之勤惰也。

余在军中不废学问,读书写字未甚间断。惜年老眼蒙,无甚长进。尔今未弱冠[9],一刻千金,切不可浪掷光阴[10]。

四年所买衡阳之田,可觅人售出,以银寄营,为归还李家款。父母存,不有私财。士庶人且然,况余身为卿大夫乎?余癣疾复发,不似去秋之甚。李次青十七日在抚州败挫,已详寄沅甫函中。现在崇仁加意整顿,三十日获一胜仗。口粮缺乏,时有决裂之虞[11],深用焦灼[12]。

尔每次安禀详陈一切,不可草率。祖父大人之起居、合家之琐事、学堂之工课,均须详载。切切此谕。

[1]安禀:写给长辈报告平安的信。

[2]齿:年龄。

[3]益:增进,长进。

[4]入学:旧时指生徒或童生经考试录取后进府、州、县学读书。

[5]学院:又称学政、督学。清朝中叶以后选派进士出身的官吏前往各省,按时到所属各府考试童生及生员的官吏,是省级行政官员。

[6]遂尔:于是。

[7]荫:庇荫、庇护。

[8]酣豢:大吃大喝,尽情吃喝。 佚乐:安乐。佚同逸,安逸。

[9]弱冠:古代男子二十岁为成人,初加冠,因身体还未强壮,故称弱冠。

[10]浪掷:浪费,随便舍弃。

[11]虞:担心,忧虑。

[12]用:以,因,古代汉语介词,后边省略宾语。

字谕纪泽儿：

胡二等人来，接到你的禀告平安的信。字的笔画还没有长进。你今年已十八岁，年龄已经渐渐增长，而学业却没有明显长进。陈岱云伯伯的儿子有个叫杏生的，今年入学，主考官员评价他的诗在全场中是最好的。他是戊戌年(道光十八年)二月出生的，比你只大一岁。因为没有父母，家中逐渐贫寒，于是勤学苦读，少年成名。你有幸托祖父留下的福分，丰衣足食，舒适安然，无忧无虑，于是沉醉于吃喝享受、安逸快乐的生活，不再把读书成名看作大事。古人说：勤劳就会萌发善良之心，安逸就会萌发荒淫之心；孟子说：忧患能使人生存，安乐能致人死地。我忧虑你是太安乐了。

新媳妇才来我家，应该教她进厨房做菜肴，努力纺线织布；不应因为她是富贵人家女儿就不做事情。老大、老二、老三各个姑娘学会做大鞋了没有？三个小姑子一个嫂子，每年都做一双鞋寄给我，各自表达自己的孝心，各自比赛针线活的精细。从所织的布，寄来的衣服、袜子等件，我也能看出她们在闺房内是勤快还是懒惰。

我在军中没有停止研究学问，读书写字没怎么间断过。可惜年纪老了，眼睛看不清楚，所以没多少长进。你现在还不到二十岁，正是黄金年华，千万不能浪费时光。

咸丰四年所买得衡阳的田地，可找人卖掉，把银子寄到营中，作为归还李家的款子。父母在世，不能私下里积存财产。一般的老百姓尚且如此，何况我身为卿大夫呢！我的癣病又复发了，没有去年秋天那么重。李次青十七日在抚州战败受挫，详情已经写在给沅甫的信中。现在他在崇仁认真地整顿，三十日打了一次胜仗。口粮不足，时时担心军内出现分裂，心情十分焦虑。

你每次禀告平安的家信要详细地叙述一切，不能草率应付。祖父大人的饮食起居、全家的琐碎小事、学堂的功课等等，都必须详细写上。一定记住我的话。

与澄弟书

(咸丰六年十一月二十九日)

曾国藩在京城时每年给家里寄白银一百两或二百两不等，自领兵以来，仅仅咸丰四年冬天给家里寄银子一百五十两，并说大概凡带兵的人都不免中饱私囊。他无力做到禁止别人不苟取，但是一定要做到自己不苟取。用这种作风给部属做出榜样，并报答皇上的大恩。这封信写于江西省城。

原文

澄侯四弟左右：

二十八日，由瑞州营递到父亲大人手谕并弟与泽儿等信，具悉一切。

六弟在瑞州，办理一应事宜尚属妥善。识见本好，气质近亦和平。九弟治军严明，名望极振。吾得两弟为帮手，大局或有转机。次青在贵溪尚平安，惟久缺口粮。又败挫之后，至今尚未克整顿完好[1]。雪琴在吴城名声尚好，惟水浅不宜舟战，时时可虑[2]。

余身体平安。癣疾虽发，较之往在京师则已又减。幕府乏好帮手[3]，凡奏折、书信、批禀均须亲手为之，以是未免有延阁耳[4]。余性喜读书，每日仍看数十叶[5]，亦不免抛荒军务。然非此更无以自怡也。

纪泽看《汉书》，须以勤敏行之。每日至少亦须看二十页，不必惑于在精不在多之说。今日半页，明日数页，又明日耽搁间断，或数年而不能毕一部。如煮饭然：歇火则冷，小火则不熟，需用大柴大火乃易成也。甲五经书已读毕否？须速点速读，不必一一求熟。恐因求熟之一字，而终身未读完经书。吾乡子弟未读完经书者甚多，此后当力戒之。诸外甥如未读毕经书，当速补之。至嘱至嘱！

再，余往年在京曾寄银回家，每年或百金或二百金不等。一以奉堂上之甘旨，一以济族戚之穷乏。自行军以来，仅甲寅冬寄百五十金。今年三月，澄弟在省城李家兑用二百金，此际实不能再寄。盖凡带勇之人，皆不免稍肥私橐。余不能禁人之不苟取，但求我身不苟取。以此风示僚属，即以此仰答圣主。今年江西艰困异常，省中官员有穷窘而不能自存者，即抚藩各衙门亦不能寄银赡家。余何敢妄取丝毫！兹寄银三十两，以二十两奉父亲大人甘旨之需，以十两奉叔父大人含饴之佐。此外，家用及亲族常例概不能寄。

澄弟与我湘潭一别之后，已若漠然不复相关。而前年买衡阳之田、今年兑李家之银，余皆不以为然。以后余之儿女婚嫁等事，弟尽可不必代管。千万千万！再候近好。

国藩再叩

[1]克：能够。

[2]虑：忧虑。

[3]幕府：古代将帅在外的营帐，后来也指官署。

[4]延阁：拖延、耽搁。阁，同"搁"。

[5]叶：页。

澄侯四弟左右：

二十八日从瑞州军营送来父亲大人的亲笔信及你和纪泽等的来信，一切知悉。

六弟温甫在瑞州，所有事情办理得还算妥善。他的见识本来就好，性格近来也平和了。九弟沅甫治军严明，名望很好。我有这两位弟弟做帮手，或许大局可能会有转机。李次青在贵溪还算平安，只是长期缺乏口粮；再是在失败受挫之后，到现在还没有完全整顿好。彭雪琴在吴城名声还好，只是水浅，不适宜用船打仗，时刻令人忧虑。

我身体平安。癣病虽然又发作了，但比过去在京城时要轻得多。官署中处理公事没有好助手，举凡奏折、书信、批复，都要我亲自动手，所以不免有时拖延时间。我生性喜欢读书，每天仍然要看几十页，也难免丢开军中事务。然而没有这个，我更没有什么可以自己消遣的了。

纪泽儿读《汉书》，必须勤快地进行。每天至少也得读二十页，不要被"读书在精不在多"的说法所迷惑。如果今天读半页，明天读几页，再一天因耽搁而间断，也许几年还读不完一部书。就好比煮饭一样：停火就凉，小火又煮不熟，必须用大柴大火才容易做成。甲五读完经书了没有？必须快点快读，不必非一字一句读熟不可。恐怕因为字字求读熟记熟，致使一辈子也读不完经书。我们家乡的子弟们没有读完经书的人很多，今后要尽量注意避免这种情况。各个外甥如果没有读完经书，应该尽快补读。这是至诚的嘱咐！

另外，我往年在京城时，每年给家中寄银子或者一百两或者二百两不等。一是用来孝敬老人买些甘美食品，二是用来帮助贫穷的家族亲戚。自从带兵打仗以来，仅仅前年冬天寄回一百五十两。今年三月，澄侯弟在省城李家支付使用了二百两，现在我的确不能再寄了。大概凡是带兵的人，大都渐渐地填满了自己的腰包。我禁止不了别人随便索取，只求我自己不随便索取。用这种作风给同僚部属做出示范，并用此来报答皇帝的大恩。今年江西特别困难，省里的官员有的贫困到不能自立的地步，即使巡抚藩司各官署也不能寄银子回去养家。我怎能随便拿一分一文呢！现在寄回三十两银子，用二十两孝敬父亲大人供他买甜美食品之需，用十两孝敬叔父大人让他作为买点营养品的添补。除此以外，家里费用和亲戚的惯例一概不能寄了。

澄侯弟和我从湘潭分别以后，好像已经冷冷漠漠不再相关了。前年在衡阳买地、今年又支付李家的银子，我都认为不应该这样。以后我的儿女们的婚姻等事，你完全可以不必代管。千万千万！再候近好。

国藩再叩

与沅弟书

（咸丰八年正月初四日）

题解

曾国藩自信属于忠厚诚实之人，在阅历世途，饱经事变之后，处人略参些机权作用。他在为父守丧期间，自我反省，认为这是学坏了，决心恢复忠厚诚实的本来面目。这封信写于湖南湘乡家中。

沅甫九弟左右：

十二月二十八日接弟二十一日手书[1]，欣悉一切。临江已复，吉安之克实意中事。克吉之后，弟或带中营围攻抚州，听候江抚调度[2]；或率师随迪安北剿皖省，均无不可。届时再行相机商酌。此事我为其始，弟善其终，补我之阙[3]，成父之志。是在贤弟竭力而行之，无为遽怀归志也。

弟书自谓是笃实一路人[4]，吾自信亦笃实人。只为阅历世途，饱更事变[5]，略参些机权作用，把自家学坏了。实则作用万不如人，徒惹人笑，教人怀恨，何益之有？近日忧居猛省[6]，一味向平实处用心，将自家笃实的本质还我真面、复我固有。贤弟此刻在外，亦急须将笃实复还，万不可走入机巧一路，日趋日下也。纵人以巧诈来，我仍以浑含应之，以诚愚应之。久之，则人之意也消。若钩心斗角，相迎相距，则报复无已时耳。

至于强毅之气，决不可无。然强毅与刚愎有别。古语云：自胜之谓强。曰强制，曰强恕，曰强为善，皆自胜之义也。如不惯早起，而强之未明即起；不惯庄敬，而强之坐尸立斋[7]；不惯劳苦，而强之与士卒同甘苦，强之勤劳不倦。是即强也。不惯有恒，而强之贞恒[8]，即毅也。舍此而求以意气胜人，是刚愎而已矣。二者相似，而其流相去霄壤[9]，不可不察，不可不谨。

　　李云麟气强识高，诚为伟器，微嫌辩论过易。弟可令其即日来家，与兄畅叙一切。兄身体如常，惟中怀郁郁，恒不甚舒畼[10]，夜间多不成寐，拟请刘镜湖三爷来此一为诊视。闻弟到营后体气大好，极慰极慰！九弟媳近亦平善，元旦至新宅拜年。叔父、六弟亦来新宅。余与澄弟等初二至白玉堂，初三请本房来新宅。任尊家酬完龙愿三日[11]，因五婶脚痛所许，初四即散，仅至女家及攸宝庵，并未烦动本房。温弟与迪安联姻，大约正月定庚[12]。科四前要包铳药之纸，微伤其手，现已全愈。邓先生订十八入馆[13]，葛先生拟十六去接。甲三姻事拟对筱房之季女，现尚未定。三女对罗山次子，则已定矣。刘詹岩先生(绎)得一见否？为我极道歉忱。黄莘翁之家属近况何如？苟有可为力之处，弟为我多方照拂之[14]。渠为劝捐之事呕气不少，吃亏颇多也。母亲之坟，今年当觅一善地改葬。惟兄脚力太弱，而地师又无一可信者[15]，难以下手耳。馀不一一，顺问近好，诸惟心照。

国藩手具

　　再，带勇总以能打仗为第一义。现在久顿坚城之下，无仗可打，亦是闷事。如可移扎水东，当有一二大仗开。第弟营之锐气有馀[16]，沉毅不足。气浮而不敛，兵家之所忌也，尚祈细察。偶作一对联箴弟云[17]："打仗不慌不忙，先求稳当次求变化；办事无声无臭[18]，既要精到又要简捷。"贤弟若能行此数语，则为阿兄争气多矣。

国藩又行

[1]手书：亲笔信。
[2]江抚：江西巡抚。
[3]阙：缺憾。
[4]笃实：忠厚诚实。笃，忠厚。
[5]更(gēng)：经历。
[6]忧居：为父亲守丧。
[7]坐尸立斋：即坐如尸、立如斋之简称。语出《礼记·曲礼上》。尸是古时祭祀时代死者受祭的人。
[8]贞恒：始终如一。
[9]霄壤：天地，比喻差别很大。
[10]舒畼：舒畅。畼，通"畅"。
[11]酬愿：还愿。
[12]定庚：定亲。庚，年龄。旧时订婚男女双方要交换写有姓名、生辰八字、籍贯、祖宗三代的庚帖，故名。

[13]馆:学馆,学堂。
[14]照拂:照顾,照料。
[15]地师:相地的风水先生。
[16]第:只是,但是。
[17]箴(zhēn):告戒,规劝。
[18]臭(xiù):气味。

沅甫九弟左右:

十二月二十八日接到你二十一日的来信,欣然得知一切。临江已经收复,吉安的收复实为意料中的事情。收复吉安以后,你或者带中营去围攻抚州,听从江西巡抚的调度;或率军跟随李迪安由北面围剿安徽省,二者均可。到时候再视实际情况商议。这件事我做开头部分,你来收好尾,弥补我的缺憾,完成父亲的遗愿。这全靠贤弟竭尽全力而实行,不要怀有匆忙回乡的念头。

你信中自称是诚实一类的人,我自信也是诚实的人。只由于阅历了尘世的道路,饱经了世事的变化,稍参杂些投机、权术的作用,使自己学坏了。实际上作用绝对比不上别人,白惹人笑,使人怀恨,有什么益处?近日为父守丧深刻反省,一心向平易、诚实的境界努力,将自己诚实的本质,还回自己的本来面目,恢复自己的原有状态。贤弟此刻在外,也急须恢复诚实,万万不可走进投机取巧一类,一日比一日走向低俗。即使别人用巧诈待我,我仍然用浑厚对他,以诚实对他;时间久了,别人的意见也就会消失。如果钩心斗角,相互迎合又相互对峙,报复就会没有完的时候。

至于说强毅的气质,决不能没有。然而强毅与固执有区别。古语说:能够战胜自己谓之强。强能克制,强能宽恕,强能行善,都是自己战胜自己的意思。比如不习惯早起,便强迫自己天不亮就起床;不习惯恭敬,便强迫自己像尸那样坐着,像斋戒那样站着;不习惯劳苦,便强迫自己与士卒同甘共苦,强迫自己勤劳而不倦怠,这便是强。不习惯持之有恒,便强迫自己忠贞不二,始终如一,这便是毅。丢掉强毅而求用一时的意气超过别人,不过是固执罢了。二者相似,但发展下去却有天壤之别。不能不审视,不可不谨慎。

李云麟气质强毅、见识高明,的确是伟才,但稍有议论过于随便的缺点。你可以让他近日内来家中,和我畅谈一切。我的身体如常,只是心中郁闷,时常不太舒畅,夜里总是失眠。打算请刘镜湖三爷来这里为我诊视一次。听说你到军营后体质好了许多,感到极其欣慰。你的妻子近来也平安,元旦时到新宅院来拜年了。叔父、温甫也来新宅院了。我和澄侯等于初二去了白玉堂,初三请本房来新宅院。任尊家还龙愿三天,因为五婶脚痛时许的愿,初四便散了,只去了女家和攸宝庵,没有打扰本房。温弟和迪安结为亲家,大概正月里定婚。科四前几天玩包枪药的纸,手受了小伤,现在已经全好了。邓先生决定十八日来学馆,葛先生打算十六去迎接。甲三的婚事打算配筱房的小女儿,现在还没有决定。三女儿配罗山的二儿子,已经定下了。刘詹岩先生(绎)能否见到一面?替我向他深深道歉。黄莘翁的家属近况怎么样?如果有能帮忙的地方,你为我各方面照顾帮助他们。他为劝勉募捐的事生了不少气,吃了不少亏。母亲的坟,今年应当寻找一块吉祥的土地改葬。只是我的腿脚无力,而风水先生中又没有一个可以信赖的人,难以办理。其馀的事不详述了,顺问近好,各事希望相互理解。

国藩手具

另外,带兵总是以能打仗为第一要义。现在长期驻扎在坚固的围城之下,没有仗可打,也是烦闷的事。如果能转移驻扎到赣江东边,应能打一两个大仗。但你军营中的士兵锐气有馀,沉稳不足。士气浮躁而不集中,是兵家所忌讳的,还望你仔细观察。偶尔作一幅对联劝戒你:"打仗不慌不忙,先求稳当次求变化;办事无声无臭,既要精到又要简捷。"贤弟如果能做到这几句,便为哥哥争气很多。

国藩再及

与沅弟书

(咸丰八年三月六日)

〖题解〗

曾国藩认为不好的品德导致失败,大致有两个方面:一是高傲,二是多言。曾国藩在为他父亲服丧期间深刻反省,认为这两种缺点他自己都有。告诫弟弟沅甫,要改掉和自己相同的这两种缺点;告诫弟弟温甫,改掉谈笑讥讽、强充好手的缺点。这封信写于湖南湘乡家中。

沅甫九弟左右:

初三日刘福一等归,接来信,借悉一切。城贼围困已久[1],计不久亦可攻克[2],惟严断文报是第一要义[3],弟当以身先之。

家中四宅平安。季弟尚在湘潭,澄弟初二日自县城归矣。余身体不适,初二日住白玉堂,夜不成寐。温弟何日至吉安?在县城、长沙等处尚顺遂否[4]?

古来言凶德致败者约有二端:曰长傲[5],曰多言。丹朱之不肖[6],曰傲、曰嚣讼[7],即多言也。历观名公巨卿,多以此二端败家丧生。余生平颇病执拗,德之傲也;不甚多言,而笔下亦略近乎嚣讼。静中默省愆尤[8]

我之处处获戾[9],其源不外此二者。温弟性格略与我相似,而发言尤为尖刻。凡傲之凌物,不必定以言语加入。有以神气凌之者矣,有以面色凌之者矣,温弟之神气稍有英发之姿,面色间有蛮很之象[10],最易凌人。凡中心不可有所恃,心有所恃则达于面貌。以门地言[11],我之物望大减[12],方且恐为子弟之累;以才识言,近今军中炼出人才颇多,弟等亦无过人之处,皆不可恃。只宜抑然自下,一味言忠信行笃敬,庶几可以遮护旧失,整顿新气。否则,人皆厌薄之矣[13]。沅弟持躬涉世,差为妥叶[14]。温弟则谈笑讥讽,要强充老手,犹不免有旧习。不可不猛省!不可不痛改!闻在县有随意嘲讽之事,有怪人差帖之意[15],急宜惩之。余在军多年,岂无一节可取?只因傲之一字,百无一成。故谆谆教诸弟以为戒也。

九弟妇近已全好,无劳挂念。沅在营宜整刷精神[16],不可懈怠。至嘱!

兄国藩手草

[1] 贼:这是对太平军污蔑性的称呼。
[2] 计:估计。
[3] 严断文报:严密切断文书情报往来。
[4] 顺遂:顺利。
[5] 长傲:高傲。
[6] 丹朱:帝尧的儿子。
[7] 嚚(yín)讼:口不道忠信之言为嚚,好争辩为讼。
[8] 愆尤:过错。
[9] 获戾:得罪。
[10] 蛮很:蛮横执拗。
[11] 门地:门第地位。
[12] 物望:众望。
[13] 厌薄:讨厌轻视。
[14] 妥叶(xié):也写作"妥协",妥当的意思。
[15] 差帖:差错,失误。
[16] 整刷:整治刷新。

沅甫九弟左右:

初三日刘福一等人回来,接到来信,从中得知一切。城内贼军围困已久,估计过不了多长时间便会攻下。只有严密切断文书情报才是最重要的,你应当处处领先。

全家都平安无事。季洪弟还在湘潭,澄侯弟初二日从县城返回。我身体不舒服,初二日住在白玉堂,夜里失眠。温甫弟哪天到吉安?在县城、长沙等地是否还顺利?

自古以来认为不好的品德导致失败,大概有两个方面:一是高傲,二是多言。帝尧的儿子丹朱不像他父亲,表现在奸诈而好争辩,这便是多言。观察历史上有名的公卿大臣,大都由于这两点而家破身亡。我平生颇犯固执不随和的毛病,这是高傲;不太多说话,但笔下也大体近于好争辩。安静时默默反省过失,我处处不顺利,其根源不外乎这两点。温甫性格大体与我相似,但说出话来更为尖刻。大凡傲气凌人,不一定要用语言压人,有的以神气凌人,有的以表情凌人。温甫弟的神气,有些才华外露之貌,表情中带有蛮横之象,最容易凌人。大凡心中不能有所依仗,心中有依仗便会表现在面容上。从门第来说,我的众望大减,还担心连累子侄兄弟;从见识来说,近来军中锻炼出不少人才,你们也没有超过别人的地方,都不可依仗。只应当克制自己,一味地求言语忠信,行为恭敬,也许可以弥补旧日的过失、整顿出新的作风。不然,别人都会讨厌轻视。沅弟的持身处世,还算妥当。温弟则谈笑讥讽,故意做出老练的样子,未免有些旧日的习气。不可不深刻地反省!不可不彻底地改正!听说在县里有随意嘲讽的事,有责怪人过失的意思,应当急速警戒。我在军中多年,难道没有一点可取之处?只由于一个傲字,百事无成。所以恳切地教育弟弟们引以为戒。

九弟媳近日已痊愈,不必挂念。你在军营要振作精神,不可松懈。千万记住!

兄国藩手草

与沅弟书

(咸丰八年四月九日)

曾国藩在给沅甫弟的信中谈到治军的方法,以善战为最重要,能爱护百姓为第二重要,能和上上下下的官员、绅士协调关系为第三重要。在用人方面,提醒弟弟要寻找人才辅助自己,那些庸庸碌碌的人,即使是最密切的亲戚朋友,也不能长期留在身边。否则,真正有才能的人不愿在一起共事。这封信写于湖南湘乡家中。

沅甫九弟左右:

四月初五日得一等归,接弟信,得悉一切。兄回忆往事,时形悔艾[1],想六弟必备述之[2]。弟所劝警之语,深中机要[3]。"素位而行"一章[4],比亦常以自警[5]。只以阴分素亏，血不养肝，即一无所思，已觉心慌肠空，如极饿思食之状。再加以憧扰之思[6]，益觉心无主宰，怔悸不安[7]。

今年有得意之事两端：一则弟在吉安声名极好。两省大府及各营员弁、江省绅民交口称颂，不绝于吾之耳；各处寄弟书及弟与各处禀牍信缄俱详实妥善，犁然有当[8]，不绝于吾之目。一则家中所请邓、葛二师品学俱优，勤严并著[9]。邓师终日端坐，有威可畏；文有根柢而又曲合时趋，讲书极明正义而又易于听受。葛师志趣方正，学规谨严；小儿等畏之如神明，而代管琐事亦甚妥协。此二者皆余所深慰。虽愁闷之际，足以自宽解者也。第声闻之美[10]，可恃而不可恃。兄昔在京中颇著清望[11]，近在军营亦获虚誉。善始者不必善终，行百里者半九十里。誉望一损[12]，远近滋疑。弟目下名望正隆[13]，务宜力持不懈，有始有卒[14]。

治军之道，总以能战为第一义。倘围攻半岁，一旦被贼冲突，不克抵御，或致小挫，则令望骤于一朝[15]。故探骊之法[16]，以善战为得珠。能爱民为第二义，能和协上下官绅为第三义[17]。愿吾弟兢兢业业，日慎一日，到底不懈，则不特为兄补救前非，亦可为吾父增光于泉壤矣[18]。精神愈用而愈出，不可因身体素弱过于保惜；智慧愈苦而愈明，不可因境遇偶拂遽尔摧沮[19]。此次军务，如杨、彭、二李、次青辈皆系磨炼出来，即润翁、罗翁亦大有长进，几于一日千里，独余素有微抱[20]，此次殊乏长进。弟当趁此番增识见，力求长进也。

求人自辅，时时不可忘此意。人才至难，往时在余幕府者，余亦平等相看，不甚钦敬。洎今思之[21]，何可多得！弟常常以求才为急，其闒冗者虽至亲密友[22]，不宜久留。恐贤者不愿共事一方也。

澄侯弟初九日晋县，系刘月槎、朱尧阶等约去清算往年公账。牟山先生近日小疾，服黄芪两馀，尚未全愈。请甲五在曾家坳帮同背书。如再数日不愈，拟令科四来从邓先生读，科六则仍从甲五读；若渐愈，则不必耳。纪泽近亦小疾，初八日两人皆停课未作。纪泽出疹，咳嗽亦难遽期全瘳[23]。余自四月来眠兴较好，近读杜佑《通典》，每日二卷，薄者三卷。惟目力极劣，余尚足支持。四宅大小眷口平安。定三舅爹三月十六来，四月初六归去，在新宅住四天，余住老宅。王福初十赴吉安，另有信，兹不详。

兄国藩草

再，弟前请兄与季高通信，兹写一信，弟试观之尚可用否。可用则便中寄省，不可用则下次再写寄可也。又行。

迪安嘱六弟不必进京，厚意可感。弟于迪、厚、润、雪、次青五处，宜常常通问。恽廉访处[24]，弟亦可寄信数次，为释前怨[25]。《欧阳文忠集》，吉安若能觅得，望先寄回。

[1]悔艾：悔恨。
[2]备：全面，完全。
[3]机要：要害。
[4]素位而行：语出《礼记·中庸》，意思是做好自己分内的事。
[5]比：近日，近来。
[6]憧(chōng)扰：纷乱不安。
[7]怔悸：心跳。
[8]犁然：妥当的样子。
[9]著：显著。
[10]第：不过，只是。
[11]清望：美好的名望。
[12]誉望：名誉和声望。
[13]隆：高。
[14]卒：终。
[15]隳：毁坏。
[16]探骊：传说古代有个以编织蒿草帘为生的人，他的儿子入水，得千金之珠。他说：这种珠生在九重深渊的骊龙颔下。你一定是趁它睡着摘来的。如果骊龙当时醒来，你就没命了。这个故事出自《庄子·列御寇》。后人用探骊得珠比喻抓住了关键。
[17]和协：与……和睦相处。
[18]泉壤：九泉，地下。
[19]拂：不顺利。 摧沮：沮丧。
[20]抱：抱负。
[21]洎(jí)：及。
[22]阘(tà)冗：通常写作"阘茸"，庸碌低劣。
[23]瘳(chōu)：痊愈。
[24]廉访：廉访使的简称，官名，主管监察事务。
[25]释：消除。

沅甫九弟左右：

四月初五日，得一等人回来，接到你的来信，得知一切。我回忆往事，时常显出悔恨。想六弟温甫一定详细叙述了。你对我劝解的话,切中要害。"据自己的地位而行事"一句,过去也常用以自勉。只因平素阴虚,血不养肝,即便一无所思,也觉得心慌腹空,像是饿极了想吃东西的感觉。加之纷乱不安的思绪,更觉六神无主,心跳不安。

今年有两件得意的事:一是你在吉安有极好的名声。两省省府及各军营的低级文武官员、江西绅士、百姓交口称赞之声,不断地传到我的耳中;各处寄给你的书信及你写给各处的禀报信函都很详实妥帖,明确得当,不断地出现在我眼前。二是家中请来的邓先生、葛先生都是人品学业兼优,勤奋严谨并重。邓先生每天端坐静思,令人敬畏,学问扎实而又能随合时代趋势,讲解古书意义非常准确而又容易听懂。葛先生志向、人品端正,教学规制严格。小孩子们怕他就像害怕神灵,代管家中琐事也很妥帖。这两点都是我深深感到欣慰的。即使愁闷之时,也能自我宽慰解释。但声誉好,既可以依仗而又不能完全依仗。我过去在京城里显示出很高威望,近来在军营里也获得了名誉。有好的开端不一定有好的结束。行一百里路的人认为九十里是一半的路程。名誉和威望一旦损失,远处的人和近旁的人都会产生怀疑。你眼下名望正高,务必要坚持不懈,有始有终。

治军的方法,还是以能战为第一要义。假如围攻半年,一时被贼军冲击突围,不能抵御,或者有小的挫败,就会使名望毁于一旦。所以带兵的方法以善战为关键。能爱护老百姓为第二要义;能和上上下下的官员、绅士协调关系为第三要义。希望弟弟能兢兢业业,一天比一天谨慎,坚持到底不松懈。这样不仅为我补救以前的过失,也可为我们九泉之下的父亲增添光辉。精力消耗了还会再产生,不要因为身体平时虚弱而过分爱惜;智慧越吃苦就会越聪明,不要因为境遇偶尔不顺而马上沮丧。这次军事,像杨、彭、二李、次青等都是磨炼出来的。即使胡老先生、罗老先生也大有长进,几乎是一日千里之速。唯独我平素虽有微小抱负,而这次却特别缺乏长进。你应当趁此机会,增长见识,力求上进。

求人才是为了辅助自己,时刻不能忘了这个意义。人才是很难得到的,过去在我的军营中的人,我也还能平等对待,而不够敬佩,到今天想起来,哪里能轻易地得到!你常常以求得人才为急务,那些庸庸碌碌的人,即使最密切的亲戚朋友,也不能长期留在那里。恐怕贤能的人才不愿与他们一处共事。

澄侯弟初九日进县城,是受刘月椿、朱尧阶等人约请,去清算往年公账。羊山先生近日有小病,服用黄芪一两多,还没有全好。请甲五在曾家坳帮助协同背书。如果再过几天还不好,打算让科四来跟邓先生读。科六仍然跟甲五读;如果渐渐好起来,就不必了。纪泽近日也得了小病,初八日两个人都停课没写作。纪泽出疹子,咳嗽也难短期内治好。我从四月以来睡眠和精神比较好,近来读杜佑的《通典》,每天两卷,薄一点的读三卷。只是视力极弱,其馀还能支持。全家老少家属平安无事。定三舅爹三月十六来,四月初六回去,在新宅院住了四天,其馀都住在老院。王福初十去吉安,另附有信,此处不详叙。

兄国藩草

另外,你前些日子请我与左季高通信,现写好一封,你试看看是否还可以用。可以用就在方便时寄到省里,不能用就下次写了再寄也可以。又及。

迪安嘱咐六弟温甫不要去京城,厚意令人感动。你给迪、厚、润、雪、次青五人那里,要常常通信问候。恽廉访那里,你也可以寄几次信去,以化解以前的怨恨。《欧阳文忠集》,在吉安要是能寻求到,望先寄回家来。

与纪泽儿书

（咸丰八年七月二十一日）

题解

曾国藩写信给长子纪泽,谈读书之法与做人之道。读书之法,看书、诵读、写字、作文,四者每日不可缺一。做人之道,圣贤千言万语,大抵不外敬恕二字。这封信写于离江西省城八十里之远的樵舍的船中。

原文

字谕纪泽儿：

余此次出门,略载日记[1],即将日记封每次家信中。闻林文忠家书,即系如此办法。尔在省仅至丁、左两家,馀不轻出,足慰远怀。

读书之法,看、读、写、作,四者每日不可缺一。看者,如尔去年看《史记》、《汉书》、韩文、《近思录》,今年看《周易折中》之类是也。读者[2],如"四书"、《诗》、《书》、《易经》、《左传》诸经,《昭明文选》,李、杜、韩、苏之诗,韩、欧、曾、王之文,非高声朗诵则不能得其雄伟之概[3],非密咏恬吟则不能探其深远之韵[4]。譬之富家居积,看书则在外贸易,获利三倍者也；读书则在家慎守,不轻花费者也。譬之兵家战争,看书则攻城略地[5],开拓土宇者也[6]；读书则深沟坚垒,得地能守者也。看书与子夏之"日知所亡"相近[7]；读书与"无忘所能"相近。二者不可偏废。至于写字,真行篆隶[8],尔颇好之,切不可间断一日。既要求好,又要求快。余生平因作字迟钝[9],吃亏不少。尔须力求敏捷,每日能作楷书一万则几矣[10]。至于作诸文[11],亦宜在二三十岁立定规模；过三十后,则长进极难。作四书文、作试帖诗、作律赋、作古今体诗、作古文、作骈体文[12],数者不可不一一讲求，一一试为之。少年不可怕丑，须有狂者进取之趣[13]。当时不试为之，则后此弥不肯为矣[14]。

至于作人之道，圣贤千言万语，大抵不外敬恕二字。"仲弓问仁"一章，言敬恕最为亲切。自此以外，如：立则见参于前也，在舆则见其倚于衡也[15]；君子无众寡，无小大，无敢慢，斯为而不骄；正其衣冠，俨然人望而畏，斯为威而不猛[16]。是皆言敬之最好下手者。孔言欲立立人，欲达达人[17]；孟言行有不得，反求诸己[18]。以仁存心，以礼存心，有终身之忧，无一朝之患[19]。是皆言恕之最好下手者。尔心境明白，于恕字或易著功，敬字则宜勉强行之。此立德之基，不可不谨。

科场在即，亦宜保养身体。余在外平安，不多及。

涤生手谕
舟次樵舍下去江西省城八十里

再，此次日记已封入澄侯叔函中寄至家矣。余自十二至湖口，十九夜五更开船晋江西省，二十一申刻即至章门。馀不多及。又示。

[1]载：记。
[2]读：朗诵、吟咏。
[3]概：气势。
[4]密：细。　恬：静。
[5]略：夺取，掠夺。
[6]土宇：疆土。
[7]亡：通"无"。
[8]真：楷书。
[9]作字：写字。
[10]几：差不多。
[11]作诸文：作文章。诸，"之于"的合音。
[12]四书文：八股文。试帖诗：科举考试采用的诗体名，亦称"赋得体"。其诗大都为五言六韵或八韵的排律，以古人诗句或成语为题，冠以"赋得"二字，并限韵脚。
[13]趣：志向。
[14]弥：更。
[15]立则……衡也：出自《论语·卫灵公》。
[16]君子无众寡……不猛：出自《论语·尧曰》，字句略有变动。
[17]"孔言……达人"：出自《论语·雍也》，原文作"己欲立而立人，己欲达而达人"。
[18]行有不得，反求诸己：出自《孟子·离娄上》。原文为"行有不得者皆反求诸己"。
[19]以仁存心……无一朝之患：四句出自《孟子·离娄下》，前两句和后两句之间有删节。

字谕纪泽儿：

我这次出外，概要地写日记，便将日记装进每次家信中。听说林文忠公家书，就是这种方法。你在省城只去丁义方、左季高家，其馀不轻易出去，这足以使我在远方得到安慰。

读书的方法，默看、朗读、写字、作文，四项每天不能缺少一项。所谓看，比如你去年看《史记》、《汉书》、韩愈文章、《近思录》，今年看《周易折中》之类便是。所谓读，比如"四书"、《诗经》、《尚书》、《易经》、《左传》等经书，《昭明文选》，李白、杜甫、韩愈、苏轼的诗，韩愈、欧阳修、曾巩、王安石的散文，不高声朗诵便体会不到其雄伟的气势；不细咏静吟便体会不出其深远的馀韵。好比富贵人家储存，看书则是在外贸易，可能获取三倍的利润；朗读则是在家守财，不会轻易花费。又好比兵家打仗，看书则是攻打城池、掠夺土地、开拓疆域；朗读则是深挖濠沟、加固堡垒，所得之地可以坚守不失。看书，和子夏"每天获得新的知识"的相近；朗读和"不要忘记已有的知识"相近。两项中不可缺少一项。至于写字，楷书、行书、篆书、隶书，你很喜欢，千万不能中断一日。既要追求写得好，又要追求写得快。我生平因为写字迟钝，吃亏不少。你必须努力追求敏捷，每天能写楷书一万就差不多了。至于写作文章，也应当在二三十岁建立基础，过三十岁以后，则难以长进。作八股文，作科举考试的试帖诗，作律赋，作古体诗、近体诗，作古文，作骈体文，这些种类不能不逐一讲究、探求，逐一练习写作。少年时不要怕出丑，要有狂傲进取的志向，当时不尝试着作，过后更不愿意作了。

至于做人的方法，古代圣人贤者千言万语，大体不外乎敬恕二字。《论语》中"仲弓问仁"一节，讲敬恕最为贴切。除此之外，例如"站立的时候，就看见（忠诚老实忠厚严肃）几个字显现在面前，在车上就如看见它刻在车前的横木上"；"君子不论众多与寡少，不论强大与弱小，都不敢轻慢，这就是安泰而不骄纵；使衣帽整齐，表情庄重，别人看见就会产生敬畏，这就是威武但不凶猛"。这些都是讲敬字最容易着手做到的。孔子说自己想要站得住，便同时也使别人站得住；自己要事情行得通，也要使别人事情行得通；孟子说行为如果没达到预期的效果就要反过来检查自己。心中装有仁义，心中装有礼仪，有终身的忧虑，无一时的祸患。这都是讲恕字最容易着手做到的。你心中明白，在恕字上或许容易显出成效，敬字则应当努力实行。这是建立德业的基础，不能不谨慎从事。

马上就要科举考试，也应当保养身体。我在外平安，不多叙。

涤生手谕
在南距江西省城八十里之远的樵舍船中

另外,这次的日记已经封在澄侯叔的信中寄回家了。我从十二日到湖口,十九日夜里五更开船进入江西省境内,二十一日申时便到达章门。馀事不多叙。又示。

与纪泽儿书

(咸丰八年八月三日)

题解

曾国藩写信给长子纪泽,教他读书的方法。要想深入领会文义,就要虚心涵泳,切己体察,这是朱熹教人读书之法,这两句话最为精辟恰当。这封信写于前往福建的行军途中。

原文

字谕纪泽:

八月一日,刘曾撰来营,接尔第二号信并薛晓帆信。得悉家中四宅平安,至以为慰。

汝读"四书"无甚心得,由不能虚心涵泳[1]、切己体察。朱子教人读书之法,此二语最为精当。尔现读《离娄》[2],即如《离娄》首章"上无道揆[3],下无法守",吾往年读之,亦无甚警惕。近岁在外办事,乃知上之人必揆诸道,下之人必守乎法。若人人以道揆自许,从心而不从法,则下凌上矣。"爱人不亲"章,往年读之,不甚亲切。近岁阅历日久,乃知治人不治者[4],智不足也。此切己体察之一端也[5]。涵泳二字,最不易识[6]。余尝以意测之,曰:涵者,如春雨之润花,如清渠之溉稻。雨之润花,过小则难透,过大则离披[7],适中则涵濡而滋液;清渠之溉稻,过小则枯槁,过多则伤涝,适中则涵养而浡兴。泳者,如鱼之游水,如人之濯足[8]。程子谓鱼跃于渊[9],活泼泼地;庄子言濠梁观鱼,安知非乐?此鱼水之快也。左太冲有"濯足万里流"之句[10],苏子瞻有夜卧濯足诗、有浴罢诗[11],亦人性乐水者之一快也。善读书者,须视书如水,而视此心如花如稻如鱼如濯足。则涵泳二字,庶可得之于意言之表。尔读书易于解说文义,却不甚能深入。可就朱子涵泳体察二语悉心求之。

邹叔明新刊地图甚好,余寄书左季翁[12],托购致十副。尔收得后,可好藏之。薛晓帆银百两宜璧还[13]。余有复信,可并交季翁也。此嘱。

父涤生字

[1]涵泳:深入领会。
[2]离娄:《孟子》篇名。
[3]揆(kuí):揣度。
[4]治人不治:前一个"治"指治理,后一个"治"指治理好。
[5]一端:一方面。
[6]识:懂得。
[7]离披:倒伏。
[8]濯(zhuó):洗。
[9]程子:程颢,宋代理学家。
[10]左太冲:左思,晋代文学家,太冲是他的字。
[11]苏子瞻:苏轼,字子瞻,宋代著名的文学家。
[12]左季翁:左宗棠,字季高,季翁是对他的尊称。
[13]璧还:原物归还。

字谕纪泽:

八月一日,刘曾撰来营中,接到你的第二号信及薛晓帆的信。得知家中四房人都平安无事,感到十分欣慰。

你读"四书"没有什么心得,是因为不能虚心涵泳,切合自己去体察。朱熹教人读书的方法,这两句最为精辟恰当。你现在读《孟子·离娄》,比如《离娄》第一章说:"上面没有准则,下面则没有法度可遵守。"我过去读这两句,也没有十分注意。近年来在外办事,才知道上面的人必须设立各种准则,下面的人必须遵守法度。如果人人都认为自己是准则,随心所欲而不服从法度,下面的人就会凌驾于上面的人之上。"爱人不亲"一节,过去读了,不感到很亲切。近年来阅历越来越多,才知道统治人统治不了,是由于智谋不够。这是我切合自己体察到的一点。涵泳二字,最不容易理解。我曾经按自己的理解来推测,认为:涵,好比春雨滋润鲜花,好比清清的渠水灌溉水稻。雨水滋润鲜花,雨太小则难以浸透,太大则会倒伏,适当才能含露而滋润欲滴;清澈的渠水浇灌稻田,水太少则会枯干,太多则伤于涝灾,适当才能含有养分而生机勃发;泳,好比鱼游水,好比人洗脚。程颢说鱼跳跃于深渊,活泼自然;庄子说在濠水之上看鱼,怎么知道鱼不快乐?这是鱼和水的乐趣。左太冲有"濯足万里流"的名句,苏子瞻有夜卧洗足的诗,有出浴后的诗,同样是人性喜欢水的一种乐趣。会读书的人,必须把书看作水,而把自己的心看作鲜花、水稻、游鱼、洗脚。那么涵泳二字,差不多可以从字面外得到其含义。你读书善于解说文义,却不太能够深入钻研。你可以从朱熹的涵泳、体察两个词语入手细心探求。

邹叔明新刻的地图很好,我写信给左季高,托他购买十幅。你收到后,要好好收藏。薛晓帆的一百两银子应当全部退还。我有回信,可以一起交给左季高。此嘱。

父涤生字

与纪泽儿书

（咸丰八年八月二十日）

曾国藩写信给长子纪泽,指导他写诗和写字。凡作诗,最宜讲究声调。纪泽想写五言古诗和七言古诗,曾国藩要他先熟读前人五言古诗和七言古诗各数十篇。先高声朗诵,接着密咏恬吟。下笔时就自有诗句涌于笔下。写字方面,要纪泽以后写字,讲究墨色。这封信写于江西弋阳。

字谕纪泽儿：

十九日曾六来营,接尔初七日第五号家信并诗一首,具悉。次日入闱[1],考具皆齐矣。此时计已出闱还家。

余于初八日至河口。本拟由铅山入闽,进捣崇安,已拜疏矣[2]。光泽之贼窜扰江西,连陷泸溪、金溪、安仁三县,即在安仁屯踞。十四日派张凯章往剿。十五日余亦回驻弋阳。待安仁破灭后,余乃由泸溪云际关入闽也。

尔七古诗,气清而词亦稳,余阅之忻慰[3]。凡作诗,最宜讲究声调。余所选抄五古九家、七古六家[4],声调皆极铿锵,耐人百读不厌。余所未抄者,如左太冲、江文通、陈子昂、柳子厚之五古[5],鲍明远、高达夫、王摩诘、陆放翁之七古,声调亦清越异常。尔欲作五古、七古[6],须熟读五古、七古各数十篇。先之以高声朗诵,以昌其气[7];继之以密咏恬吟,以玩其味。二者并进,使古人之声调,拂拂然若与我之喉舌相习。则下笔为诗时,必有句调凑赴腕下[8]。诗成自读之,亦自觉琅琅可诵,引出一种兴会来。古人云"新诗改罢自长吟",又云"煅诗未就且长吟"。可见古人惨淡经营之时,亦纯在声调上下工夫。盖有字句之诗,人籁也;无字句之诗,天籁也。解此者,能使天籁人籁凑泊而成[9],则于诗之道思过半矣。

尔好写字,是一好气习。近日墨色不甚光润,较去年春夏已稍退矣。以后作字,须讲究墨色。古来书家,无不善使墨者。能令一种神光活色浮于纸上,固由临池之勤、染翰之多所致[10],亦缘于墨之新旧浓淡、用墨之轻重疾徐,皆有精意运乎其间,故能使光气常新也。

余生平有三耻:学问各途皆略涉其涯涘[11],独天文算学毫无所知,虽恒星五纬亦不识认[12],一耻也;每作一事,治一业,辄有始无终,二耻也;少时作字,不能临摹一家之体,遂致屡变而无所成,迟钝而不适于用[13],近岁在军,因作字太钝,废阁殊多,三耻也。尔若为克家之子[14],当思雪此三耻。推步算学[15],纵难通晓,恒星五纬,观认尚易。家中言天文之书,有"十七史"中各天文志,及《五礼通考》中所辑《观象授时》一种。每夜认明恒星二三座,不过数月,可毕识矣。凡作一事,无论大小难易,皆宜有始有终。作字时,先求圆匀,次求敏捷。若一日能作楷书一万,少或七八千,愈多愈熟,则手腕毫不费力。将来以之为学,则手抄群书;以之从政,则案无留牍[16]。无穷受用,皆自写字之匀而且捷生出。三者皆足弥吾之缺憾矣。

今年初次下场,或中或不中,无甚关系,榜后即当看《诗经》注疏。以后穷经读史,二者迭进。国朝大儒,如顾、阎、江、戴、段、王数先生之书[17],亦不可不熟读而深思之。光阴难得,一刻千金。以后写安禀来营,不妨将胸中所见,简编所得[18],驰骋议论,俾余得以考察尔之进步[19],不宜太寥寥[20]。此谕。

书于弋阳军中

[1]入闱:进入考场。

[2]拜疏:上奏章。

[3]忻:即"欣"。

[4]五古:五言古诗。 七古:七言古诗。

[5]江文通:南朝梁代江淹,字文通,文学家。 柳子厚:柳宗元,字子厚。

[6]鲍明远:南朝宋人,名照,字明远。 高达夫:唐代诗人高适,字达夫。 王摩诘:唐代诗人王维,字摩诘。

[7]昌:盛,壮。

[8]凑:聚集。

[9]凑泊:凝聚,聚合。

[10]临池:《晋书·卫恒传》说,弘农张伯英"临池学书,池水尽黑"。这儿指学习书法。 翰:笔。古代以羽毛为笔,翰是鸟羽,故称毛笔为翰。

[11]涯涘(sì):边,边缘。

[12]恒星:古人指二十八星座,即通常所说的二十八宿。
[13]迟钝:缓慢。
[14]克家:继承家业。
[15]推步:推算天象历法和数学。
[16]牍:公文。
[17]顾:顾炎武。 阎:阎若璩。 江:江永。 戴:戴震。 段:段玉裁。 王:王念孙、王引之父子二人。
[18]简编:书籍。
[19]俾:使。
[20]寥寥:稀少的样子。

字谕纪泽儿:

十九日曾六来到军营,接到你初七日的第五号家信及一首诗,内容全已知悉。第二天就要进科举考场,考试用具全已备齐。估计现在已经退出考场回家了。

我于初八日到达河口。本打算由铅山进入福建,进而直捣崇安,已经上了奏章。但光泽的贼军骚扰江西,接连陷落了泸溪、金溪、安仁三个县,就在安仁屯兵据守。十四日派张凯章军前往围剿。十五日我也返回驻扎在弋阳。等到安仁攻破、剿灭贼军后,我便从泸溪云际关进入福建。

你写的七言古诗,意境清新,用词也妥当,我读后感到欣慰。大凡写诗,最应当讲究节奏韵律。我所选抄的九家五言古诗、六家七言古诗,节奏都很铿锵有力,令人百读不厌。我没有抄的,如左太冲、江文通、陈子昂、柳子厚的五言古诗,鲍明远、高达夫、王摩诘、陆放翁的七言古诗,节奏也异常清润悠扬。你想作五言古诗、七言古诗,必须熟读五言古诗和七言古诗各几十首。先用高声朗诵,壮大其气势;再恬静细声地吟咏,欣赏玩味。两方面结合进行,使古人的节奏韵律,如风吹拂似乎和自己的喉舌互相熟悉,那么下笔写诗时,一定会有诗句韵调凑集到笔下。诗写成后自己诵读,觉得琅琅上口,引出一种兴味来。古人说"新诗改好后自己高声吟咏",又说"诗句推敲未成暂且放声吟咏"。可见古人苦心作诗时,也尽在节奏上下工夫。所以说有字句的诗,是人力精工写作的;没有字句的诗,是天然浑成的。明白了这一点,便能使天然人工凝聚而成,那么对于作诗的规律、方法也就考虑了一多半了。

你喜欢写字,是一个好习惯,但近来墨色不大光泽,比去年春夏稍显退步。以后写字,必须讲究墨色。自古以来的书法家,没有不善于使用墨的。能让一种神光活色浮在纸上,固然是由于练习书法勤奋、写的字很多才达到的,但也是由于墨的新旧浓淡、用墨的轻重缓急所致,这些都有传神的意念运行其中,所以才使光泽常新。

我生平有三点羞耻:各类学问都大致涉猎到其边际,唯独天文历法和数学毫无所知,即使二十八星座、金木水火土五星也不能辨认,这是第一耻;每作一件事情、进行一项事业，往往有始无终，这是第二耻；小时候写字，不能临摹一家的书体，多次变换致使书法没有成就，迟钝而不适用。近年来在军中，因为写字太迟钝，搁置不写的情况极多，这是第三耻。你如果是能继承家业的儿子，应当考虑雪去这三耻。纵使推算天象历法和数学难以精通，二十八星座及金木水火土五星还是容易辨认的。家中讲天文的书籍，有"十七史"中的各篇天文志，及《五礼通考》中所辑录的《观象授时》一种。每天夜里辨认恒星二三座，用不了几个月，就可以全部认识了。大凡作一件事情，不论大小难易，都应当有始有终。写字时先求圆滑、匀称，再求敏捷。如果一天能写楷书一万字，少时或者七八千字，越写得多就越熟练，那么手腕就会毫不费力。将来用它来做学问，便可手抄群书；用它来从事政务，桌案上便会没有积压的公文。无穷尽地发挥作用，都来自写字圆润匀称而且敏捷。以上三点都可以弥补我的缺憾了。

今年初次下考场，考中考不中无关紧要，发榜后就应当看《诗经》注疏。以后穷读经书史书，二者交替进展。本朝大儒如顾炎武、阎若璩、江永、戴震、段玉裁、王念孙这些先生的书，也不能不熟读深思。时光宝贵，一刻千金。以后写报安信来营中，不妨将胸中的见解，读书的心得，放开文笔论述，使我能够考察你的进步，不要太简单。此谕。

书于弋阳军中

与澄、季二弟书

（咸丰八年九月十二日）

曾国藩在外统兵作战，仍然时时挂念馆内之书、园中之菜、塘中之鱼、栏内之猪、下首之竹。并认为这是一家的生趣。这封信写于江西建昌军营。

澄侯、季洪二弟左右：

八月三十日在双港发一信并日记，交九弟转寄。初一日起行，每日行四十里。因无长夫，又值天雨，军行甚滞[1]。初三四在上清宫耽搁二日，即张天师之宫府也。初七至金溪，闻刘印渠在新城大获胜仗，杀贼万馀。初九日至建昌府。

十一日刘星槎到，接澄弟信。十二日九弟专人来，接澄弟二十三夜信、洪弟初三夜信、夫人二十四信，具悉一切。家事如馆内之书、园里之蔬、塘中之鱼、栏内之猪,四者皆一家生趣,余时时挂心。至于下首之竹,虽不押韵,亦宜加意培植。今冬明春又须于思云馆外屋后山上多栽新竹。纪泽付来闱中文三首[2],虽字句多生而气势尚畅。从此猛加工夫,将生字生句除去,将来可望有成。惟书法大退,远不如去年春夏。宜日日学习,以复旧观。余三次以缄约九弟来建昌一会[3],想不日可到。到后即专丁来回省家。日记俟下次带回。兹因老湘营专人回湘之便,顺寄此缄。刘星槎在营当有以位置之[4],不必挂心。下次家信将本家亲戚略述一二,以慰拳拳。即问近好。

兄国藩手草

[1]滞:迟缓。
[2]闱中:考场内。
[3]缄:信。
[4]位置:安置(职位)。
[5]拳拳:眷念的样子。

澄侯、季洪二弟左右:

八月三十日在双港发出一封信及日记,交给九弟沅甫转寄。初一日起程,每日行四十里。因为没有役夫,又正值下雨天,军队行进十分滞慢。初三初四日在上清宫耽搁两天,就是张天师的宫府。初七日到达金溪,听说刘印渠在新城打了大胜仗,杀死贼军一万多人。我于初九日到达建昌府。

十一日刘星槎来到军营,接到澄弟的来信。十二日九弟沅甫派专人来,接到澄弟二十三日的来信、季洪弟初三夜里写的信、夫人二十四日的信,得知一切情况。家事如馆里的书、园里的菜蔬、塘中的鱼、栏里的猪,四项都能体现一个家族的生机情趣,我时时挂在心上。至于房屋右边的竹子,虽然没有什么意趣,也应当用心培植。今冬明春还要在思云馆外屋后山上多栽培新竹。纪泽附寄来考场上的诗文三首,虽然字句有不少生硬之处,但气势还很通畅。从今以后猛下功夫,将生硬的字句除去,将来有希望成事。只是书法明显退步,远不如去年春夏。要天天练习,恢复原来的程度。我三次写信约九弟沅甫来建昌会面,想用不了几天就会来。来后应派专差往返探视家中。日记等下次带回。现趁老湘军营中派专人回湖南之便,顺寄此信。刘星槎在军营中应当有适当的职位安置他,不必挂心。下次写家信来请将本家亲戚的情况大致叙述一些,以慰我在外眷念之怀。即问近好。

兄国藩手草

与纪泽儿书

(咸丰九年三月初三日清明)

题解

这封信详细叙述了学写字、学作文的方法。学写字,大抵只有用笔和结构两个方面。学习用笔,须要多看古人墨迹;学习结构,须要用油纸摹古帖。不仅写字应该模仿古人的间架结构,就是写文章也应该模仿古人的间架结构。扬雄几乎每篇都是模仿的,就是韩愈、欧阳修、曾巩,苏轼诸位大家的文章,也都有所模拟。这封信写于江西抚州军营。

原文

字谕纪泽:

三月初二日接尔二月二十日安禀[1],得知一切。内有贺丹麓先生墓志,字势流美,天骨开张,览之忻慰。惟间架间有太松之处,尚当加功。大抵写字只有用笔、结体两端。学用笔,须多看古人墨迹;学结体,须用油纸摹古帖。此二者,皆决不可易之理。小儿写影本,肯用心者,不过数月,必与其摹本字相肖。吾自三十时,已解古人用笔之意,只为欠却间架工夫,便尔作字不成体段。生平欲将柳诚悬、赵子昂两家合为一炉[2],亦为间架欠工夫,有志莫遂。尔以后当从间架用一番苦功,每日用油纸摹帖,或百字,或二百字,不过数月,间架与古人逼肖而不自觉。能合柳、赵为一,此吾之素愿也。不能,则随尔自择一家,但不可见异思迁耳。不特写字宜摹仿古人间架,即作文亦宜摹仿古人间架。《诗经》造句之法,无一句无所本;《左传》之文,多现成句调。扬子云为汉代文宗[3],而其《太玄》摹《易》、《法言》摹《论语》、《方言》摹《尔雅》、《十二箴》摹《虞箴》、《长杨赋》摹《难蜀父老》、《解嘲》摹《客难》、《甘泉赋》摹《大人赋》、《剧秦美新》摹《封禅文》、《谏不许单于朝书》摹《国策·信陵君谏伐韩》,几于无篇不摹。即韩、欧、曾、苏诸巨公之文,亦皆有所摹拟,以成体段。尔以后作文作诗赋,均宜心有摹仿,而后间架可立。其收效较速,其取径较便。前信教尔暂不必看《经义述闻》[4],今尔此信言业看三本。如看得有些滋味,即一直看下去。不为或作或辍[5],亦是好事。惟《周礼》、《仪礼》、《大戴礼》、《公》、《谷》、《尔雅》、《国语》、《太岁考》等卷,尔向来未读过正文者,则王氏《述闻》,亦暂可不观也。

尔思来营省觐[6]，甚好。余亦思尔来一见。婚期既定五月二十六日，三四月间自不能来，或七月晋省乡试[7]，八月底来营省觐亦可。身体虽弱，处多难之世，若能风霜磨炼、苦心劳神，亦自足坚筋骨而长识见。沅甫叔向最羸弱，近日从军，反得壮健，亦其证也。赠伍嵩生之君臣画像乃俗本，不可为典要。奏折稿当抄一目录付归。馀详诸叔信中。

[1]安禀：晚辈写给长辈的请安信。
[2]柳诚悬：即柳公权，字诚悬，唐代的大书法家。 赵子昂：即赵孟𬱖，字子昂，宋末元初的大书法家。
[3]扬子云：即扬雄，字子云，西汉著名的文学家。
[4]《经义述闻》：清王引之撰。内容多为纠正古人对经义的误解。因为书中常引述其父王念孙的见解，故命名为《经义述闻》。
[5]辍：停止。
[6]省觐：探望长辈。
[7]晋：进。

字谕纪泽：

三月初二日收到你二月二十日的信，一切都了解了。你信中有贺丹麓先生的墓志，字体优美，骨架开张，看后颇感欣慰。只是间架结构有太松散的地方，还需要提高。写字大抵只有用笔、结构两个方面。学习用笔，须要多看古人墨迹；学习结构，须要用油纸摹古帖。这二条都是决不可更改的真理。小孩子写影本，肯用心的，不过几个月，一定与摹本的字相像。我自三十岁的时候，已经懂得古人用笔的方法，只因为缺少间架工夫，于是写字不成体式。平素想把柳诚悬、赵子昂两家融合为一，也因为间架欠缺工夫，意愿没能实现。你以后应当在间架上面用一番苦功。每天用油纸摹帖，或者一百字，或者二百字，不过几个月，间架结构会不知不觉地和古人十分相似。能把柳、赵合为一家，这是我平素的愿望。不能，就随你自选一家，只是不能见异思迁。不仅写字应该模仿古人的间架结构，就是写文章也应该模仿古人的间架结构。《诗经》造句的方法，没有一句没根据；《左传》的文句，大都是现成语调。扬子云为汉代文章之首，可是他的《太玄》摹仿《易》，《法言》摹仿《论语》，《方言》摹仿《尔雅》，《十二箴》摹仿《虞箴》，《长杨赋》摹仿《难蜀父老》，《解嘲》摹仿《客难》，《甘泉赋》摹仿《大人赋》，《剧秦美新》摹仿《封禅文》，《谏不许单于朝书》摹仿《国策·信陵君谏伐韩》，几乎没有哪篇不是摹仿的。就是韩愈、欧阳修、曾巩、苏轼诸位大家的文章，也都有所模拟，以成体式。你以后作文作诗赋，脑子里都应该有所摹仿，然后可以立起间架。收效比较快，途径比较便捷。先前的信教你暂时不必看《经义述闻》，现在你这封信说已经看了三本。如果看得有些味道，就一直看下去。不做半途而废的事，也是好事。只有《周礼》、《仪礼》、《大戴礼记》、《公羊传》、《谷梁传》、《尔雅》、《国语》、《太岁考》等卷，你向来没有读过正文。王引之《经义述闻》的有关部分，也可以暂时不看。

你想来军营探望我，很好。我也想你来见一面。婚期既然定在五月二十六日，三、四月自然不能来，或者七月进省城乡试，八月底来军营探望也可以。身体虽然文弱，但是处在多难的时代，如果能经受风霜磨炼，劳心费神，也自然足以强筋骨、长见识。沅甫叔一向体质虚弱，近来参军，反而得以健壮，也是我这话的证明。赠给伍嵩生的君臣画像是俗本，不可作为典范。奏折稿应该抄写一个目录交人带回。别的事情详见给各位叔叔的信。

与纪泽儿书

（咸丰九年五月四日）

题解

曾国藩告诉长子纪泽，写文章应该讲究词汇。要想达到词汇富丽，应该注意平时积累，其方法就是用小本分类抄写。此信写于江西抚州军营。

原文

字谕纪泽儿：

余送叔父母生日礼物，鱼翅二斤太大，不好带，改送洋带二根。此带颇奇，可松可紧，可大可小，大而星冈公之腹可用也，小而鼎二、三之腰亦可用也。此二根皆送轩叔，春罗送叔母。

尔作时文，宜先讲词藻。欲求词藻富丽，不可不分类抄撮体面话头。近世文人，如袁简斋、赵瓯北、吴谷人，皆有手抄词藻小本。此众人所共知者。阮文达公为学政时，搜出生童夹带，必自加细阅。如系亲手所抄，略有条理者，即予进学；如系请人所抄，概录陈文者，照例罪斥。阮公一代闳儒[1]，则知文人不可无手抄夹带小本矣。昌黎之记事提要、纂言钩玄[2]，亦系分类手抄小册也。尔去年乡试之文[3]，太无词藻，几不能敷衍成篇。此时下手工夫，以分类手抄词藻为第一义。

尔此次复信，即将所分之类开列目录，附禀寄来。分大纲子目，如伦纪类为大纲，则君臣、父子、兄弟为子目；王道类为大纲，则井田、学校为子目。此外各门可以类推。尔曾看过《说文》、《经义述闻》，二书中可抄者多。此外如江慎修之《类腋》及《子史精华》、《渊鉴类函》,则可抄者尤多矣。尔试为之。此科名之要道[4],亦即学问之捷径也。此谕。

父涤生字

[1]闳儒:大儒。闳,大。
[2]昌黎:即韩愈。昌黎(今辽宁省义县)韩氏在唐时为望族,韩愈原籍孟州河阳(今河南省孟县),但常自称昌黎韩愈,故后人称其为韩昌黎。
[3]乡试:明清两代每三年在省城举行一次乡试,考中者称举人。
[4]科名:科举功名。

字谕纪泽儿:

我送叔父母生日礼物,鱼翅二斤太大,不便携带,改送洋带两根。这衣带很奇特,可以松可以紧,可以大可以小。大则祖父星冈公的肚子可以用,小则鼎二、鼎三的腰也可以用。这两根都送给高轩叔,春罗送给叔母。

你写八股文,应该先讲究词汇。要想达到词汇富丽,不可不分类抄写体面的话。近代文人,如袁简斋、赵瓯北、吴谷人,都有手抄词藻小本。这是大家都知道的。阮文达任学政的时候,搜出考生夹带,必定亲自仔细阅读。如果是亲手抄录,大致有条理的,就给进学;如果是请人抄写,一概抄录旧文的,照例处罚申斥。阮先生是一代大儒,他知道文人不可以没有手抄夹带小本。韩昌黎的记事提要、纂言钩玄,也是分类手抄小本子。你去年乡试的文章,词汇太贫乏,几乎不能敷衍成篇。这时下工夫,以分类手抄词汇为第一件重要的事情。

你这次复信,就把所分的类列成目录,附在信中寄来。分大纲、子目,如果伦纪类是大纲,那么君臣、父子、兄弟是子目;王道类是大纲,那么井田、学校是子目。此外各门可以类推。你曾经读过《说文》、《经义述闻》,这两部书可以抄写的很多。此外像江慎修的《类腋》和《子史精华》、《渊鉴类函》,可以抄写的就尤其多了。你试着抄写,这是科举功名的重要方法,也就是做学问的捷径。此谕。

父涤生字

与纪泽儿书

(咸丰九年六月十四日)

曾国藩写信给长子纪泽指导他怎样读书。指出,真正的古文《尚书》早已失传,传世的古文

《尚书》是伪作,孔安国的传也是伪作。清代阎若璩等人对此已经详细辨别。又说:读书有二怕,一怕不持之以恒,二怕没有真正看懂。记性平常,还在其次。这封信写于江西抚州军营。

字谕纪泽儿:

接尔二十九、三十号两禀,得悉《书经》注疏看《商书》已毕[1]。《书经》注疏颇庸陋,不如《诗经》之该博[2]。我朝儒者,如阎百诗、姚姬传诸公皆辨别古文《尚书》之伪[3]。孔安国之传,亦伪作也。盖秦燔书后,汉代伏生所传,欧阳及大小夏侯所习,皆仅二十八篇,所谓今文《尚书》者也。厥后孔安国家有古文《尚书》[4],多十余篇,遭巫蛊之事[5],未得立于学官,不传于世。厥后张霸有《尚书》百两篇,亦不传于世。后汉贾逵、马、郑作古文《尚书》注解[6],亦不传于世。至东晋梅赜始献古文《尚书》并孔安国传,自六朝唐宋以来承之,即今通行之本也。自吴才老及朱子、梅鼎祚、归震川,皆疑其为伪。至阎百诗遂专著一书以痛辨之,名曰《疏证》。自是辨之者数十家,人人皆称伪古文、伪孔氏也。《日知录》中略著其原委[7],王西庄、孙渊如、江艮庭三家皆详言之(《皇清经解》中皆有江书,不足观[8])。此亦"六经"中一大案,不可不知也。

尔读书记性平常,此不足虑。所虑者,第一怕无恒,第二怕随笔点过一遍,并未看得明白。此却是大病。若实看明白了,久之必得些滋味,寸心若有怡悦之境[9],则自略记得矣。尔不必求记,却宜求个明白。

邓先生讲书,仍请讲《周易折中》。余圈过之《通鉴》,暂不必讲,恐污坏耳。尔每日起得早否?并问。此谕。

涤生手示

[1]得悉:得知。悉,知,知道。《书经》注疏:汉孔安国传,唐孔颖达疏。传就是注。清代阎若璩等考证,孔安国传是伪作。疏也是一种注解,它不仅注正文,对原来的注也注解。

[2]该博:全面,广博。

[3]阎百诗:即清人阎若璩,字百诗。博通经史,长于考证。著《古文尚书疏证》,证明《古文尚书》二十五篇及孔安国传皆为东晋人的伪作。 姚姬传:即清代古文家姚鼐,字姬传。

[4]厥:代词,相当于"其"。

[5]巫蛊之事:古代迷信,称巫师用邪术加害于人为巫蛊。汉武帝病,江充说帝祟在巫蛊,于是在宫中掘地搜查。江充与太子有嫌隙,于是诬称在太子宫中得木偶甚多。太子畏惧,起兵捕杀江充,失败后自杀。

[6]马:马融。 郑:郑玄。马融和郑玄都是汉代有名的注释家。

[7]《日知录》:清顾炎武著,是他的读书札记。

[8]王西庄:即清人王鸣盛,号西庄。著有《尚书后案》等书。 孙渊如:即清孙星衍,字渊如。著有《尚书今古文注疏》等数十种书。 江艮庭:即清江声,号艮庭。著有《尚书集注音疏》等书。

[9]怡悦:喜悦。

字谕纪泽儿:

收到你第二十九号、第三十号两封信,得知《书经》注疏已经看完了《商书》部分。《书经》的注疏相当粗浅,比不上《诗经》的注疏广博。我清代儒者,像阎百诗、姚姬传诸位都辨别古文《尚书》是伪作,孔安国的传也是伪作。秦代焚书以后,汉代伏生所传的、欧阳和大小夏侯所研习的,都只有二十八篇,就是所说的今文《尚书》。其后孔安国家有古文《尚书》,多十几篇,遭遇巫蛊之事,没有能够立于学官,社会上没有流传。其后张霸有《尚书》一百零二篇,也没有在社会上流传。后汉贾逵、马融、郑玄作古文《尚书》注解,也没有在社会上流传。到东晋梅赜才献上古文《尚书》和孔安国的传,从六朝、唐、宋以来继承它,就是现在通行的本子。从吴才老和朱子、梅鼎祚、归震川,都怀疑它是假的。到阎百诗就专门写了一部书仔细辨别,书名叫《尚书古文疏证》。从此辨伪的有几十家,人人都说伪古文、伪孔传。《日知录》中简略地叙述了这件事的来龙去脉,王西庄、孙渊如、江艮庭三家都详细加以叙述(《皇清经解》中收有江艮庭的书,不值得看)。这也是"六经"中的一大疑案,不可不知晓。

你读书记性平常,这不值得顾虑。所顾虑的,第一怕不能持之以恒,第二怕随笔点过一遍,并没有看懂。这可是大毛病。如果真看懂了,时间久了必定尝到一些滋味,心里产生了乐趣,就自然大致记住了。你不必求记住,却应该求看明白。

邓先生讲书,仍然请他讲《周易折中》。我圈过的《通鉴》,暂时不必讲解,恐怕污损。你每天起得早吗?并问。此谕。

涤生手示

与纪泽儿书

(咸丰九年十月十四日)

曾国藩写信给长子纪泽,教导他注意三件事情。第一、早起。早起是曾家的家风,纪泽应以早起为第一件要紧的事情。第二、有恒。要想略有成就,就应该从"有恒"两个字着手。第三、重厚。要求纪泽克服举止轻率的毛病。这封信写于湖北巴河军营。

原文

字谕纪泽儿：

接尔十九、二十九日两禀，知喜事完毕，新妇能得尔母之欢，是即家庭之福[1]。

我朝列圣相承[2]，总是寅正即起，至今二百年不改。我家高曾祖考相传早起[3]。吾得见竟希公、星冈公，皆未明即起，冬寒，起坐约一个时辰，始见天亮[4]。吾父竹亭公亦甫黎明即起[5]，有事则不待黎明，每夜必起看一二次不等，此尔所及见者也。余近亦黎明即起，思有以绍先人之家风[6]。尔既冠授室[7]，当以早起为第一先务。自力行之，亦率新妇力行之。

余生平坐无恒之弊，万事无成。德无成，业无成，已可深耻矣。逮办理军事[8]，自矢靡他[9]，中间本志变化，尤无恒之大者，用为内耻。尔欲稍有成就，须从有恒二字下手。

余尝细观，星冈公仪表绝人，全在一重字。余行路容止亦颇重厚，盖取法于星冈公。尔之容止甚轻，是一大弊病，以后宜时时留心。无论行坐，均须重厚。早起也，有恒也，重也，三者皆尔最要之务。早起是先人之家法，无恒是吾身之大耻，不重是尔身之短处，故特谆谆戒之。

吾前一信答尔所问者三条，一字中换笔，一"敢告马走"，一注疏得失，言之颇详，尔来禀何以并未提及？以后凡接我教尔之言，宜条条禀复，不可疏略。此外教尔之事，则详于寄寅皆先生看读写作一缄中矣。此谕。

[1]是：代词，这。
[2]列圣：指清王朝先后继位的各个皇帝。
[3]高曾祖考：已故高祖父、曾祖父、祖父、父亲。
[4]始：才。
[5]甫：刚刚。
[6]绍：继承。
[7]既冠：成年。　授室：娶妻。
[8]逮：及，等到。
[9]矢：通"誓"，发誓。　靡他：无他，没有别的心思。靡，无。

字谕纪泽儿:

收到你十九日、二十九日两封信,得知喜事办完,新媳妇能博得你母亲的欢心,这就是家庭的福气。

我朝各位皇上代代相承,总是凌晨寅时(早晨三时至五时为寅时)就起床,到现在二百年不变。我家高祖、曾祖、祖父、父亲相传早起。我见到竟希公、星冈公,都是天没亮就起床,冬天寒冷,起来坐约两个小时,才看到天亮。我父亲竹亭公也刚刚黎明就起床,有事情就不等到黎明,每夜必定起来看一两次不等,这是你亲眼看到的。我近来也黎明就起床,想继承先人的家风。你已经成年娶妻,应当以早起为第一件要紧的事情。自己努力做到,也要带领新媳妇努力做到。

我生平因为无恒的毛病,什么事情都做不成。德不成,业不就,已经深深地引以为耻了。等到办理军事,自己曾发誓专心学问,不及其他,中途改变本志,尤其是最大的无恒,心里引以为耻。你想略有成就,应该从有恒两个字着手。

我曾经仔细观察,星冈公仪表超出常人,全在一个重字上。我走路、仪容、举止也很重厚,就是仿效星冈公。你的仪容举止很轻率,是一种大毛病,以后应该经常留意。不论走路起坐,都应该重厚。早起、有恒、重厚,这三件都是你最重要的事。早起是先人的家法,无恒是我的大耻辱,不重是你的缺点,所以特地恳切告诫你。

我以前的一封信回答你所问的三条,一是字中换笔,一是"敢告马走",一是注疏得失,说得很详细,你来信为什么并没有提到?以后凡收到我教导你的话,应该逐条答复,不可疏忽。其馀教导你的事,在寄给邓寅皆先生关于看书、朗读、写字、作文的一封信中已经很详细了。此谕。

与纪泽儿书

(咸丰十年闰三月初四日)

这封写给长子纪泽的信,主要是教他治家和读《文选》的方法。曾家祖传治家之法,第一起早,第二打扫洁净,第三诚修祭祀,第四善待亲族邻里。此外特别重视读书、种菜、养鱼、养猪四件事情。汉魏文人有两个方面很突出,一是训诂精确,二是声调铿锵。读《文选》要从这两个方面用心。这封信写于安徽宿松军营。

字谕纪泽:

初一日接尔十六日禀。澄叔已移寓新居，则黄金堂老宅，尔为一家之主矣。昔吾祖星冈公最讲求治家之法，第一起早，第二打扫洁净，第三诚修祭祀，第四善待亲族邻里。凡亲族邻里来家，无不恭敬款接。有急必周济之，有讼必排解之，有喜必庆贺之，有疾必问，有丧必吊。此四事之外，于读书、种菜等事尤为刻刻留心，故余近写家信，常常提及书、蔬、鱼、猪四端者，盖祖父相传之家法也。尔现读书无暇，此八事，纵不能一一亲自经理，而不可不识得此意。请朱运四先生细心经理，八者缺一不可。其诚修祭祀一端，则必须尔母随时留心。凡器皿第一等好者留作祭祀之用，饮食第一等好者亦备祭祀之需。凡人家不讲究祭祀，纵然兴旺，亦不久长。至要，至要！

尔所论看《文选》之法不为无见。吾观汉魏文人，有二端最不可及，一曰训诂精确[1]，二曰声调铿锵。《说文》训诂之学，自中唐以后人多不讲，宋以后说经尤不明故训，及至我朝巨儒始通小学。段茂堂、王怀祖两家[2]，遂精研乎古人文字声音之本，乃知《文选》中古赋所用之字，无不典雅精当。尔若能熟读段、王两家之书，则知眼前常见之字，凡唐宋文人误用者，惟《六经》不误，《文选》中汉赋亦不误也。即以尔禀中所论《三都赋》言之，如"蔚若相如，皭若君平[3]"，以一"蔚"字该括相如之文章，以一"皭"字该括君平之道德，此虽不尽关乎训诂，亦足见其下字之不苟矣。至声调之铿锵，如"开高轩以临山，列绮窗而瞰江[4]"，"碧出苌宏之血，鸟〔鸟〕生杜宇之魄[5]"，"洗兵海岛，刷马江洲[6]"，"数军实乎桂林之苑，飨戎旅乎落星之楼"等句[7]，音响节奏，皆后世所不能及。尔看《文选》，能从此二者用心，则渐有入理处矣。

作梅先生想已到家，尔宜恭敬款接，沅叔既已来营，则无人陪往益阳，闻胡宅专人至吾乡，迎接，即请作梅独去可也。尔舅父牧云先生身体不甚耐劳，即请其无庸来营[8]。吾此次无信，尔先致吾意，下次再行寄信。此嘱。

[1]训诂：对古书字句作解释。
[2]段茂堂：即清文字学家段玉裁，字若膺，号茂堂。
[3]这两句见于西晋左思《蜀都赋》。意思是说司马相如的文章富于文采，严君平的品德洁白无瑕。司马相如是西汉著名的文学家。严君平，名遵，西汉蜀郡人。在成都卖卜为生，每天赚得百钱，足以自养，就闭门读《老

子》。蔚若,有文采的样子。皭若,洁白的样子。

[4]这两句见《蜀都赋》,意思是开窗俯视山水。轩,窗户。临,从上面向下看。列,古裂字,开。绮窗,绘饰或雕刻很精美的窗户。瞰,俯视。

[5]这两句见《蜀都赋》,意思是苌宏的血变成碧玉,杜宇的魂变成杜鹃。苌宏,又写作苌弘,春秋时人,传说他死后三年,血变为碧玉。杜宇,秦时蜀国国王,号称望帝,传说他死后魂魄变为杜鹃(即子规)。

[6]这两句见左思《魏都赋》,意思是战事结束,在海岛上清洗兵器,在江洲上洗涮马匹。兵,兵器。洲,水中的陆地。

[7]这两句见左思《吴都赋》,意思是在桂林苑计算战利品,在落星楼宴飨军旅。军实,战利品。桂林苑,吴国苑囿名,是养禽兽的地方。落星楼是吴国的楼名。戎旅,军旅。

[8]无庸:不用。

字谕纪泽:

　　初一日收到你十六日的信。澄侯叔已经移居新宅,那么黄金堂旧宅,你就是一家之主了。从前我祖父星冈公最讲究治家的方法,第一起床早,第二打扫干净,第三诚心祭祀,第四好好对待亲戚邻居。凡亲戚族人邻居来到家里,没有不恭敬接待的。有急事必定接济他们,有纷争必定为他们调解,有喜事必定向他们庆贺,有疾病必定慰问,有丧事必定吊唁。这四件事情以外,对读书、种菜等事情尤其时时注意,所以我近来写家信,常常提到书、蔬、鱼、猪四个方面,因为这是祖父传下来的家法。你现在读书没有空闲时间,这八件事情,纵然不能一件一件亲自料理,可是不能不懂得这个道理。请朱运四先生细心料理,八件事缺一件也不行。诚心搞好祭祀一件事,你母亲必须随时注意。凡头等好器皿留作祭祀使用,头等好饮食也预备祭祀的需求。凡不讲究祭祀的人家,即使兴旺,也不会长久。极为重要,极为重要!

　　你所说的读《文选》的方法不算没有见识。我观察汉魏文人,有两个方面最令人赶不上,一是对古书字句的解释准确,二是声调铿铿锵锵。《说文》训诂之学从中唐以后人们多不讲究,宋代以后解释经书尤其不讲究训诂,直到我们清朝的大儒才精通语言文字之学。段茂堂、王怀祖两家,于是精心研究文字、音韵、训诂之学,才知道《文选》中古赋所用的字,没有不典雅精当的。你如果能熟读段茂堂、王怀祖两家的书,就知道眼前常用的字,凡唐宋文人用错的,只有《六经》不错,《文选》中汉赋也不错。就以你信中所说的《三都赋》来说,例如"蔚若相如,皭若君平",用一"蔚"字概括司马相如的文章,用一"皭"字概括严君平的道德,这虽然不完全是训诂问题,也足以看出左思用字不随便了。至于声调铿锵,例如"开高轩以临山,列绮窗而瞰江","碧出苌宏之血,鸟生杜宇之魂","洗兵海岛,刷马江洲","数军实乎桂林之苑,飨戎旅乎落星之楼"等句,音响节奏,都是后代所比不上的。你看《文选》,能从这两个方面用心,就逐渐有深入文义的门径了。

陈作梅先生料想已经到达咱们家,你要恭恭敬敬款待。沅甫叔已经来营,就没有人陪伴去益阳,听说胡家派专人到我家迎接,就请陈作梅独自去可以了。你舅父欧阳牧云先生身体不怎么经得起劳苦,就请他不用来营了。我这次没有写给他们的信,你先把我的意思告诉他们,下次再给他们寄信。此嘱。

与沅、季二弟书

（咸丰十年七月三日）

曾国藩听人说他的部下莫善征既严酷,又贪婪,于是写信给弟弟沅甫,让他仔细调查清楚。当官不爱百姓,是他所痛恨的。这封信写于安徽祁门军营。

沅、季弟左右：

初二日专丁到[1],接二十八夜之缄,具悉一切。

东流在江边,周万倬一营驻焉,向归厚庵调遣。建德在山内,去江五十里,普钦堂全军驻焉,向归江西调遣。曾得胜者,普部九营中之一营也。池州贼来东流,则畏水师。若至建德,并不与水师相干。全调普军则可,专调曾营则不可。弟屡指调该营,不知何人所说,似不甚当于事理。兄目下实无以应弟之请,谅之。

长濠用民夫,断非陈米千石所可了,必须费银数千。此等大处,兄却不肯吝惜。有人言莫善征声名狼藉,既酷且贪,弟细细查明。凡养民以为民,设官亦为民也。官不爱民,余所痛恨。

宁国尚未解围。闻贼将以大队救安庆,南岸似可渐松。南坡信大有可采。此人真有干济之才[2],可敬,可敬！家信四件附还。

[1]专丁：专门被派遣送信的役夫。
[2]干济：办事干练而有成效。

沅、季弟左右：

初二日你们派的专人到来,接到二十八日夜间的信,一切都知悉了。

东流在长江边,周万倬一营驻扎在那里,一向归杨厚庵调遣。建德在山里,离长江五十里,普钦堂全军驻扎在那里,一向归江西调遣。曾得胜是普钦堂部九个营中的一个营。池州的贼军来东流,就害怕水军。如果到建德,就与水军没有关系。全部调动普钦堂军是可以的,专调曾得胜营就不可以。你们屡次指名调这个营,不知道是哪个人所说的,似乎不很符合事理。我目前实在不能答应弟弟的请求,请你们原谅。

挖长壕使用民工,决不是一千石旧米可以了事的,必须花费几千两银子。这般重要的地方,我却不肯吝惜钱财。有人说莫善征声名狼藉,既严酷,又贪婪,你们要仔细调查清楚。凡养民是为了百姓,设置官吏也是为了百姓。官不爱百姓,是我最痛恨的。

宁国府还没有解围。听说贼军将用大队人马救援安庆,南岸似乎可以渐渐放松了。黄南坡的信大有可以采用的地方。这人真有干练的办事才能,值得敬重,值得敬重!家信四封附带送还给你。

与沅、季二弟书

(咸丰十年七月初八日)

题解

曾国藩在这封信中谈到了他对做官的态度和选拔人材的标准。清廷实授曾国藩两江总督兼钦差大臣。对此,他并不受宠若惊,而认为"职位高并不是福,恐怕只是为人们议论预先做的安排"。他提出用人标准以有操守而无官气,多条理而少大言为主,尤其注重吃苦耐劳。他认为吃苦耐劳为办事之本。这封信写于安徽祁门军营。

沅、季弟左右:

初七日接沅弟初三日信、季弟初二日信。旋又接沅弟初四日信[1]。所应复者,条列如左:

辅卿而外,又荐意卿、柳南二人,甚好。柳南之笃慎[2],余深知之。意卿谅亦不凡。余告筱辅观人之法,以有操守而无官气、多条理而少大言为主。又嘱其求润帅、左、郭及沅荐人。以后两弟如有所见,随时推荐,将其人长处短处一一告知阿兄,或告筱荃。尤以习劳苦为办事之本。引用一班能耐劳苦之正人,日久自有大效,无以"不敢冒奏"四字塞责[3]。季弟言出色之人断非有心所能做得,此语确不可易。名位大小,万般由命不由人,特父兄之教家、将帅之训士不能如此立言耳[4]。季弟天分绝高,见道甚早,可喜可爱,然办理营中小事,教训弁勇[5],仍宜以勤字作主[6],不宜以命字谕众[7]。

润帅先几陈奏以释群疑之说[8],亦有函来余处矣。昨奉六月二十四日谕旨,实授两江总督兼授钦差大臣。恩眷方渥[9],尽可不必陈明。所虑者,苏、常、淮、扬无一支劲兵前往。位高非福,恐徒为物议之张本耳[10]。余好出汗,沅弟亦好出汗,似不宜过劳,宜常服蜜耆[11]。京茸已到,日内专人送去[12]。

[1]旋:不久。
[2]笃慎:忠厚谨慎。笃,厚。
[3]无以:不要用。无,不要。以,用。
[4]特:只是,不过。
[5]弁勇:官兵。
[6]宜:应该。
[7]谕:教导,教诲。
[8]先几:预先洞察细微。
[9]恩眷:皇帝的恩宠眷顾。 渥:厚,深厚。
[10]物议:众人的议论。 张本:为事态的发展预先做的安排。
[11]蜜耆:蜜炙黄芪。密,通"蜜";耆,通"芪"。
[12]日内:近日。

沅、季弟左右:

初七日接到沅甫弟初三日的信、季洪弟初二日的信。不久又接到沅甫弟初四日的信。应该答复的事情,列在下面:

文辅卿以外,又推荐了潘意卿、柳南二人,很好。柳南忠厚谨慎,我深深地了解他。潘意卿大概也不平凡。我告诉张筱辅识别人才的方法,以有操守而没有官气,办事有条理而少说大话为主。又嘱咐他求胡润芝帅、左季高、郭云仙和沅甫弟推荐人。以后你们二位如果发现了人才,随时推荐,把他的优点缺点一一告诉我,或者告诉李筱荃。尤其把吃苦耐劳作为办事的根本。引荐任用一批能吃苦耐劳的正派人,时间长了自然产生大的效果,不要用"不敢冒奏"四个字搪塞。季洪弟说出色的人决不是有心就能做到的,这话确凿不移。名声职位的大小,各种事情都由命不由人,只是父兄教育子弟、将帅教导士兵不能这样说。季洪弟天分极高,认识道理很早,可喜可爱,但是办理营中的小事,教导官兵,仍然应该以勤字为主,不应该用命字教育大家。

胡润芝帅预先洞察细微,上奏解除众人的疑虑,他也给我这里写来了信。前不久收到六月二十四日的谕旨,实授两江总督兼授钦差大臣。皇恩正深厚,完全可以不必说明。我所顾虑的,是苏、常、淮、扬这些地方没有一支劲旅前去。职位高并不是福,恐怕只是为人们议论预先做的安排。我好出汗,沅甫也好出汗,似乎不应该过分劳累,应该经常服用蜜炙黄芪。京茸已经拿到,这几天里派专人送去。

与沅、季二弟书

(咸丰十年七月二十三日)

题解

曾国藩在这封信中指出,要注意清除官场中的败类。他说:"爱惜禾苗必定要去除稗子,爱惜人才必定要去除不正派的人,爱护老百姓必定要去除害民的官吏,统率军队一定要去除危害军队的将领。"这封信写于安徽祁门军营。

原文

沅、季弟左右:

二十二日申刻接专丁二十日发缄,二十三日辰刻接马递十八、九两日发缄[1],得悉一切。应复各件,条列如左:

一、骆去文继,湖南局势不能不变。裕公赴粤,似难留。南公之局,且待文公莅任后[2],认准题目再行具奏。吾非怕硬也,恐难为南老耳。

一、建德二马业已到祁[3],尚有要证未到,难遽结案[4],一月后再说。

一、武明良改扎南岸甚好。添人之详[5],已照准矣。吾方欲另招一营以防南岸,添一哨岂不便益[6]?

一、沈鹤鸣己未令其当巡捕矣[7]。渠好体面,保知县后即不愿当巡捕,例也,情也。咨回江西一节尚可略缓[8]。

一、彭山屺因濠墙草率而摘顶,并革营务处,所以儆河溪兵也。现患疟未愈,迟当以中军位置之。

一、辛秉衡、李熙瑞均可留弟处当差。辛、李,卫、霍(西汉之名将)也[9],弟好待之。

一、细阅来图,办理真为妥善。战守既有把握,则皖城早迟终可成功。特守濠之法尚未详言及之,不知已定章程否?

一、纪泽以油纸摹欧字非其所愿[10],然古今书家实从欧公别开一大门径,厥后李北海及颜、柳诸家皆不能出其范围。学书者不可不一窥此宫墙也。弟作字大有心得,惜未窥此一重门户。如得有好帖,弟亦另用一番工夫,开一番眼界。纪泽笔乏刚劲之气,故令其勉强习之。

一、公牍之繁,深以为苦[11]。节后少荃赴淮,仅余一手为之,则更苦矣。今日飞函去请意城,不知其肯来否。

一、季弟错诸枉之道[12],极为当今要务。爱禾者必去稗,爱贤者必去邪,爱民必去害民之吏,治军必去蠹军之将,一定之理也。第所谓诸枉者何人,弟如有所闻,飞速告我。

日内闻广德收复,此心略为舒畅,然宁国尚未解围,焦灼仍深。字之忙乱,与九弟之忙相似。

[1]辰刻:辰时,上午七时至九时。　马递:乘马传送公文。
[2]莅任:就职。
[3]二马:指冯卓怀,因为冯字像用二马两个字组成,所以称冯卓怀为二马。
[4]遽:很快。
[5]详:下级向上级的请示报告。
[6]便益:即便宜。
[7]巡捕:是督抚或将军的随从官。
[8]咨:下公文。
[9]卫、霍:卫青、霍去病,都是西汉的名将。
[10]欧字:欧阳询的字体。
[11]公牍:公文。
[12]错诸枉:摈斥邪恶之徒。错,舍弃,弃置不用。枉,不正之人。

沅、季弟左右:

二十二日申时收到专人送来的二十日所发的信,二十三日辰时收到由马递送来的十八日、十九日两天所发的信,得知一切情形。应该答复的各件事情,分条列在下边:

一、骆秉章中丞离职,文式岩中丞继任,湖南的局势不能不改变。裕时卿先生前去广东,似乎难以挽留。黄南坡公的局务,姑且等文中丞到任后,认准题目再奏明。

我不是怕硬的,恐怕难为黄老先生。

一、建德的二马已经到祁门县,还有重要人证没有到达,难以很快结案,一个月以后再说。

一、武明良改驻南岸很好。增加人员的请示报告已经批准了。我正要另外招募一个营驻防南岸,增加一个哨难道不更合算?

一、沈鹤鸣咸丰九年让他当巡捕了。他爱面子,保举知县后就不愿意当巡捕,惯例如此,人情如此。下公文让他回江西一事还可以稍微迟延。

一、彭山屺因为修筑壕墙草率而被摘去顶戴,并且免去了营务处的职务,这是为了告戒河溪的士兵。他现在患疟疾没有痊愈,过些日子给他安排个中军。

一、辛秉衡、李熙瑞都可以留在你们那里当差。辛秉衡和李熙瑞是西汉卫青、霍去病式的人物,你要好好地对待他们。

一、仔细看过寄来的地图,布置真是妥善。作战防守既有把握,那么安庆城迟早总可以攻破。只是防守沟壕的方法还没有详细谈到,不知道已经定出章程没有?

一、纪泽用油纸摹写欧字不符合他本人的意愿,但是古今的书法家确实从欧阳询之后开辟了一条大途径,后来的李北海和颜真卿、柳公权诸家都不能超出他的范围。学习书法的不能不窥探这堵宫墙里的奥秘。你们写字深有体会,可惜没有窥探这一层门户。如果有了好帖,你们也另外用一番功夫,开一番眼界。纪泽的笔法缺乏刚劲之气,所以让他努力学习。

一、公文繁多,深感苦恼。过节后李少荃赴淮,只有我一手经办,就更苦了。今天发快信去请郭意城,不知道他肯来不肯来。

一、季洪弟摈斥邪恶之徒的主张,是现在最要紧的事。爱惜禾苗必定要去除稗子,爱惜人才必定要去除不正派的人,爱护百姓必定要去除害民的官吏,统率军队一定要去除危害军队的将领,这是确凿不疑的真理。只是所说的邪恶之徒是什么人,你如果听到了什么,火速告诉我。

这几天里听说广德收复,心情稍为舒畅,可是宁国府还没有解除包围,仍然很焦急。字写得很忙乱,和九弟的忙乱相似。

与沅、季二弟书

(咸丰十年八月十二日)

曾国藩身居高位,深感危机四伏。他看到陆建瀛、何桂清、僧格林沁一个个重蹈覆辙,非常害怕,嘱咐弟弟为他考虑免祸的办法。信中又说,文人自命过高,立论过高,几乎成了通病,就是自己昔年也不免这种毛病。只有加以正确引导,才可以渐趋平实。这封信写于安徽祁门军营。

原文

沅、季弟左右：

十一日接沅弟初六日信，是夕又接两弟初八日信，知有作一届公公之喜[1]。初七家信尚未到也。应复事，条列如左：

一、进驻徽州，待胜仗后再看，此说甚是。目下池州之贼思犯东、建，普营之事均未妥叶[2]。余在祁门不宜轻动，已派次青赴徽接印矣。

一、僧邸之败[3]，沅弟去年在抚州之言皆验，实有当验之理也。余处高位，蹈危机，观陆、何与僧覆辙相寻[4]，弥深悚惧[5]，将有何道可以免于大戾[6]？弟细思之而详告我。吾恐诒先人羞[7]，非仅为一身计。

一、癸冬屏绝颇严[8]，弟可放心。周之翰不甚密迩[9]，或三四日一见。若再疏，则不能安其居矣。吴退庵事，断不能返汗[10]，且待到后再看。文士之自命过高，立论过亢[11]，几成通病。吾所批其硬在嘴、其劲在笔，此也。然天分高者，亦可引之一变而至道。如罗山、璞山、希庵皆极高亢后乃渐归平实。即余昔年亦失之高亢，近日稍就平实。周之翰、吴退庵，其弊亦在高亢，然品行究不卑污。如此次南坡禀中胡镛、彭汝琮等，则更有难言者。余虽不愿，而不能不给札。以此衡之，亦未宜待彼太宽而待此太褊也。大抵天下无完全无间之人才[12]，亦无完全无隙之交情。大者得正，而小者包荒[13]，斯可耳。

一、浙江之贼已退，一至平望，一至石门，当不足虑，余得专心治皖南之事。春霆尚未到，殊可怪也。

[1]公公：祖父。
[2]妥叶(xié)：也写作妥协，妥当。
[3]僧邸：僧格林沁王爷。邸，王侯的府第，这儿借指王爷。
[4]寻：连续。
[5]弥：更加。 悚惧：害怕。
[6]道：办法。 戾：罪，罪过。
[7]诒：留下。
[8]屏绝：断绝，隔绝。
[9]密迩：亲近。迩，近。
[10]返汗：翻悔。
[11]亢：高。

[12]无间:没有缺点。

[13]包荒:原谅,宽容。

沅、季弟左右:

十一日接到沅甫弟初六日的信,这天晚上又接到两位弟弟初八日的信,知道我有做一回爷爷的喜事。初七日家信还没有到达。应该答复的事情,分条列在下边:

一、进驻徽州的事,等打了胜仗后再看,这种主张很正确。眼下池州的贼军想侵犯东流、建德,普钦堂营的事都没有办妥。我在祁门不应该轻易移动,已经派李次青去徽州接官印了。

一、僧格林沁王爷的失败,沅甫弟去年在抚州所说的话都应验了,实在有应该应验的道理。我身居高位,置身危机之中,看到陆建瀛、何桂清和僧格林沁一个接一个重蹈覆辙,更加恐慌畏惧,有什么办法可以免于大罪?你们仔细考虑后详细告诉我。我怕给先人带来耻辱,不只是为我一个人着想。

一、和癸冬绝不来往,你们可以放心。同周之翰不很密切,有时候三四天见一次面。如果再疏远,就不能使他呆下去了。吴退庵的事情,决不能翻悔,等以后再看。文人自命不凡,立论过高,几乎成了通病。我批评他硬在嘴上,劲在笔上,就是指这一点。可是天分高的人,也可以引导他转变走上正道。像罗泽南、王璞山、李希庵都是先高谈阔论然后逐渐讲究实际。就是我往年也有高谈阔论的毛病,近来渐渐注重实际。周之翰、吴退庵,他们的毛病也在想的说的太高,但是品行到底不卑贱污浊。至于这次黄南坡报告中胡镛、彭汝琮等人,就更有难言之隐。我虽然不愿意,可是不能不给文书。用这来衡量,也不应该对待那个太宽对待这个太严。大抵天下没有完全没有缺点的人才,也没有完全没隔阂的交情。大缺点纠正,小缺点包涵,这样就可以了。

一、浙江的贼军已经撤退,一部分到了平望,一部分到了石门,应该不值得忧虑,我能够专心处理皖南的军务。鲍春霆还没有来到,很令人奇怪。

与沅、季二弟书

(咸丰十年九月二十四日)

咸丰十年(1860)英法联军再次来犯,继8月24日攻占天津之后,又向北京逼近。咸丰皇帝于9月22日仓皇逃离京城,紧急命令各地派军入援。曾国藩上奏朝廷请求赴援,等候批准。兄弟即将远别之际，特写这一封信，告诫子弟力戒骄傲、怠惰。信中指出军事失败，不是由于骄傲，就是由于怠惰；大族衰败，不是由于骄傲，就是由于怠惰。历史上和现实中这种事例很多。要想不重蹈前人的覆辙，就要时常想到可能出现的危机，想到自己的错误缺点，谦虚谨慎，刻苦勤奋，这才是走向成功、求得幸福之路。作者当时在祁门军营中。

沅、季弟左右：

恒营专人来[1]，接弟各一信并季所寄干鱼[2]，喜慰之至。久不见此物，两弟各寄一次，从此山人足鱼矣[3]。

沅弟以我切责之缄，痛自引咎[4]，惧蹈危机而思自进于谨言慎行之路，能如是，是弟终身载福之道[5]，而吾家之幸也。季弟信亦平和温雅，远胜往年傲岸气象[6]。

吾于道光十九年十一月初二日进京散馆[7]，十月二十八早侍祖父星冈公于阶前[8]，请曰："此次进京，求公教训。"星冈公曰："尔的官是做不尽的，尔的才是好的，但不可傲。'满招损，谦受益[9]'，尔若不傲，更好全了。"遗训不远，至今尚如耳提面命[10]。今吾谨述此语告诫两弟，总以除傲字为第一义。唐虞之恶人，曰"丹朱，傲[11]"；曰"象，傲[12]"；桀纣之无道，曰"强足以拒谏，辩足以饰非[13]"，曰"谓己有天命，谓敬不足行[14]"，皆傲也。吾自八年六月再出[15]，即力戒"惰"字以儆无恒之弊[16]。近来又力戒"傲"字。昨日徽州未败之前，次青心中不免有自是之见[17]；既败之后，余益加猛省。大约军事之败，非傲即惰，二者必居其一；巨室之败，非傲即惰，二者必居其一。

余于初六日所发之折，十月初可奉谕旨。余若奉旨派出，十日即须成行。兄弟远别，未知相见何日。惟愿两弟戒此二字，并戒各后辈常守家规，则余心大慰耳。

[1] 恒营：恒字营，曾国藩弟曾国葆（号事恒）统领的湘军，是其嫡系部队之一。
[2] 季：曾国藩弟曾国葆，字季洪。
[3] 山人：居住山野的人，多指隐士，此处用作曾国藩自称。
[4] 引咎：自己承认过失。
[5] 载福：承受幸福。
[6] 傲岸：高傲，自高自大。
[7] 散馆：参加翰林院庶常馆结业考试。清代制度，翰林院设庶常馆，进士殿试后朝考名次在前者，选为庶

吉士,入馆进修三年。期满再经考试,按等级分别授予官职,叫做散馆。

[8]星冈公:曾国藩祖父名星冈,字玉屏。

[9]满招损,谦受益:出自《尚书·大禹谟》,意思是说,自满招来损失,谦虚得到好处。

[10]耳提面命:出自《诗经·大雅·抑》:"匪面命之,言提其耳。"提着耳朵,当面教诲晚辈,希望对方牢记不忘。后用耳提面命形容恳切教诲。

[11]丹朱:传说上古帝尧之子,品德不好。《尚书·益稷》:"无若丹朱傲。"

[12]象:传说上古帝舜之同父异母弟,品德不好。《尚书·尧典》:"象傲。"

[13]强足以拒谏,辩足以饰非:出自《史记·殷本纪》,原文作"知足以距谏,言足以饰非"。

[14]谓己有天命,谓敬不足行:出自《尚书·泰誓中》,文中陈述商纣王的罪恶,有这两句。

[15]八年六月:咸丰七年(1857)曾国藩因父亲去世,回原籍守孝。次年六月,朝廷下令起用复职,派往浙江办理军务。

[16]儆:同"警"。

[17]次青:李元度,字次青,又作次卿,湘军部将。

沅、季弟左右:

恒营派专人来,接到你们各自写的一封信,还有季洪寄给我的干鱼,深深感到高兴和欣慰。好久不见干鱼了,两弟各寄一次,从此我这山人可以有足够吃的鱼了。

沅甫弟读了我深切指责的信,狠狠检查了自己的错误,害怕陷入危机而想今后走上谨言慎行的道路,如果真能如此,是你一辈子享福的途径,也是我们全家的幸运。季洪弟的信也写得平和温雅,远远胜过往年高傲的样子了。

我于道光十九年十一月初二日进京散馆,十月二十八日早晨陪侍祖父星冈公站在庭院的台阶前,请求祖父训示,说道:"此次进京城,请您教训。"星冈公说:"你的官是做不尽的,你的才能是好的,但是不能骄傲。'骄傲自满招来损害,谦虚谨慎得到益处。'你如果不骄傲,就全面都好了。"祖父的遗训,时间还不久远,至今还像提着耳朵当面叮咛一样。今天我恭恭敬敬地叙述这段话告诫你们,千言万语,总而言之,以除掉"傲"字为最主要的。古代圣人唐尧虞舜说到可憎恶的人时说:"丹朱,骄傲。"又说:"象,骄傲。"评论桀纣的昏乱无道时说:"他的力量强大到足以拒绝谏诤,其辩论的才能足以掩饰错误。"又说:"认为自己有天命,认为敬天不值得照办。"这些都是"傲"的表现。我自从咸丰八年六月再次出来从政,就努力克服"惰"字,以警戒自己没有恒心的毛病。近来又努力克服"傲"字。前些日子徽州没有失败之前,李次青心中不免有些自以为是的成见;徽州失败之后,我更加强烈地反省。大约军事上的失败,不是由于骄傲,就是因为懒惰,二者之中必定有一种;一个大家富户的衰败,不是由于骄傲,就是因为懒惰,二者之中也必然有一种。

我在初六日所发的奏折,到十月初就可以接到皇上的谕旨。我知道奉旨出发,十日内就必须起程。兄弟远远地分别了,不知哪一天相会。但愿你们两个人大力戒除这二字,并告戒后辈们常常遵守家规,这样我心里就得到很大的安慰了。

与纪泽儿书

(咸丰十一年正月初四日)

曾国藩十分推崇刚强坚毅的品格,"达于事理必有不可掩之伟论","见于仪度必有不可犯之英风"。这种个性气质体现在文章的创作风格上,便是推崇阳刚雄肆之文。他宣称文章之道,以气象光明俊伟最难能可贵,如同英雄侠士褐裘而来,绝无腥腆猥鄙之态。在此信中,曾国藩正是基于如是风格论,答复了曾纪泽所问文章雄奇之道。信中既突出了作者的禀赋、气质修养等内在因素,又强调了遣词造句的扎实功夫与表现技巧。作者当时在安徽祁门军营。

字谕纪泽儿:

腊月二十九日接尔一禀,系十一月十四日送家信之人带回;又由沅叔处送到尔初归时二信,慰悉。尔以十四日到家,而鸿儿十八日禀中言尔总在日内可到[1],何也?岂鸿信十三四写就而朱金权于十八日始署封面耶?霞仙先生之令弟仙逝,余于近日当写唁信,并寄奠仪,尔当先去吊唁。

尔问文中雄奇之道。雄奇以行气为上[2],造句次之,选字又次之。然未有字不古雅而句能古雅,句不古雅而气能古雅者;亦未有字不雄奇而句能雄奇,句不雄奇而气能雄奇者。是文章之雄奇,其精处在行气,其粗处全在造句选字也。余好古人雄奇之文,以昌黎为第一,扬子云次之。二公之行气,本之天授。至于人事之精能,昌黎则造句之工夫居多,子云则选字之工夫居多。

尔问叙事志传之文难于行气,是殊不然[3]。如昌黎《曹成王碑》、《韩许公碑》,固属千奇万变,不可方物[4],即卢夫人之铭、女挐之志,寥寥短篇,亦复雄奇崛强[5]。尔试将此四篇熟看,则知二大二小,各极其妙矣。

尔所作《雪赋》,词意颇古雅,惟气势不畅,对仗不工。两汉不尚对仗,潘、陆则对矣[6],江、鲍、庾、徐则工对矣[7]。尔宜从对仗上用工夫。此嘱。

涤生手示

[1]鸿儿:曾国藩对次子曾纪鸿的爱称。
[2]行气:主要指写文章的气势,而这种气势取决于作者的刚健气质,博大胸襟。
[3]殊:很,极。然:正确。
[4]方物:形容,描述。
[5]倔(jué)强(jiàng):同"倔强",本指人直傲不屈,此处比喻文章瑰伟刚劲,风骨卓绝。
[6]潘:潘岳(247—300),西晋文学家,字安仁,荥阳中牟(今属河南)人,长于诗赋,文辞华靡。 陆:陆机(261—303),西晋文学家,字士衡,与潘岳齐名。诗重藻绘排偶,也善骈文。
[7]江:江淹(444—505),南朝梁文学家,字文通,济阳考城(今河南兰考东)人。诗多拟古之作,赋以《别赋》《恨赋》著称。 鲍:鲍照(约414—466),南朝宋文学家,字明远,东海(郡治今山东苍山县南)人。诗长于乐府,尤擅七言歌行,风格俊逸。也擅赋及骈文,《芜城赋》《登大雷岸与妹书》为其代表作。 庾:庾信(513—581),北周文学家,字子山,南阳新野(今属河南)人。善诗赋骈文。暮年所作《哀江南赋》《枯树赋》等,风格萧瑟悲凉,十分讲究骈偶用典。 徐:徐陵(507—583),南朝陈文学家,字孝穆,东海郯(今山东郯城)人。与庾信齐名,其诗歌和骈文轻靡绮艳。

字谕纪泽儿:

　　腊月二十九日接到你的一封信,是十一月十四日送家信的人带来的;又由沅甫叔那里送来你刚回到家时的两封信,知悉一切,心中宽慰。你是在十四日到家的,可是纪鸿儿十八日的信中说你一定在最近几天可以到达,这是为什么呢?难道是纪鸿的信十三四日写好而朱金权在十八日才在封面上签署日期吗?霞仙先生的弟弟去世,我在近几天一定会写悼唁信,并寄去奠金,你应该先去吊唁。

　　你询问使文章雄健不凡的道理。雄健不凡以体现气质修养为首要,组织句子处于第二位,选择词语放在第三位。然而从来不会有词语不深沉典雅而句子能深沉典雅,句子不深沉典雅而风格能深沉典雅的;也从来不会有词语不雄浑奇异而句子能雄浑奇异,句子不雄浑奇异而风格能雄浑奇异的。这说明文章的雄奇,其内在之处在于体现气势,其外在之处在于造句遣词。我喜欢古人雄奇的文章,认为韩昌黎居第一,扬子云为第二。这两个人体现气质修养,完全是出于自然。至于人为的精工巧技,昌黎在组织句子方面用的工夫多,子云在选择词语方面下的工夫大。

　　你询问叙事记传之类的文章难以体现气质修养,这很不对。例如韩昌黎的《曹成王碑》《韩许公碑》,固然是千奇万变,难以形容,即使给卢夫人写的墓志铭,为女挚写的碑志,寥寥数语的短篇,也仍是雄奇刚劲。你试将这四篇文章仔细看一看,就知道两篇长文两篇短文,各自都将其精妙表现得淋漓尽致。

　　你写的《雪赋》,文字内容非常深沉雅致,只是气势不通畅,对仗不工整。两汉时不崇尚对仗,到潘岳、陆机就开始有对仗了,到江淹、鲍照、庾信、徐陵就对仗工整了。你应该在对仗上下功夫。特此叮嘱。

涤生手示

与纪泽儿书

（咸丰十一年正月十四日）

题解

在长期指导子弟写字、读书、作文的实践中，曾国藩积累了丰富的经验。由此信可看出，曾氏尤其注重因材施教。纪泽在书法方面天资很高，但是笔力柔弱，曾氏便教他临摹柳帖，因为柳书素有"柳骨"之称，点画爽利挺秀，骨力瘦硬遒劲，正可救柔弱之弊。曾国藩之所以能如此对症下药，基于他对教育对象个性才质的深刻观察了解，正如信中所言："作文是尔之所短，即宜从短处痛下功夫。看书写字尔之所长，即宜拓而充之。"其次，曾国藩施教注重传授方法，如信中论书法"临以求其神气，摹以仿其间架"等等。今天，人们学习的目的和内容尽管起了极大变化，而重温曾氏教子的家信，仍然可以从中得到启迪。作者当时在祁门。

原文

字谕纪泽儿：

正月初十日接尔腊月十九日一禀，十二日又由安庆寄到尔腊月初四日之禀，具知一切。长夫走路太慢，而托辞于为营中他信绕道长沙耽搁之故，此不足信。譬如家中遣人送信至白玉堂，不能按期往返，有责之者，则曰被杉木坝、周家老屋各佃户强我送担耽搁了。为家主者但当严责送信之迟，不管送担之真与否也；况并无佃户强令送担乎？营中送信至家与黄金堂送信至白玉堂，远近虽殊，其情一也。

尔求抄古文目录，下次即行寄归。尔写字笔力太弱，以后即常摹柳帖亦好。家中有柳书《元秘塔》、《琅邪碑》、《西平碑》各种[1]，尔可取《琅邪碑》日临百字、摹百字[2]。临以求其神气，摹以仿其间架。每次家信内，各附数纸送阅。

《左传注疏》阅毕[3]，即阅看《通鉴》[4]。将京中带回之《通鉴》，仿我手校本，将目录写于面上。其去秋在营带去之手校本，便中仍当寄送祁门，余常思翻阅也。

尔言鸿儿为邓师所赏[5]，余甚欣慰。鸿儿现阅《通鉴》，尔亦可时时教之。尔看书天分甚高，作字天分甚高，作诗文天分略低，若在十五六岁时教导得法，亦当不止于此。今年二十三岁，全靠尔自己扎挣发愤，父兄师长不能为力。作诗文是尔之所短,即宜从短处痛下工夫。看书写字尔之所长,即宜拓而充之。

走路宜重,说话宜迟,常常记忆否?

余身体平安,告尔母放心。

涤生手示

[1]《元秘塔》:本名《玄秘塔碑》,是唐柳公权最著名的楷书范本,原碑现存陕西西安碑林。这里因避清康熙帝名讳,改"玄"为"元",指《玄秘塔碑》的拓本。《琅邪碑》、《西平碑》:同为柳公权楷书碑刻拓本。

[2]临:练习书法时看着范本字帖上的字照样写。 摹:练习书法时用透明纸蒙在字帖上或在用线条勾勒的空心范字内描写。

[3]《左传注疏》:又名《春秋左传正义》,内有晋杜预为《春秋》和《左传》作的注释,以及唐孔颖达的疏解,是今存最早的《左传》注本,宋绍熙间列入《十三经注疏》。

[4]《通鉴》:《资治通鉴》的简称。它是由北宋司马光主编的一部编年体通史,记事上起周威烈王二十三年(前403),下迄后周世宗显德六年(959),贯穿一千三百六十二年历史。内容以政治军事为主,略于经济文化。书名"资治",目的在于供封建统治者从历代治乱兴亡中取得借鉴。

[5]邓师:指纪鸿在家乡的塾师邓寅皆。

字谕纪泽儿:

正月初十日接到你腊月十九日的一封信,十二日又从安庆转寄来你腊月初四日的信,一切都知道了。夫役走路太慢,却借口是为了军营中其他信件绕道长沙耽搁的缘故,这不能令人相信。比如家中派人送信到白玉堂,不能按期往返,如果有人责备他,便说被杉木坝、周家老屋各家佃户强迫他送担子耽搁了。作一家之主的人只应当严厉斥责送信拖延的事,不管送担子的真与假;更何况并没有佃户逼着叫他送担子呢?从军营中送信到家里与从黄金堂送信到白玉堂,路程远近尽管不同,但情理却一样。

你要求抄的古文目录,下次就给你寄回。你写字笔画上表现出来的力量太柔弱了,以后就经常临摹柳体字帖也很好。家中有柳公权书写的《玄秘塔》、《琅邪碑》、《西平碑》各种,你可以采用《琅邪碑》每天临写一百字、摹写一百字。用临的方法探求它的神韵,用摹的方法模仿它的结构。每次的家信里边,各附上几张送来让我看。

《左传注疏》读完,便可看《通鉴》。要把从京城里带回去的《通鉴》,仿照我亲手校勘的本子,将目录写在封面上。那本去年秋天从军营带回去的手校本,方便时仍然应当寄送到祁门来,我常想翻阅它。

你说纪鸿儿被邓老师所欣赏,我感到非常欣慰。鸿儿现在正读《通鉴》,你也可以随时教他。你看书天资很高,写字天资很高,作诗文天赋略低,如果在十五六岁时教导方法正确,也应该不会止于现在这样。你今年已经二十三岁,全靠你自己努力发愤,父兄师长无能为力。作诗文是你的短处,就应该在这方面狠下功夫。看书写字是你的长处,就应该拓宽充实它们。

走路应当稳重,说话应当缓慢,经常记得吗?

我身体平安,告诉你母亲放心。

涤生手示

与纪泽儿书

(咸丰十一年正月二十四日)

曾国藩在家信中指导儿子学习古代文化,即考据和辞章之学。信中说的"所选古文,已抄目录",就是以提供范文的方式来指导纪泽通晓辞章的。选出的作品,自然是雄奇瑰丽的古代散文,能体现曾氏推崇的"阳刚"风格。信中答复纪泽关于《左传》解经与今解不同之问,其实阐明了训诂的性质。当时流行的《毛诗正义》、《尚书正义》、《周易正义》等等,分别是解释《诗经》、《尚书》、《周易》的训诂专著,以训释经典语言为主。而《左传》、《韩诗外传》,则是引用经典中的言论来表达特定的思想观点,实际上大多是断章取义。至于孔子撰《大象》、《小象》,多联系人事,揭示《周易》六十四卦所寓的哲理;孟子说《诗》举一反三,借机发挥,无非是"以馀义立言"。纪泽不明此理,提问不免有些幼稚;曾国藩随笔答疑,使其茅塞顿开。作者当时仍在祁门。

字谕纪泽儿:

正月十四发第二号家信,谅已收到。日内祁门尚属平安。鲍春霆自初九日在洋塘获胜后,即追贼至彭泽(官军驻牯牛岭,贼匪踞下隅坂),与之相持,尚未开仗。日内雨雪泥泞,寒风凛冽,气象殊不适人意。伪忠王李秀成一股[1],正月初五日围玉山县,初八日围广丰县,初十日围广信府,均经官军竭力坚守,解围以去。现窜铅山之吴坊、陈坊等处,或由金溪以窜抚、建,或径由东乡以扑江西省城,皆意中之事。余嘱刘养素等坚守抚、建[2],而省城亦预筹防守事宜。只要李逆一股不甚扰江西腹地,黄逆一股不再犯景德镇等[3],三四月间,安庆克复,江北可分兵来助南岸,则大局必有转机矣。目下春季必尚有危险迭见,余当谨慎图之,泰然处之。

余身体平安,惟齿痛时发。所选古文,已抄目录寄归。其中有未注明名氏者,尔可查出补注,大约不出《百三名家全集》及《文选》、《古文辞类纂》三书之外[4]。

尔问《左传》解《诗》、《书》、《易》与今解不合[5]:古人解经,有内传,有外传。内传者,本义也;外传者,旁推曲衍[6],以尽其馀义也。孔子系《易》,小象则本义为多[7],大象则馀义为多[8]。孟子说《诗》,亦本子贡之因贫富而悟切磋[9],子夏之因素绚而悟礼后[10],亦证馀义处为多。《韩诗外传》[11],尽馀义也。《左传》说经,亦以馀义立言者多。

袁臾生之二百金,余去年曾借松江二百金送季仙九先生,此项只算还袁宅可也。树堂先生送尔三百金,余当面言只受百金。尔写信寄营酬谢,言受一璧二云云[12]。余在营中备二百金,并尔信函交冯可也。此字并送澄叔一阅,此次不另作书矣。

涤生手示

[1] 李秀成(1823—1864):太平天国将领,曾任副掌率、后军主将,咸丰九年(1859)封忠王。当时李秀成率部东征,经过距祁门老营仅六十里的羊栈岭,前往湖北招兵。

[2] 刘养素:刘于浔,字养素,湘军水师统领,后官至甘肃按察使。

[3] 黄逆:对太平军将领黄文金的蔑称。

[4] 《百三名家全集》:明代张溥编辑的诗文总集,收录了自西汉贾谊至隋薛道衡共一百零三位文学家的诗文作品。《文选》:南朝梁萧统(昭明太子)编选的诗文总集,世称《昭明文选》,选录了自先秦至梁普通七年间一百三十位知名作家和少数佚名作者的作品七百馀篇,各种文体的主要代表作大致具备,是我国现存最早的一部诗文选集。《古文辞类纂》:总集名,清姚鼐编。选录战国至清代的古文辞赋,依文体分为十三类。内容着重于《战国策》、《史记》,两汉散文家,唐宋八大家以及明归有光,清方苞、刘大櫆等桐城派作家的古文作品。

[5] 《诗》:即《诗经》。《书》:指《尚书》。《易》:指《周易》,或称《易经》。

[6] 衍:延展,引申。

[7] 小象:相传孔子所撰解释《周易》六十四卦各爻爻辞的文字。原独立成篇,后散入各卦之下。

[8] 大象:相传孔子所撰解释《周易》六十四卦全卦卦象的文字。原文独立成篇,后散入各卦之下。

[9] 子贡:孔子的学生端木赐,字子贡。因贫富而悟切磋:《论语·学而》:子曰:"贫而无谄,富而无骄,何如?"子曰:"可也;未若贫而乐,富而好礼者也。"子贡曰:《诗》云'如切如磋,如琢如磨',其斯之谓与?"子曰:"赐也,始可与言诗已矣,告诸往而知来者。"

[10] 子夏:孔子的学生卜商,字子夏。因素绚而悟礼后:《论语·八佾》:"子夏问曰:'巧笑倩兮,美目盼兮,素以为绚兮。'何谓也?子曰:'绘事后素。'曰:'礼后乎?'子曰:'起予者商也!始可与言诗已矣。'"

[11] 《韩诗外传》:书名,西汉韩婴撰。本书并不为《诗经》作注,而是先讲一个故事或前人杂说,然后引《诗经》成句以证之,是引诗以证事,并非述事以明诗。引诗不过是断章取义,所述之事与诗之本义并不相

合；且常有两则故事引同一句诗而所喻不同者。

[12]璧："璧还"的省称，是表示全部退回赠物的敬辞。

字谕纪泽儿：

正月十四日发出第二封家信，料想已收到。最近祁门地区还算平安。鲍春霆自从九日在洋塘取得胜利后，便追击贼军到了彭泽县（官军驻扎在牯牛岭，贼匪盘踞在下隅坂），与之相对峙，还没有交战。近来雨雪交加，道路泥泞，寒风凛冽，气候太不如人意。伪忠王李秀成一股，正月初五包围玉山县，初八包围广丰县，初十包围广信府，都是由于官军竭尽全力坚守，解围而去。现在李秀成部流窜到了铅山县的吴坊、陈坊等地，或者由金溪县而流窜抚州府、建昌府，或者直接由东乡县而进犯江西省城，都是意料之中的事情。我嘱咐刘养素等坚守抚州府、建昌府，而省城也预先筹划防守事宜。只要李秀成逆贼一股不太骚扰江西中心地带，黄文金逆贼一股不再进犯景德镇等地，到三四月之间，安庆收复，江北就可以分出兵力来援助南岸，那么整个局势就一定会有转机了。目前春季里一定还有危险连续出现，我应当谨慎谋划，泰然对待。

我身体平安，只是牙疼有时发作。所选的古文篇目，已抄写目录寄回。其中有没注明名字姓氏的，你可以查出来补注，大约不会超出《百三名家全集》及《文选》、《古文辞类纂》三种书以外。

你问的《左传》中对于《诗经》、《尚书》、《周易》的解释与现代解释不合的问题：古人注释经典，有内传，有外传。内传的内容是解释其基本意义；外传的内容，是从另外的角度曲折推衍，以发挥其言外之意。孔子编撰《易经》，小象部分是解释基本意义居多，大象部分是发挥言外之意居多。孟子解说《诗经》，也是根据子贡因为与孔子谈论对贫富的态度而感悟到"如切如磋，如琢如磨"的含义，子夏因为听了孔子对"素以为绚"的解释而联想到礼乐产生在仁义之后，这也说明是发挥言外之意的地方居多。《韩诗外传》，全部是发挥其言外之意。《左传》解说经典，也是以发挥言外之意来立论的地方居多。

袁甥生的二百两银子，我去年曾经借了松江的二百两银子送给季仙九先生，这笔款项只算还了袁家即可。冯树堂先生赠送给你三百两银子，我当面说只接受一百两。你要写信寄来军营表示感谢，写上接受一百两，退还二百两等等。我在军营里准备二百两银子，连你的信件一起交给冯树堂就行了。这封信一并送给澄侯叔叔看一下，这一次就不另外给他写信了。

涤生手示

与澄弟书

(咸丰十一年六月十四日)

在世态炎凉的封建社会里,人与人之间的亲情和友情,也都受到了世俗等级观念的毒化,尤其是富贵人家往往以政治经济地位的高下来决定对待亲友感情的亲疏厚薄。曾国藩出身于一个普通农民家庭,进入官场后对这种恶劣的世风感受甚深,且深恶痛绝。所以当南五舅母去世后写信给弟弟澄侯,提醒他自己兄弟中应有一人亲去吊唁,以表示对亲友的深情厚谊。并借这件事教育家中子弟要继承祖父曾星冈对亲戚重情意轻礼物的美好遗风,不要在贫贱的亲戚面前摆架子。当时作者在安徽东流军营。

【原文】

澄弟左右:

六月初四接五月二十四来信并纪泽一禀[1],具悉一切。

南五舅母弃世,纪泽往吊后,弟亦往吊唁否?此等处,吾兄弟中有亲往者为妙。从前星冈公之于彭家并无厚礼厚物[2],而意甚殷勤,亲去之时甚多。我兄弟宜取以为法。大抵富贵人家气习,礼物厚而情意薄,使人多而亲到少。吾兄弟若能彼此常常互相规诫,必有裨益。

此间军事平安。余疮疾渐愈,已能写字矣。安庆军情,九弟常有信回,兹不赘。付回银二百两,系去年应还袁宅之项,查收。即问近好。

国藩手草

[1]禀:旧时下级向上级报告事情叫做禀,晚辈给长辈写信说明事情以及所写的信也都叫做禀。
[2]星冈公:曾国藩的祖父。

澄弟左右:

六月初四日收到你五月二十四的来信和纪泽的一封信,一切情况全部知悉。

南五舅母去世,纪泽前去吊唁后,你也去吊唁了吗?这些地方,最好在我们兄弟中有人亲自前去。从前星冈公对于彭家并没有厚礼厚物相送,但情意十分深厚,亲自去的时候很多。我们兄弟应当把这作为效法的榜样。大概看来,富贵人家的习气是礼物厚而情意薄,打发人去的时候多而亲自去的时候少。我们兄弟如能彼此常常互相提醒,一定会有好处。

这里战事平安。我的疮病逐渐痊愈,已能写字了。安庆的军情,九弟常有回信,这里就不再赘述了。寄回银子二百两,是去年应还给袁家的那笔钱,请查收。即问近好。

国藩手草

与纪泽儿书

(咸丰十一年六月二十四日)

题解

重视农业生产,尤其是种植蔬菜和经济作物,是曾国藩多次教育子弟的一项重要内容。而认真读书和练习书法,更是他教育子弟的一个经常话题。此次给儿子曾纪泽去信就是通过传授种植蔬菜的技术和督促儿子读书、指导侄儿兄弟写好篆字,对他们再次进行这两方面内容的教育。当时作者仍在安徽东流军营。

原文

字谕纪泽:

六月二十日唐介科回营,接尔初三日禀并澄叔一函,具悉一切。

今年彗星出于北斗与紫微垣之间[1],渐渐南移,不数日而退出右辅与摇光之外[2],并未贯紫微垣,亦未犯天市也[3]。占验之说[4],本不足信,即有不祥,或亦不大为害。

省雇园丁来家,宜废田一二丘,用为菜园。吾现在营课勇夫种菜,每块土约三丈长,五尺宽,窄者四尺馀宽,务使芸草及摘蔬之时,人足行两边沟内,不践菜土之内。沟宽一尺六寸,足容便桶。大小横直,有沟有浍,下雨则水有所归,不使积潦伤菜。四川菜园极大,沟浍终岁引水长流,颇得古人井田遗法。吾乡一家园土有限,断无横沟,而直沟则不可少。吾乡老农,虽不甚精,犹颇认真,老圃则全不讲究。我家开此风气,将来荒山旷土,尽可开垦,种百谷杂蔬之类。如种茶亦获利极大,吾乡无人试行,吾家若有山地,可试种之。

尔前问《说文》中逸字,今将贵州郑子尹所著二卷寄尔一阅[5]。渠所补一百六十五文,皆许书本有之字,而后世脱失者也[6]。其子知同,又附考三百字,则许书本无之字,而他书引《说文》有之,知同辨为不当有者也。尔将郑氏父子书细阅一遍,则知叔重原有之字,被传写逸脱者,实已不少。

纪渠侄近写篆字甚有笔力,可喜可慰。兹圈出付回。尔须教之认熟篆文,并解明偏旁本意。渠侄、湘侄要大字横匾,余即日当写就付归。寿侄亦当付一匾也。家中有李少温篆帖《三坟记》、《栖先茔记》,亦可寻出,呈澄叔一阅[7]。澄弟作篆字,间架太散,以无帖意故也。邓石如先生所写篆字《西铭》、《弟子职》之类[8],永州杨太守新刻一套,尔可求郭意诚姻叔拓一二分[9],俾家中写篆者有所摹仿。家中有褚书《西安圣教》、《同州圣教》,尔可寻出寄营,《王圣教》亦寄来一阅。如无裱者,则不必寄也。《汉魏六朝百三家集》,京中一分,江西一分,想俱在家,可寄一部来营。

余疮疾略好,而癣大作,手不停爬,幸饮食如常。安庆军事甚好,大约可克复矣。此次未写信与澄叔,尔将此呈阅,并问澄弟近好。

[1]彗星:俗称扫帚星,是一种不常见的星体,古人迷信,认为彗星出现是天下将要发生战乱的凶象。 紫微垣:古人对星空分区的名称,指以北极星为标准集合周围各星的一个星区。
[2]右辅:紫微垣右侧的星区。 摇光:北斗七星之一,是处于斗柄末端的一颗星。
[3]天市:也称天市垣,指二十八宿中星、张、翼、轸四个星座以北的一个星区。
[4]占验:占,占卜;验,应验。古人迷信,每有重要行动,便用占卜的手段预测吉凶祸福。占卜预示有时和后来的结果偶合,这就是所谓有应验,从而更加助长了迷信程度。
[5]郑子尹:郑珍,字子尹,清代贵州遵义人,以研究文字学而出名,代表作有《说文逸字》二卷。
[6]许书:指许慎所著的《说文解字》。许慎,字叔重,后汉召陵人。
[7]李少温:李阳冰字,唐代赵郡人,李白族叔,以善写篆字著名。 栖:同"迁"。
[8]邓石如:初名琰,字石如,因避嘉庆皇帝颙琰名讳而改字为名,清代安徽怀宁人,擅长真草隶篆四体书法,篆书被誉为清代第一人。
[9]郭意诚姻叔:郭意诚,郭崑焘字,清代湖南湘乡人。兄郭嵩焘与曾国藩为儿女亲家,曾国藩的子侄辈因称他为姻叔。

字谕纪泽:

六月二十日唐介科回到军营,收到你初三日写的信,还有你澄侯叔的一封信,一切情况全部知悉。

今年彗星出现在北斗和紫微垣之间,渐渐向南移动,不几天退到了右辅和摇光的外面,并未穿过紫微垣,也没有侵犯天市垣。占验的说法,本来就不值得相信,即使有什么不吉利,也许不至有大的妨害。

从省城雇园丁到家,应抽出一二块粮田,改作菜园。我如今在军营教士兵和差夫种菜,每块地约三丈长,五尺宽,窄的四尺多宽,务必让他们在锄草和摘菜时,两脚走在菜地两边的小沟里,不能踏进菜地中。沟宽一尺六寸,完全能够容下盛粪便的桶。大小横直,有沟有渠,下雨时水有流的地方,不使积水伤菜。四川的菜园极大,沟渠整年引水长流,很有点古人井田制的法度。我们家乡各家园地有限,绝对没有横沟,但直沟是不可少的。我们家乡的种田人,技艺虽不很精,还很认真,种菜的人就完全没有讲究了。我们家开了这个风气,将来荒山空地,完全可以开垦出来,种百谷杂菜之类。如果种茶,也获利极大,我们家乡却没有人试种,我们家如有山地,可以试种一些。

你以前问到《说文》中的逸字,现把贵州的郑子尹所著的《说文逸字》二卷,寄给你看。他所补的一百六十五字,都是许书本来有而被后人传写时漏掉的字。他的儿子郑知同,又附考三百字,是许书本来没有,而其他书引用《说文》时反而有的字,郑知同辨认为是不应有的。你把郑氏父子的书细读一遍,就会知道许慎《说文》中原有的字,被传写脱漏掉的,实已不少。

纪渠侄近来写的篆字很有笔力,实在令人高兴。现在圈好送回,你要教他记熟篆文,并解析明白偏旁的本来意义。纪渠侄、纪湘侄要大字横匾,我近日就写好送回。纪寿侄也应送给一幅匾。家里有李少温的篆字帖《三坟记》、《栖先茔记》,你也可寻出,呈送你澄侯叔看看。澄弟写篆字,间架太散,这是由没有帖意造成的。邓石如先生所写的篆字《西铭》、《弟子职》之类,永州杨太守新刻了一套,你可求郭意诚姻叔拓一二份,使家里写篆字的人有个临摹的范本。家里有褚遂良写的《西安圣教》、《同州圣教》,你可寻出给我寄来军营,《王圣教》也寄来让我看看。如果没有裱好的,就不必寄了。《汉魏六朝百三家集》,我在京里买的一份,江西买的一份,大概都放在家里,可寄来军营一部。

我的疮病略有好转,但是癣病发作厉害,手不停地抓挠,所幸饮食正常。安庆的战争形势很好,大约可以克复了。这次没有给澄侯叔写信,你把这封信呈送他看,并问澄弟近好。

与纪泽儿书

(咸丰十一年八月二十四日)

在封建社会里,官宦人家凭借地位职权,巧取豪夺,大肆搜刮民财,生活极尽奢侈浪费,从而形成贫富的极端悬殊,不但引发了严重的阶级对立,同时也引起了同僚的妒嫉,朝廷的侧目,因此往往导致家败人亡。曾国藩对此深有所感,所以常用崇尚节俭、反对奢侈作为自己的生活律条,并用以教育子弟作为持家原则。此信即借大女儿出嫁的机会,再次教育家人要禁戒奢侈,以维持家运的长久。当时作者在安庆军营。

字谕纪泽：

八月二十日胡必达、谢荣凤到，接尔母子及澄叔三信，并《汉魏百三家》、《圣教序》三帖。二十二日谭在荣到，又接尔及澄叔二信。具悉一切。

蔡迎五竟死于京口江中[1]，可异可悯！兹将其口粮三两补去外，以银二十两赈恤其家。朱运四先生之母仙逝[2]，兹寄去奠仪银八两。蕙姑娘之女一贞[3]，于今冬发嫁，兹付去奁仪十两。家中可分别妥送。大女儿择于十二月初三日发嫁，袁家已送期来否？余向定妆奁之资二百金，兹先寄百金回家，制备衣物，馀百金俟下次再寄。其自家至袁家途费暨六十侄女出嫁奁仪，均俟下次再寄也。居家之道，惟崇俭可以长久，处乱世尤以戒奢侈为要义，衣服不宜多制，尤不宜大镶大缘，过于绚烂。尔教导诸妹，敬听父训，自有可久之理。

牧云舅氏书院一席，余已函托寄云中丞[4]，沅叔告假回长沙，当面再一提及，当无不成。余身体平安。二十一成服哭临，现在三日已毕。疮尚未好，每夜搔痒不止，幸不甚为害。满叔近患疟疾，二十二日全愈矣。此次未写澄叔信，尔将此呈阅。

[1] 蔡迎五：湘军水师兵弁。
[2] 朱运四：曾国藩朋友。
[3] 蕙姑娘：指曾国藩妹妹曾国蕙。湖南湘乡一带人称姑母为姑娘，这里是以子女的口吻对曾国蕙的称呼。
[4] 牧云舅氏：指曾国藩妻弟欧阳牧云。这里也是以子女的口吻对欧阳牧云的称呼。 寄云中丞：毛寄云，毛鸿宾字，时为湖南巡抚。清代有巡抚兼任御史中丞的惯例，当时人因尊称巡抚为中丞。

字谕纪泽：

八月二十日胡必达、谢荣凤来，接到你们母子及澄侯叔的三封来信，还有《汉魏百三家》、《圣教序》三本字帖。二十二日谭在荣来到这里，又收到你和澄侯叔的两封来信。一切情况全部知悉。

蔡迎五竟然死在了京口江中，实在令人惊异同情！现在除把他的三两口粮补发去外，另拿出白银二十两救济抚恤他的家人。朱运四先生的母亲去世，现寄去用作奠仪的银子八两。蕙姑娘的女儿一贞，在今冬出嫁，现寄去治办陪嫁礼品的银子十两。上面的银子，家里人要分别妥善送到。大女儿选择在十二月初三日出嫁，袁家把择定日期的礼帖送来了没有？我原来决定送给她购买嫁妆的银子二百两，现在先寄一百两回家，给她制备衣物，剩下的一百两等下次再寄。她由自家到袁家的路费及六十侄女出嫁的陪嫁礼金，也都等到下次再寄。持家的原则，唯有崇尚节俭才能长久，处在世道混乱的时候，尤其要把禁戒奢侈当作第一件重要事情，衣服不应多制，尤其不应大镶大缘，过于花哨。你教导你的妹妹们，让她们好好记住我的训诲，慢慢地自然会体会到能长久的道理。

  牧云舅舅在书院的席位，我已去信托了毛寄云中丞，等沅甫叔请假回长沙时，当面再向他提一提，应当没有办不成的道理。我身体平安。二十一日穿起孝服为皇上哭灵，现在三日期满，哭灵仪式已经结束。我的癣疮还不见好，每夜搔痒不止，幸好没有大的妨碍。你满叔近些时患了疟疾，二十二日已经痊愈了。这次没有给你澄侯叔写信，你把这封信呈送给他过目。

◎ 同治时期

与纪泽儿书

（同治元年正月十四日）

题解

因材施教,是我国自孔夫子以来常为人们所采用的一种教育方式。在这封信中,曾国藩根据其子曾纪泽的资质特点,指导他学什么,怎样学,并在肯定他已有成绩的基础上,勉励他子承父志,取得更高成就。这封信写于安庆。

原文

字谕纪泽：

正月十三四连接尔十二月十六、二十四两禀,又得澄叔十二月二十二一缄、尔母十六日一缄,备悉一切。

尔诗一首阅过发回。尔诗笔远胜于文笔,以后宜常常为之。余久不作诗,而好读诗,每夜分辄取古人名篇高声朗诵,用以自娱。今年亦当间作二三首,与尔曹相和答,仿苏氏父子之例[1]。尔之才思,能古雅而不能雄骏,大约宜作五言,而不宜作七言。余所选十八家诗,凡十厚册,在家中,此次可交来丁带至营中,尔要读古诗,汉魏六朝,取余所选曹、阮、陶、谢、鲍、谢六家,专心读之,必与尔性质相近。至于开拓心胸,扩充气魄,穷极变态,则非唐之李、杜、韩、白,宋金之苏、黄、陆、元八家不足以尽天下古今之奇观。尔之质性,虽与八家者不相近,而要不可不将此八人之集悉心研究一番,实《六经》外之巨制[2],文字中之尤物也。尔于小学粗有所得[3],深用为慰。欲读周汉古书,非明于小学无可问津。余于道光末年始好高邮王氏父子之说[4],从事戎行未能卒业,冀尔竟其绪耳。

余身体尚可支持,惟公事太多,每易积压。癣痒迄未甚愈。家中索用银钱甚多,其最要紧者,余必付回。京报在家,不知系报何喜。若节制四省,则余已两次疏辞矣。此等空空体面,岂亦有喜报耶？

葛家信一封、扁字四个付回。澄叔处此次未写信,尔将此呈阅。

涤生手示

[1]苏氏父子:指宋代的苏洵和他的儿子苏轼、苏辙三位大文学家。
[2]《六经》:指《周易》、《尚书》、《诗经》、《礼记》、《春秋》、《乐经》儒家六部经典著作。
[3]小学:清以前对中国传统语言文字学的称谓。
[4]高邮王氏父子:指王念孙和王引之父子二人,都是清代著名语言文字学家。因祖籍江苏高邮州,人称高邮王氏父子。

字谕纪泽:

正月十三、十四两日连续收到你上年十二月十六日和二十四日的两封来信,又收到你澄侯叔十二月二十二日和你母亲十六日的来信各一封,一切情况全部知悉。

你写的一首诗我已阅过,今寄回。看来你写诗的水平大大超过了作文的水平,今后应当常写写诗歌。我好久不写诗了,但喜欢读诗。每天深夜都拿起古人名篇高声朗诵,用以自娱。计划今年也间或写上两三首,与你们兄弟相互唱和,仿效苏氏父子的先例。由你写诗的才情来看,能够做到古雅而做不到雄健,大约只适合作五言诗而不适合作七言诗。我所选的十八家诗,共十厚册,放在家里,此次可交来这里的兵丁带到军营。你要读古诗,在汉魏六朝人中,当取我所选的三曹、阮籍、陶渊明、谢灵运、鲍照、谢朓六家的作品,专心攻读,这些人的格调肯定和你相近。至于开拓心胸,扩充气魄,极尽变化,则不读唐代的李白、杜甫、韩愈、白居易,宋金时期的苏轼、黄庭坚、陆游、元好问的作品,就不能全面领略诗家笔下所描绘的整个天下古今罕见的雄伟壮丽景观。你的格调虽与这八家不相近,但总不可不把这八家的诗集精心研究一番,他们的作品可真是《六经》之外的巨作,文学中的精品啊。你对传统小学略有心得,我深感欣慰。要读周汉古书,不懂小学是无法过阅读大关的。我在道光末年才开始喜爱上了高邮王氏父子的学说,只因从军打仗而未能学习到底,希望你能把我未完成的学业完成。

我的身体还可以支持得住,只是公事太多,常常容易积压下来。所患癣痒症至今没有大的好转。家里要求用钱的地方很多,其中最紧要的用项,我一定寄回去。听说京报送到了家里,不知报的什么喜事。如果说的是让我统管和指挥苏、皖、赣、浙四省的事,那么我已两次上疏辞谢过了。这种没有实际意义的空头体面,还有什么喜可报的呢?

给葛家的信一封、匾字四个,寄回。你澄侯叔那里这次没有另外写信,你可把这封信呈送给他过目。

涤生手示

与纪泽儿书

(同治元年四月初四日)

对子女的教育,采取什么样的方式方法,也是一种艺术。曾国藩在这封信中对他儿子曾纪泽的教育,采用的是先表扬鼓励并现身说法,然后才婉转地逐一指出其缺点和克服缺点的途径。这种教育方式显然要比一味地板起面孔说教和生硬训斥的效果好得多。这封信写于安庆。

字谕纪泽儿:

连接尔十四、二十二日在省城所发禀,知二女在陈家,门庭雍睦,衣食有资,不胜欣慰。

尔累月奔驰酬应,犹能不失常课,当可日进无已。人生惟有常是第一美德。余早年于作字一道,亦尝苦思力索,终无所成。近日朝朝暮写,久不间断,遂觉月异而岁不同。可见年无分老少,事无分难易,但行之有恒,自如种树畜养,日见其大而不觉耳。尔之短处在言语欠钝讷,举止欠端重,看书能深入而作文不能峥嵘。若能从此三事上下一番苦工,进之以猛,持之以恒,不过一二年,自尔精进而不觉。言语迟钝,举止端重,则德进矣;作文有峥嵘雄快之气,则业进矣。尔前作诗,差有端绪[1],近亦常作否?李、杜、韩、苏四家之七古,惊心动魄,曾涉猎及之否?

此间军事,近日极得手。鲍军连克青阳、石埭、太平、泾县四城。沅叔连克巢县、和州、含山三城暨铜城闸、雍家镇、裕溪口、西梁山四隘。满叔连克繁昌、南陵二城暨鲁港一隘[2]。现仍稳慎图之,不敢骄矜。

余近日疮癣大发,与去年九十月相等。公事丛集,竟日忙冗,尚多积阁之件。所幸饮食如常,每夜安眠或二更三更之久,不似往昔彻夜不寐,家中可以放心。此信并呈澄叔一阅,不另致也。

涤生手示

[1]差(chā):稍稍,大体。
[2]满叔:指曾国藩最小的弟弟曾季洪。湘乡一带称同辈中排行最小的人为"满",如满子、满弟、满叔等。

字谕纪泽儿：

连着接到你十四日、二十二日两次由省城发来的信,得知二女在陈家,家庭和睦,衣食丰足,无限欣慰。

你连续几月奔走应酬,还能不误日常功课,定会天天不停地有所进步。人生只有能持之以恒才是首要美德。我早年在写字一途上,也曾苦苦思考努力探索过的,最终还是没有什么成就。近些时坚持天天摹写,好久没有间断,就感到月月有变化年年有进步。可见年龄不分老少,事情不分难易,只要做起来有恒心,自然会像种树和豢养动物那样,在不知不觉中就一天一天地长大起来了。你的缺点在于言谈不够缓慢,举止不够端庄持重,看书虽能深入但写文章不能表现出超常不凡的风采。如能从这三件事上下一番苦功,迅猛前进,持之以恒,不出一二年,自然会在不知不觉中向精深的方面前进。做到语言缓慢,举止端庄持重,品行方面就有进步了。写文章有了超常不凡的雄俊气势,学业方面就有进步了。你以前写诗,大体上已经有了个好的开头,近来还经常写不写了？李白、杜甫、韩愈、苏轼四家的七言古诗,气势惊心动魄,你是不是已经涉猎过了？

这里的战事,近来非常顺利。鲍超的军队接连攻克青阳、石埭、太平、泾县四座城池。你沅甫叔的军队接连攻克巢县、和州、含山三座城池和铜城闸,雍家镇,裕溪口、西梁山四个险要地方。你满叔的军队接连攻克繁昌、南陵两座城池和鲁港一个险要地方。现在仍需以沉着谨慎的态度谋取胜利,绝不敢产生骄傲自大的情绪。

我近来疮癣发作得非常厉害,和去年九十月间的情况相同。公事堆积了很多,虽整天处于繁忙之中,但还有许多积压下的事件处理不完。所幸饮食还像往常,每天晚上能安稳地睡上两三个更次,不像往日那样整夜地睡不着,家里人可以放心。这封信一并呈送你澄侯叔过目,就不另外给他写信了。

涤生手示

与纪泽、纪鸿儿书

（同治元年四月二十四日）

常言说,字如其人,意即字的骨力风格和写字人的气质是一致的。曾国藩认为,字的骨力风格不仅取决于写字者的气质禀性,反之,写字者如果下恒心改变字的骨力风格,也可以改变人的气质禀性。这封信中,他以自己戒烟和磨砺做事有恒二事为例,教育曾纪泽坚持临摹颜、柳书法,以改变性格轻浮的缺点。这封信写于安庆。

原文

字谕纪泽、纪鸿儿：

今日专人送家信，甫经成行，又接王辉四等带来四月初十之信，尔与澄叔各一件，借悉一切。

尔近来写字，总失之薄弱，骨力不坚劲，墨气不丰腴，与尔身体向来轻浮之弊正是一路毛病。尔当用油纸摹颜字之《郭家庙》、柳字之《琅玡碑》、《玄秘塔》[1]，以药其病。日日留心，专从厚重二字上用工。否则，字质太薄，即体质亦因之更轻矣。人之气质，由于天生，本难改变，惟读书则可变化气质。古之精相法者，并言读书可以变换骨相[2]。欲求变之之法，总须先立坚卓之志。即以余生平言之，三十岁前最好吃烟，片刻不离，至道光壬寅十一月二十一日立志戒烟，至今不再吃；四十六岁以前作事无恒，近五年深以为戒，现在大小事均尚有恒。即此二端，可见无事不可变也。尔于厚重二字，须立志变改。古称金丹换骨，余谓立志即丹也[3]。满叔四信偶忘送，故特由驲补发。此嘱。

涤生示

注释

[1]颜字：指唐代大书法家颜真卿写的字。　柳字：指唐代大书法家柳公权写的字。
[2]相法：指迷信的相面方术。
[3]金丹：古代方士用黄金炼成金液，用丹砂炼成还丹，认为服食之后能使人长生不老。

译文

字谕纪泽、纪鸿儿：

今日有专人送来家信，送信人刚起身，又接到王辉四等人由老家带来的四月初十日的信，其中有你们和澄叔各一封，借此得知家中一切情况。

你近来写字，总是过于瘦弱，骨力不强劲，墨画不丰美，和你体性向来轻浮是一路毛病。你应当用油纸临摹颜真卿的《郭家庙》、柳公权的《琅玡碑》、《玄秘塔》，来救治这个毛病，天天用心临摹，专门从厚重二字上下功夫。否则，字体太瘦弱，就是体性也会因此更轻浮了。人的气质，是天生带来的，本来难以改变，只有读书可以使气质发生变化。古代精通相法的人，都说读书可以变换人的骨相。想要达到变化的方法，总要首先树立坚强的意志。就以我的经历来说，三十岁以前最爱吸烟，片刻都离不开，到道光二十二年十一月二十一日立志戒烟，至今没有再吸;四十六岁以前做事总不能坚持到底,最近五年把这种缺点作为深刻教训,现在不论做大事小事都可以坚持下来了。就用这两件事为例,说明没有什么事是不可变化的。你必须立志向厚重二字改变。古人说,服食金丹可以脱胎换骨,我认为立志就等于服食金丹。你满叔的四封信偶尔忘记送去了,所以特地从驿站补发。此嘱。

涤生示

与纪泽儿书

（同治元年五月十四日）

题解

作文写诗,必须熟读名人名作,从中吸取宝贵营养,才能提高自己的写作水平;而要读他人作品,又须有足够语言文字学功底,方可领略他人遣词造句谋篇布局的佳妙之处。曾国藩在给曾纪泽的信中,对这三者相因关系的阐述,既是他自己治学写作亲身经验的总结,也道出了一条学子们应该遵循的普遍规律。这封信写于安庆。

字谕纪泽儿：

接尔四月十九日一禀,得知五宅平安。

尔《说文》将看毕,拟先看各经注疏,再从事于词章之学。余观汉人词章,未有不精于小学训诂者[1],如相如、子云、孟坚于小学皆专著一书[2],《文选》于此三人之文著录最多[3]。余于古文,志在效法此三人,并司马迁、韩愈五家。以此五家之文,精于小学训诂,不妄下一字也。尔于小学,既粗有所见,正好从词章上用功。《说文》看毕之后,可将《文选》细读一过。一面细读,一面抄记,一面作文,以仿效之。凡奇僻之字,雅故之训,不手抄则不能记,不摹仿则不惯用。自宋以后,能文章者不通小学;国朝诸儒[4],通小学者又不能文章。余早岁窥此门径,因人事太繁,又久历戎行,不克卒业,至今用为疚憾。尔之天分,长于看书,短于作文。此道太短,则于古书之用意行气,必不能看得谛当。目下宜从短处下工夫,专肆力于《文选》,手抄及摹仿二者皆不可少。待文笔稍有长进,则以后诂经读史,事事易于着手矣。

此间军事平顺。沅、季两叔皆直逼金陵城下。兹将沅信二件寄家一阅。惟沅、季两军进兵太锐,后路芜湖等处空虚,颇为可虑。余现筹兵补此瑕隙,不知果无疏失否。

余身体平安。惟公事日繁,应复之信积阁甚多,馀件尚能料理,家中可以放心。此信送澄叔一阅。余思家乡茶叶甚切,迅速付来为要。

涤生手示

[1] 训诂:这里是指训诂学,为我国传统语言学的一个分支学科,其研究对象侧重于古书词义,也综合分析古书中的语法、修辞等语文现象。

[2] 相如:西汉大文学家司马相如。 子云:西汉文学家兼语言学家扬雄字。 孟坚:东汉著名史学家班固字孟坚。

[3]《文选》:也称《昭明文选》,是南朝梁昭明太子萧统招集文人学士,汇集梁以前优秀作品的诗文总集。

[4] 国朝:清代人对当朝的称谓。

字谕纪泽儿:

接到你四月十九日发来的一封信,得知我家五房人全都平安。

你在把《说文》看完后,应当考虑先看各经的注疏,再研究有关词章的学问。我看汉代人的词章,没有哪一家不精通小学训诂,如司马相如、扬雄、班固对小学都专门著成一书,《文选》中对这三个人的文章收录最多。我在古文写作方面,立志效法这三个人,连司马迁、韩愈共五家。因为这五家的文章,都精于小学训诂,他们写文章,是不随便下一字的。你在小学方面,既已略有见地,正好在写作诗文上用功。《说文》看完后,可把《文选》细读一遍。一面细读,一面抄记,一面作文,进行仿效。凡是奇异生僻的字词,雅正严谨的注解,不经手抄就记不住,不去摹仿就用不熟。宋代以后,能写文章的人不精通小学;本朝精通小学的一些大儒,又不能写文章。我早年曾经探索过这方面的门径,但因人事太繁杂,又长期从军打仗,没能把学业完成,至今还感到是极大的遗憾。你的天资,擅长看书,不擅长作文。文章之学太欠缺,那么对古书的立意行文的好处,就一定不能看得仔细精确。你眼下应从自己的不足处下工夫,专门致力于《文选》的手抄和摹仿,两个方面都不可少。等到写作能力稍有提高,那么以后无论是解经还是读史,就事事容易下手了。

这里战事平安顺利。沅甫和季洪两位叔叔都已进逼金陵城下。现将沅甫叔的两封信寄回家里去看。只是沅甫、季洪两军进兵太急,后方的芜湖等地兵力空虚,很感忧虑。我现在正筹调军队填补这个空隙,不知能不能真正做到没有闪失。

我身体平安。只是公事一天比一天繁杂,应回复的信积压了很多,其馀的事还能料理,家里人可以放心。这封信送给澄侯叔过目。我非常想喝家乡的茶叶,希务必尽快送来。

涤生手示

与沅、季二弟书
（同治元年五月十五日）

题解

"满招损，谦受益"，这是古人很早以前就总结出来的一条实践经验。但是，富贵尊荣者往往因其所处的优势而忘记了这条古训，因而招致飞来横祸者在历史上不断出现。曾国藩纵观古今，深以为己戒，并以此儆戒自己的兄弟和子侄。尤其当兄弟几人同时获朝廷恩宠，身居显位后，更数次给弟弟们去信，劝导他们要用廉、谦、劳三字自勉自抑，不可因功高官大而盛气凌人、任意作为。这封信写于安庆。

原文

沅、季弟左右：

帐棚即日赶办，大约五月可解六营，六月再解六营，使新勇略得却暑也。抬小枪之药与大炮之药，此间并无分别，亦未制造两种药。以后定每月解药三万斤至弟处，当不致更有缺乏。王可升十四日回省，其老营十六可到，到即派往芜湖，免致南岸中段空虚。

雪琴与沅弟嫌隙已深，难遽期其水乳。沅弟所批雪信稿，有是处，亦有未当处。弟谓雪声色俱厉。凡自能见千里，而不能自见其睫，声音笑貌之拒人，每苦于不自见，苦于不自知。雪之厉，雪不自知；沅之声色，恐亦未始不厉，特不自知耳。曾记咸丰七年冬，余咎骆、文、耆待我之薄，温甫则曰："兄之面色，每予人以难堪。"又记十一年春，树堂深咎张伴山简傲不敬，余则谓树堂面色亦拒人于千里之外。观此二者，则沅弟面色之厉，得毋似余与树堂之不自觉乎？

余家目下鼎盛之际，余忝窃将相，沅所统近二万人，季所统四五千人，近世似此者曾有几家？沅弟半年以来，七拜君恩，近世似弟者曾有几人？日中则昃，月盈则亏，吾家亦盈时矣。管子云：斗斛满则人概之[1]，人满则天概之。余谓天之概无形，仍假手于人以概之。霍氏盈满，魏相概之，宣帝概之[2]；诸葛恪盈满，孙峻概之，吴主概之[3]。待他人之来概而后悔之，则已晚矣。吾家方丰盈之际，不等天之来概，人之来概，吾与诸弟当设法先自概之。

自概之道云何？亦不外清、慎、勤三字而已。吾近将清字改为廉字，慎字改为谦字，勤字改为劳字，尤为明浅，确有可下手之处。沅弟昔年于银钱取与之际不甚斟酌，朋辈之讥议菲薄，其根实在于此。去冬之买犁头嘴、栗子山，余亦大不谓然。以后宜不妄取分毫，不寄银回家，不多赠亲族，此廉字工夫也。谦之存诸中者不可知，其着于外者，约有四端：曰面色，曰言语，曰书函，曰仆从属员。沅弟一次添招六千人，季弟并未禀明，径招三千人，此在他统领所断做不到者，在弟尚能集事，亦算顺手。而弟等每次来信，索取帐棚子药等件，常多讥讽之词，不平之语，在兄处书函如此，则与别处书函更可知已。沅弟之仆从随员颇有气焰，面色言语，与人酬接时，吾未及见，而申夫曾述及往年对渠之词气，至今饮憾。以后宜于此四端痛加克治，此谦字工夫也。每日临睡之时，默数本日劳心者几件，劳力者几件，则知宣勤王事之处无多，更竭诚以图之，此劳字工夫也。

余以名位太隆，常恐祖宗留诒之福自我一人享尽，故将劳、谦、廉三字时时自惕，亦愿两贤弟之用以自惕，且即以自概耳。

湖州于初三日失守，可悯可敬！

[1]管子：即管仲，春秋时齐国人，相桓公，称霸诸侯。世传《管子》一书，并非管仲所著。　斗斛：斗与斛都是古代量物单位，十升为一斗，十斗为一斛。　概：古代量谷物时用来刮平斗斛的工具，本文作动词分别是刮平或平抑的意思。

[2]霍氏：指西汉时的霍光。霍光仕于武帝、昭帝、宣帝三朝，官至大将军大司马，手握重权，朝中尽其族党，宣帝恐其干己不利，先收其兵权，继以谋反罪诛杀其主族。　魏相：西汉定陶人。宣帝初为御史大夫，霍光死后，奏请宣帝将霍氏家族于中权力全部收回。

[3]诸葛恪：三国时吴国人，诸葛瑾子。吴主孙亮建兴初年，为荆州牧，总督中外诸军事，率兵攻打新城，未能攻下，士卒疲劳，多有怨言。侍中孙峻乘机构陷其要搞兵变，与吴主共谋，在宴请喝酒时将其杀害。　孙峻：吴主孙亮时权臣。吴先主孙权死时，受遗诏与诸葛恪共同辅政，谋害诸葛恪后，升任丞相、大将军，总督中外诸军事。为人阴险骄矜，多所残杀。

沅、季弟左右：

军用帐篷近日就加紧办理，大约到五月可运去六个军营的帐篷，到六月再运去六个军营的帐篷，使新兵大体上有了避暑工具。抬小枪和大炮所用的火药，这里并没有分别，也没有制造过两种不同的火药。以后一定每月给你们那里运去三万斤，当不会再有不够用的情况出现。王可升十四日回省，他带的老营十六日可以来到这里，来到后就派到芜湖去，以免南岸中段兵力空虚。

彭雪琴和沅甫弟间的隔阂已深，难以期望很快就融洽起来。沅甫弟对雪琴的信稿所作批语，有正确的地方，也有不妥当的地方。沅甫的批语说，雪琴声色俱厉。大概人的眼睛可以看到千里外的物体，却看不到自己的眼睫毛，由于声音容貌的严厉而拒斥别人，常常苦于自己看不见，苦于自己不知道。雪琴的严厉，雪琴自己不知道；沅甫的声音面色，恐怕也未必不严厉，只是自己不知道罢了。曾记得在咸丰七年冬天，我责备骆、文、耆三人对我的薄情，温甫就说："大哥的面色，常常使人难堪。"又记得在咸丰十一年春天，冯树堂严责张伴山傲慢不敬，我就说过树堂的面色也是拒人于千里之外。由这两件事看来，那么沅甫弟自己面色的严厉，岂不像我和树堂那样的不自觉吗？

我们家现在正处于兴盛时期，我忝居将相的高位，沅甫统率的军队近两万人，季洪统率着四五千人，近代以来像这种情况的家庭曾经有过几家？沅甫弟半年以来，七次领受皇恩，近代以来像老弟这样情况的人曾经有过几人？太阳升到中天就要西斜，月亮满盈之后就要亏缺，我们家也到了满盈的时候了。管子说过，斗斛满了就须人来刮平它，人要满了就须上天来平抑他。我认为上天用来平抑人满的手段是无形的，仍须借用人的手去平抑。汉代的霍光家满盈了，就由魏相去平抑他，宣帝去平抑他；三国时的诸葛恪满盈了，就由孙峻去平抑他，吴国的国君去平抑他。等别人来平抑自己后才感到后悔，就已经晚了。我们家正处在满盈的时期，不要等着上天来平抑，别人来平抑，我和各位兄弟应当设法先自己来平抑。

自己平抑的方法是什么呢？也不外乎就是清、慎、勤三个字罢了。我近来把清字改为廉字，慎字改为谦字，勤字改为劳字，更加浅显，确实有了可以着手去做的好处。沅甫弟往年在银钱的取与上不太考虑，引起朋友们的讥刺轻视，其根源就在这里。像去年冬天买犁头嘴、栗子山的事，我也很不赞成。以后应当不随便取用分毫，不寄银子回家，不多赠送亲族，这就是廉字的功夫。谦的方面，存在于内心的，别人无法知道，表现在外面的，大约有四条：一是面色，二是言语，三是书信，四是仆从和所属人员。沅甫弟一次增招六千人，季洪弟并没有向我申明报告，也直接招了三千人，这些在其他统领那里绝对做不到的事，在你们那里却能把事办成，也算顺手。但你们每次来信，要求供给帐篷弹药等物资，常有很多讥讽的言辞，不平的话语，给我这里的书信是这样，那么给别的地方的书信就更可想而知了。沅甫弟的仆从随员很有点气焰逼人，面色言语，和人应酬时的情形，我没有看见，但李申夫曾经谈到往年对他的语气，至今还感到遗憾。以后应在这四个方面痛加克制，这就是谦字的功夫。每天临睡时，默默算计一下作了几件劳心的事，几件劳力的事，就会知道为朝廷大事勤劳的地方没有多少,更应竭尽诚心以图报效,这就是劳字的功夫。

我因为名誉地位太高,常怕祖宗留下的福分由我一个人享尽,所以常常拿劳、谦、廉三字警惕自己,也希望两位贤弟用这三字来警惕自己,而且就用这三个字来平抑自己吧。

湖州在初三日失守,驻守那里的将士令人可怜可敬!

与沅、季二弟书

(同治元年五月二十八日)

《荀子·劝学》中讲:"强自取柱,柔自取束。"意思是说,一个人的性格如果过分刚直,则容易引起他人嫉恨而遭受摧折;如果过分柔弱,则容易被他人束缚而裹足不前,处世为人需刚柔相济,方可成事。这也是古人从生活实践中总结出来的一条经验。曾国藩的九弟曾沅甫,率兵打仗是一员猛将,因此在对太平军作战中为清王朝立下了大功。但他贪财好胜,喜欢出风头,曾国藩深恐他因此而给自己及曾氏家族招来意想不到的灾祸,所以前边去信劝他要用廉、谦、劳三字自勉自抑,这次去信则进一步告诫他需懂得刚柔互用的做人道理。这封信写于安庆。

原文

沅、季弟左右:

沅于人概天概之说,不甚厝意[1],而言及势利之天下,强凌弱之天下。此岂自今日始哉?盖从古以然矣。

从古帝王将相,无人不由自立自强做出,即为圣贤者,亦各有自立自强之道,故能独立不惧,确乎不拔。昔余往年在京,好与诸有大名大位者为仇,亦未始无挺然特立不畏强御之意。近来见得天地之道,刚柔互用,不可偏废,太柔则靡,太刚则折。刚非暴虐之谓也,强矫而已;柔非卑弱之谓也,谦退而已。趋事赴公,则当强矫,争名逐利,则当谦退;开创家业,则当强矫,守成安乐,则当谦退;出与人物应接,则当强矫,入与妻孥享受,则当谦退。若一面建功立业,外享大名,一面求田问舍[2],内图厚实,二者皆有盈满之象,全无谦退之意,则断不能久。此余所深信,而弟宜默默体验者也。

[1] 厝意:措意,注意。
[2] 求田问舍:指只知道买房置田,谋划私利,没有远大志向。

沅、季弟左右：

沅甫对于"人概天概"的说法，不很放在心上，并说现在是势利的天下，以强凌弱的天下。这种情况难道从今天才开始的吗？大概自古已经是这样了。

自古以来，所有的帝王将相，没有哪一个不是从自立自强做起的，就是成为圣贤的人，也各有自立自强之道，所以才能独立处世，不畏强暴，坚定不移。我往年在京城时，好和那些名声大地位高的人结怨，也未尝没有挺身独立不畏强暴的意思。近来才体会出，天地间的规律，原来就是刚柔互用，不能偏废掉任何一个方面，太柔了就会倒伏，太刚了就会折断。所谓刚，并不是暴虐的意思，而是刚强有力；所谓柔，并不是懦弱的意思，而是谦和礼让。做事为公，就应当刚强有力；争名逐利，就应当谦和礼让；开创家业，就应当刚强有力，守成安乐，就应当谦和礼让；出外与人交往，就应当刚强有力，回家和妻子享受，就应当谦和礼让。如果一方面建功立业，在外边享有大名，一方面求田问舍，谋取家资厚实，这两方面都是盈满的表现，就完全没有谦和礼让的意思，绝对不能长久下去。我对这个道理深信不疑，你也应该默默地去体会它的深意。

与沅、季二弟书

（同治元年七月初一日）

远喻近譬，也是曾国藩教育子弟的一种方式。曾国藩的九弟沅甫利用领兵与太平军作战之机，大量掠夺鲸吞金财物，运回老家，广置良田美宅、修筑坟墓，社会上反响很大，直接影响到曾氏兄弟的名声。曾国藩早有耳闻，为之忧虑，曾多次去信从正面教育沅甫，但难为接受。这次去信便以带兵者如何教育自己的将领为喻，再次婉转地对他进行批评教育，希望他能认识改正。这封信写于安庆。

沅、季两弟左右：

专差至，接两弟书。沅于二十五早大战之后，尚能写二十二页之多，可谓强矫矣，所言俱能切中事理。

凡善将兵者[1]，日日申诫将领，训练士卒。遇有战阵小挫，则于其将领责之戒之，甚者或杀之，或且泣且教，终日絮聒不休，正所以爱其部曲，保其本营之门面声名也。不善将兵者,不责本营之将弁,而妒他军之胜己,不求部下之自强,而但恭惟上司,应酬朋辈,以要求名誉,则计更左矣[2]。余对两弟絮聒不休,亦犹对将领且责且戒,且泣且教也。良田美宅,来人指摘,弟当三思,不可自是。吾位固高,弟位亦实不卑,吾名固大,弟名亦实不小,而犹沾沾培坟墓以永富贵,谋田庐以贻子孙,岂非过计哉?

二十五日又获大胜,以后应可踞稳脚跟。然计贼之伎俩,必再来前后猛扑一次,尚宜稳慎待之。

[1]将:率领。
[2]左:背离,偏斜。

沅、季两弟左右:

你们派出的专人已到这里,接到了你二人的来信。沅甫在经过二十五日早晨的大战之后,还能写出二十二页的长信,说明毅力是坚强的,信中所说的话也都能切中事理。

凡是善于带兵的人,天天都要反复告诫将领,训练士卒。战争中遇到小的挫折,就对将领进行责备警告,犯了严重错误的,或者拿他正法,或者一边掉泪一边开导,整天不停地在他耳边絮聒,这正是爱护自己的部下,保护自己军队面子和名声。不善于带兵的人,打了败仗不责备自己的部将,而是妒忌别的军队超过了自己,不要求自己的部下努力上进,而是一味地恭维上司,应酬朋友,从而沽名钓誉,这就更不正确了。我对两位老弟不停地絮聒,也就像对将领们一边责备一边警告,一边掉泪一边开导那样。购置良田美宅,招来人指摘,你应反复考虑,不可自以为是。我的地位固然是高的,你的地位实际上也不低,我的名声固然是大的,你的名声实际上也不小,你却还得意洋洋地修建坟墓以期保证永世富贵,营购田宅用来留给子孙后代,这岂不是非常错误的方针吗?

二十五日又打了一个大胜仗,以后应能站稳脚跟了。但是琢磨贼军的伎俩,必定要再来前后猛扑一次的,还应沉着谨慎地予以对待。

与澄弟书

(同治元年闰八月初四日)

封建社会中,只要有一人在朝中做大官,其家人便成了地方绅士。这些乡绅们往往利用其声势地位吞并民田民宅、干预所在地方公务,由此而引起地方官员及百姓的怨愤,一旦出现败机,就会群起而攻,彻底垮台。曾国藩了解在湘乡主持家政的四弟澄侯也逐渐沾染上了乡绅们的恶劣作风后,心中很感不安,多次去信告诫澄侯不要广置田产,不要过问公家事务。身居高官显爵,能像曾国藩这样,"盛时常作衰时想,上场当念下场时",也算得上目光远大了。这封信写于安庆。

澄弟左右:

沅、霆两军病疫,迄未稍愈。宁国各属军民死亡相继,道殣相望[1],河中积尸生虫,往往缘船而上。河水及井水皆不可食,其有力者,用舟载水于数百里之外。臭秽之气中人[2],十病八九。诚宇宙之大劫,军行之奇苦也。

洪容海投诚后,其党黄、朱等目复叛,广德州既得复失,金柱关常有贼窥伺,近闻增至三四万人,深可危虑。余心所悬念者,惟此二处。

余体气平安。惟不能多说话,稍多则气竭神乏,公事积搁,恐不免于贻误。弟体亦不甚旺,总宜好好静养。莫买田产,莫管公事,吾所嘱者,二语而已。盛时常作衰时想,上场当念下场时:富贵人家,不可不牢记此二语也。

[1] 殣(jìn):饿死的人。
[2] 中(zhòng):触及,伤害。

澄弟左右:

沅甫、春霆两军将士染疫病人数,至今不见减少。宁国府所属各地,军民一批接一批地死亡,道路上到处都是尸体,河流中积尸生虫,往往缘船而上。河水和井水都不能吃,有力的人到数百里外用船往回运水。恶臭污秽的气味袭中人,十有八九生病。真是天地间的一场大灾殃,军队中的一场罕见的苦难。

洪容海投诚后,他的党羽黄、朱等头目再次叛变,广德州得而复失;金柱关常有贼军窥伺,听说近来增加到了三四万人,令人深感忧虑不安。我心中挂记的只是这两个地方。

我身体平安。只是不能多说话,话说得稍多一点就气喘神疲,公事一直积压,恐怕难免贻误。你的身体也不很健旺,总该好好静养。不要置买田产,不要过问公事,我常常嘱咐你的,就是这两句话罢了。盛时常作衰时想,上场当念下场时:富贵人家,能不牢牢记住这两句话。

与澄弟书

(同治元年九月四日)

曾国藩作为兄长,对弟弟十分爱护。他器重弟弟曾沅甫,认为沅甫是不可多得的人才。尽管沅甫此时已做着报效朝廷、建功立业的大事,但曾国藩认为在"奖其所长"的同时,不能放弃"兼规其短",并以此作为自己和整个家庭的责任,这不能不说是真正可贵的爱护。

作为朝廷命官,其家中成员如何与地方官相处?曾国藩对其弟曾澄侯的告诫体现了儒家的中庸之道,而这又不能不说是唯一正确的选择。凡事都须把握好分寸,不可走向极端。该承担的不躲避,不该参与的不过问。保持一定距离而又谦虚、谨慎,曾国藩是深知其好处的。这封信写于安庆官署。

澄弟左右:

沅弟金陵一军危险异常,伪忠王率悍贼十馀万昼夜猛扑,洋枪极多,又有西洋之落地开花炮,幸沅弟小心坚守,应可保全无虞。鲍春霆至芜湖养病,宋国永代统宁国一军[1],分六营出剿,小挫一次,春霆力疾回营,凯章全军亦赶至宁国守城[2]。虽病者极多,而鲍、张合力,此路或可保全。又闻贼于东坝抬船至宁郡诸湖之内,将图冲出大江,不知杨、彭能知之否[3]。若水师安稳,则全局不至决裂耳。

来信言余于沅弟既爱其才,宜略其小节,甚是甚是。沅弟之才,不特吾族所少,即当世亦实不多见。然为兄者,总宜奖其所长,而兼规其短。若明知其错,而一概不说,则非特沅一人之错,而一家之错也。

吾家于本县父母官,不必力赞其贤,不可力诋其非,与之相处,宜在若远若近、不亲不疏之间。渠有庆吊[4],吾家必到;渠有公事,须绅士助力者,吾家不出头,亦不躲避。渠于前后任之交代,上司衙门之请托,则吾家丝毫不可与闻。弟既如此,并告子侄辈常常如此。子侄若与官相见,总以谦谨二字为主。

[1]宋国永:湘军将领。
[2]凯章:张运兰字,湘军将领。
[3]杨、彭:杨,杨岳斌,字厚庵;彭,彭玉麟,字雪琴。均为湘军将领。
[4]渠:他,他们。

澄弟左右:

沅弟在金陵的军队异常危险,伪忠王率领强悍贼兵十馀万昼夜猛扑,有很多洋枪,还有西洋人的落地开花炮,幸而沅弟小心谨慎,坚守不懈,应该说能保住金陵,不致使人忧虑。鲍春霆到芜湖养病。宋国永代他统率驻防宁国那支军队,分六营出来剿灭贼兵,遭受小挫折一次。春霆努力急速赶回军营,凯章全军也赶到宁国去守城。虽有很多人病倒,可是鲍、张二人同心合力,这条防线或许可以保全。又听说贼兵从东坝抬运船只到宁国附近的各湖泊之中,打算冲出长江,不知杨、彭二人能否知道。如果水师安稳,那么全局就不至于破败了。

来信说到,我对于沅弟既然欣赏他的才干,就不应再计较他的小节,说得很对。沅弟的才干,不只是我们这一家族少有,就在当世也实在不多见。不过作为兄长,总应该在称道他的长处时,能同时规劝他注意自己的不足。如果明知他的过错,却一概不说,那就不是沅弟一人的过错,而是我们全家的过错。

我们家对于本县的地方官,没有必要特别地称赞他们怎样好,也没有必要特别地说他们不好,和他们相处,应在若远若近、不亲不疏之间。碰到他们有该庆贺或该吊问的事情,我们家一定要去;他们有公事,需要地方绅士的帮助,我们家既不出面张罗,也不躲避。他们在前后换任时,或者向上司衙门托人求情,我们家的人绝对不要过问。你已经如此做了,还要告诉子侄们也常能这样做。子侄们如与地方官相见,总要把握谦、谨这两个字。

与沅弟书

(同治元年十月十三日)

作战不但贵在知己知彼,而且贵在使对方难以捉摸自己,方能出其不意,这就是所谓"变化不测"。曾国藩善于总结以往的经验教训,努力在实践中运用古人这一用兵之道。他苦口婆心劝曾沅甫要灵活机动，并能从全局利益出发，说明保住全局也就保住了自己。信中晓之以理，动之以情，尽可能用商量的口气，而不是武断的命令。这就为下一封信自己又表示同意曾沅甫的做法留了后路。尽量避免把话说绝是曾国藩一贯的做法。这封信写于安庆。

原文

沅弟左右：

　　昨日一缄，言弟军之进止视鲍军之利钝以为权衡。本日接春霆来信，贼在西河坚扎墙垒，霆军进剿，未能扑动。吾观霆军之布置散漫，主意慌乱，人心离怨，恐此次必难支持。而其病者死者比他军独多，似亦冥冥中有主之者。鲍、张果有挫失，则芜湖、三山等处必十分吃紧。中段空虚，弟在下游断难久站。不如趁金陵贼退之时、鲍军未败之先，以追为退，以东西梁山、芜湖、金柱、运漕、无为为弟军之基业。然后相机再进，庶为可战可守、可伸可缩之军。

　　咸丰五年，余率水陆驻扎南康，志在攻破湖口一关。五、六两年，竟不能攻破。七年，余丁忧回籍[1]，寸心以此为大憾事。罗山于五年八月至南康、湖口一看[2]，知其不足以图功，即决然舍我而去，另剿湖北。其时有识者，皆佩服罗山用兵能识时务，能取远势。余虽私怨罗山之弃余而他往，而亦未尝不服其行军有伸有缩，有开有合也。观多公之决志不肯南渡，与各军秋间之多病，霆营目下之难支，是天意不欲遽克金陵已可概见。吾辈当一面顺天意，一面尽人事，改弦更张，另谋活着。

　　古人用兵，最重变化不测四字，弟行军太少变化。此次余苦口言之，望弟与季弟审度行之；即日退扎金柱、芜湖，分五千人至湾沚西河助剿。所以救鲍，即所以救张，即所以保全局而救阿兄也。若弟坚执前议，果扎金陵不肯挪动，鲍挫而张必随之。在余之公局固坏；而弟以重兵屯宿该处，如余之株守南康，和、张之株守金陵[3]，弟之私局亦必坏。望弟详思之。凡行军言退，万众不愿，此次弟为救鲍而退，与寻常之退迥不相同，可以告麾下将士，亮余苦心耳[4]。弟若决不肯退，则请拨王可升一助春霆可乎？

[1]丁忧：遭父母之丧。
[2]罗山：罗泽南号，湘军将领。
[3]和：和春，清政府在江南督办军务的钦差大臣，后兵败自杀。　张：张国梁，初参加太平军，后叛变投

清,随清军逼攻天京。天京解围后,张在丹阳兵败,落水而死。

[4]亮:体谅,谅解。

沅弟左右:

　　昨天去了一封信,说你的队伍是进是止要看鲍军是否顺利来作权衡。今天接到鲍春霆来信,告知贼军在西河加固墙垒,他的队伍前去剿灭没能攻动。我看他的军队布置零散,主意慌乱,人心涣散,恐怕这次必然难以支持。而他的部队病的死的偏偏又比其他军队要多,好像也是冥冥之中有主宰一般。鲍春霆、张凯章二军果真要有挫折失误,芜湖、三山等地必然十分吃紧。中段空虚,你在下游肯定难以长久站住脚。不如趁南京逆贼退兵,鲍军还没失败之前,以追为退,把东西梁山、芜湖、金柱、运漕、无为州当作你的基地。然后再寻找机会进兵,有希望可以成为能战能守、能伸能缩的军队。

　　咸丰五年,我率领水陆军队驻扎南康,目的在于攻破湖口一关。五、六两年,竟然没能攻破。七年,我因为守丧回原籍,内心感到这是一件大为遗憾的事。罗山在五年八月到南康、湖口一看,知道没有成功的可能,就果断地抛下我走了,另到湖北去剿灭贼军。当时有识之人,都佩服罗山用兵能识时务,能争取较远的有利形势。我虽然私下里怨恨他丢下我去到别的地方,可是也不得不佩服他用兵灵活,有伸有缩,有开有合。看多隆阿公决心不肯南下,跟各队伍秋天多病,鲍春霆军营眼下难以支持,已经可以大略知道是天意不愿很快打下南京。我们应当一方面顺乎天意,一方面尽到人事,改弦更张,另作灵活的打算。

　　古人用兵,最讲究变化不测四个字,你的用兵却太少变化。这次我苦苦劝说,希望你和季洪弟认真考虑去做。近几天就退到金柱、芜湖驻扎,分出五千人到湾沚西河援助鲍军。救鲍军就是救张军,也就是保护全局救你老哥哥。你如果坚持过去的意见,真的驻在南京不肯挪动,鲍军受挫,张军必然随着受挫,在我来说,固然是全局受到破坏;而你把重兵驻守这一地方,如同我死守南康,和春、张国梁死守南京,你的个人部署也必然遭到破坏。希望你仔细考虑。一般说来,用兵说到后退,大家都不乐意,这次你为援救鲍军而后退,跟平常的退兵迥然不同。你可以向部下将士说明,让他们知道我的苦心。你如果坚决不肯后退,就请调拨王可升的部队援助一下春霆,可以吗?

与沅弟书

(同治二年正月二十日)

题解

曾国藩一生身体力行儒家的修养之道,又能兼采道家、佛家的合理成分,加以融会贯通。对于弟弟曾沅甫年轻气盛,脾气过旺的情况,曾国藩从儒、佛一致处入手加以劝导,希望弟弟有所遏抑,以免一味放纵而损害身体。在告诫要注意身心修养的同时,又指出不可丢掉倔强努力的上进心。信中全无说教的口气,而是从结合自己的感受说起,循循善诱,衷情可鉴。

原文

沅弟左右:

十九日接弟十四日缄,交林哨官带回者,具悉一切。

肝气发时,不惟不和平,并不恐惧,确有此境。不特弟之盛年为然,即余渐衰老,亦常有勃不可遏之候。但强自禁制,降伏此心。释氏所谓降龙伏虎[1],龙即相火也,虎即肝气也。多少英雄豪杰打此两关不过,亦不仅余与弟为然。要在稍稍遏抑,不令过炽。降龙以养水,伏虎以养火。古圣所谓窒欲[2],即降龙也;所谓惩忿[3],即伏虎也。儒释之道不同,而其节制血气,未尝不同。总不使吾之嗜欲戕害吾之躯命而已。

至于倔强二字,却不可少。功业文章,皆须有此二字贯注其中,否则柔靡不能成一事。孟子所谓至刚,孔子所谓贞固,皆从倔强二字做出。吾兄弟皆禀母德居多,其好处亦正在倔强。若能去忿欲以养体,存倔强以励志,则日进无疆矣。

新编五营,想已成军。郴、桂勇究竟何如?殊深悬系。吾牙疼渐愈,可以告慰。刘馨室一信抄阅,顺问近好。

兄国藩手草

[1]释氏:本指佛教创始人释迦牟尼,这里泛指佛家。
[2]窒欲:堵塞情欲。
[3]惩忿:克制忿怒。惩忿窒欲,出自《周易·损卦》。

沅弟左右：

十九日接到你的十四日的信，是交林哨官带回来的，一切都已知悉。

肝火发作时，不但不能心平气和，而且不知道恐惧，确实有这样的情形。不但你正当壮年时如此，就是我逐渐衰老，也还常有勃然大怒、不可遏止的时候。但要努力自我克制，压住这种情绪。佛家所说的降龙伏虎，龙就是相火，虎就是肝火。多少英雄好汉冲不过这两关，也不只是我和你这样。关键还是稍加抑制，不让它过分强烈发作。降龙以便养水，伏虎以便养火。古代圣贤所说的抑制欲念，就是降龙；所说的克制愤怒，就是伏虎。儒教佛教主张虽然不同，可是在自我节制情绪冲动方面，未尝不一样，总归不使自己的嗜欲损害自己的身体生命而已。

至于倔强二字，却不可缺少。一个人的功业文章，都必须有这两个字贯穿其中，否则柔弱萎靡，一件事也做不成。孟子所说的至刚，孔子所说的贞固，都是由倔强二字引出来的。我们兄弟都是承受母亲的气质品格比较多，其中的好处也正在于倔强。如果能除去愤怒欲念以便保养身体，保持倔强激励意志，就天天进步而没有止境了。

新编的五个兵营，想来已经成为正式军队了。郴、桂来的士兵究竟怎么样？十分悬念惦记。我的牙疼渐渐好了，可以告知放心。刘馨室的一封信抄给你看。顺问近好。

兄国藩手草

与纪泽儿书

（同治二年二月二十四日）

曾国藩对儿子的关怀，大至读书做人，小至乘船行路，可谓面面俱到，处处加以教诲指导。信中告诫儿子珍惜时光，好好读书，并教之以读书之法。既能严格要求，又能具体帮助，于琐碎之中露一片爱心。这封信写于从安庆前往南京途中。

字谕纪泽儿：

二月二十一日在运漕行次，接尔正月二十二日、二月初三日两禀，并澄叔两信，具悉家中五宅平安。大姑母及季叔葬事，此时均当完毕。尔在团山嘴桥上跌而不伤,极幸极幸。闻尔母与澄叔之意欲修石桥。尔写禀来,由营付归可也。《礼》云:"道而不径,舟而不游。"古之言孝者,专以保身为重。乡间路窄桥孤,嗣后吾家子侄凡遇过桥,无论轿马,均须下而步行。吾本意欲尔来营见面,因远道风波之险,不复望尔前来。且待九月霜降水落,风涛性定,再行寄谕定夺。日下尔在家饱看群书,兼持门户,处乱世而得宽闲之岁月,千难万难,尔切莫错过此等好光阴也。

余以十六日自金陵开船而上,沿途阅看金柱关、东西梁山、裕溪口、运漕、无为州等处,军心均属稳固,布置亦尚妥当。惟兵力处处单薄,不知足以御贼否。余再至青阳一行,月杪即可还省[1]。南岸近亦吃紧,广匪两股窜扑徽州,古、赖等股窜扰青阳[2]。其志皆在上犯江西以营一饱,殊为可虑。

澄叔不愿受沅之迻封[3],余当寄信至京,停止此举,以成澄志。尔读书有恒,余欢慰之至。第所阅日博[4],亦须札记一二条,以自考证。脚步近稍稳重否?常常留心。此嘱。

涤生手示　泥汊舟次[5]

澄叔此次未另写信,将此禀告。

[1]杪(miǎo):树木末端,引申为末了,尽头。
[2]古、赖:即古贤隆、赖文鸿,均太平军将领。
[3]迻(yí):转移。
[4]第:但,只是。
[5]舟次:船只停泊的地方。

字谕纪泽儿:

二月二十一日在运漕途中,接到你正月二十二日、二月初三日两封信,还有澄侯叔的两封信,知悉家中五宅平安。你大姑母和季洪叔的安葬事宜,这时都该处理完毕。你从团山嘴桥上跌下来没有伤着,极为幸运。听你母亲和澄侯叔的意思是想修座石桥。你写一份呈文来,可以由军营付钱。《礼记》中说:"走大道而不走小径,乘船而不游泳。"古代讲求孝道的人,一心一意注重保护身体。乡间路狭窄桥简陋,以后我家子侄们凡是遇上过桥,无论是坐轿骑马,都要下来步行。我本来想要你来营中见面,因为路途远风浪大,不安全,不再希望你前来。等九月霜降水落,风波稳定,再写信决定。眼下你在家饱看群书,并且管理门户,处于乱世之中而能有这样充裕清闲的岁月,十分难得,你一定不要错过这样的好时光啊。

我十六日从南京开船西上,沿途查看了金柱关、东西梁山、裕溪口、运漕、无为州等地方,军心都比较稳定,部署也还妥当。只是兵力处处单薄,不知道是否能抵御贼兵。我再到青阳走走,月底就可以回到安庆。南岸最近战事也吃紧,广匪两股窜到徽州进犯,古贤隆、赖文鸿等窜到青阳骚扰。他们的目的都在于直接进犯江西,以求在那里吃上饱饭,很是使人忧虑。

澄侯叔不愿意接受沅甫叔转赠的封号,我将寄信到北京,停止这种做法,以便成全澄侯叔的意愿。你读书有恒心坚持下去,我极为欢喜欣慰。你看的书日益广泛起来,也须作一两条笔记,以备自己考证。脚步近来稍稳重些吗?要常常留心。此嘱。

涤生手示　泥汊舟次

澄侯叔这次没有另外写信,将这封信所说之事禀告他。

与沅弟书

(同治二年三月二十四日)

【题解】

曾国藩在长期的军事生涯中,从未间断读书学习,并常常与家人交谈心得体会。他读书一生,却没有过多的书生气。他既能深入钻研,学以致用,又能高出古人,加以评点。在这封信中,他以前人的诗风论及其思想胸襟,勉励兄弟光明豁达,淡泊功名。虽辛勤工作而不计得失,这无疑是一种很高的思想境界。这封信写于安庆。

【原文】

沅弟左右:

二十三日张成旺归,接十八日来缄,旋又接十九日专人一缄,具悉一切。

弟读邵子诗,领得恬淡冲融之趣,此自(是)襟怀长进处。自古圣贤豪杰、文人才士,其志事不同,而其豁达光明之胸大略相同。以诗言之,必先有豁达光明之识,而后有恬淡冲融之趣。如李白、韩退之、杜牧之则豁达处多[2],陶渊明、孟浩然、白香山则冲淡处多[3]。杜、苏二公无美不备,而杜之五律最冲淡,苏之七古最豁达。邵尧夫虽非诗之正宗,而豁达、冲淡二者兼全。吾好读《庄子》,以其豁达足益人胸襟也。去年所讲"生而美者,若知之,若不知之,若闻之,若不闻之"一段[4],最为豁达。推之即舜禹之"有天下而不与[5]",亦同此襟怀也。

吾辈现办军务,系处功利场中,宜刻刻勤劳。如农之力穑,如贾之趣利,如篙工之上滩,早作夜思,以求有济。而治事之外,此中却须有一段豁达冲融气象。二者并进,则勤劳而以恬淡出之,最有意味。余所以令刻"劳谦君子"印章与弟者[6],此也。

无为之贼十九日围扑庐江后,未得信息。捻匪于十八日陷宿松后,闻二十一日至青草塥。庐江吴长庆、桐城周厚斋均无信来,想正在危急之际。成武臣亦无信来。春霆二十一日尚在泥汊,顷批令速援庐江。祁门亦无信来,不知若何危险。少荃已克复太仓州,若再克昆山,则苏州可图矣。吾但能保沿江最要之城隘,则大局必日振也。顺问近好。

国藩手草

[1]邵子:即邵雍,字尧夫,宋代学者,精通易学。
[2]韩退之:唐代文学家韩愈,字退之。 杜牧之:唐代诗人杜牧,字牧之。
[3]白香山:唐代诗人白居易号香山居士,或称白香山、香山。
[4]生而美者,若知之,若不知之,若闻之,若不闻之:见《庄子·则阳篇》。原文为:"生而美者,人与之鉴。不告,则不知其美于人也。若知之,若不知之;若闻之,若不闻之。"意思是天生美丽的人不必对自己的美丽过分在意和看重,在知与不知之间即可。
[5]有天下而不与:语见《孟子·滕文公上》,意思是舜虽贵为天子,却只知勤于民事,而不知拥有天下的荣耀。
[6]劳谦君子:为《易经》中语。

沅弟左右:

二十三日张成旺回来,接到你十八日的来信,接着又接到你十九日派专人送来的一封信,一切都已知悉。

你读邵雍的诗,领会到其中恬淡冲融的情趣,这自然是襟怀方面的长进之处。自古以来,圣贤豪杰、文人才士,他们虽然有不同的志向、不同的事业,但是他们具有豁达光明的胸襟大体上是相同的。以诗来说,一定要先有豁达光明的见识,而后才有恬淡冲融的趣味。如李白、韩退之、杜牧之就是豁达之处多,陶渊明、孟浩然、白香山就是冲淡之处多。杜甫、苏轼二人的诗完美无缺,而杜甫的五言律诗又最冲淡,苏轼的七言古诗又最豁达。邵尧夫虽然不是诗的正宗,可是他的诗豁达、冲淡二者兼备。我喜欢读《庄子》，就因为它的豁达足以开阔人的胸襟。去年所讲的"生而美者，若知之，若不知之；若闻之，若不闻之"这一段，最为豁达。推而广之，舜禹"有天下而不与"，也与这种襟怀相同。

我们现在办理军务，是处在功利场中，应该时时刻刻勤劳。如同农夫努力稼穑，如同商人积极营利，如同篙工遇上浅滩，白天劳作，晚上思虑，以求有所补益。而在工作之外，这中间却必须有一股豁达冲融的气象。二者并进，那么，勤劳辛苦而又出于恬静淡泊之心，是最有意味的。我所以叫人刻"劳谦君子"的印章给你，就是为的这个。

无为州的贼军十九日围攻庐江后，没有得到什么信息。捻匪在十八日攻下宿松后，听说二十一到了青草塥。庐江的吴长庆、桐城的周厚斋都没有送信来，想来正在危急关头。成武臣也没有送信来。鲍春霆二十一日还在泥汊，刚才发出指示，令他立刻援救庐江。祁门也没有信来，不知怎样危险。李少荃已攻克收复太仓州，如果再攻克昆山，苏州就可以谋划攻取了。我只要能保住沿江最重要的城池关隘，大局就会日益振兴。顺问近好。

国藩手草

与沅弟书

（同治二年四月二十七日）

纵观中国历史，有多少杰出的人物在功成名就、身居高位之后，不肯急流勇退，最终因权利之争招致杀身灭族之祸。曾国藩深知官场的险恶，深知功高而权重可能出现的后果。他不贪恋权势、官位，而希望自己和兄弟能在适当的时候抽身引退，以求善始善终。可见曾国藩虽然身居高位，手握兵权，却始终保持着清醒的头脑，这与他坚持读书，善于总结历史经验教训是分不开的。这封信写于安庆。

沅弟左右：

二十七日接二十一日来信，具悉一切。弟辞抚之意如此坚切，余二十二日代弟所作之折想必中意矣。来信"乱世功名之际尤为难处"十字实获我心。本日余有一片，亦请将钦篆、督篆二者分出一席，另简大员。兹将片稿抄寄弟阅。吾兄弟常存此兢兢业业之心，将来遇有机缘，即便抽身引退，庶几善始善终，免蹈大庚乎？至于担当大事，全在明强二字。《中庸》学、问、思、辨、行五者，其要归于愚必明，柔必强[1]。弟向来倔强之气，却不可因位高而顿改。凡事非气不举,非刚不济;即修身齐家,亦须以明强为本。

巢县既克,和、含必可得手。以后进攻二浦,望弟主持一切,函告鲍、萧、彭、刘四公[2]。余相隔太远,不遥制也。顺问近好。

国藩手草

弟公文不宜用咨呈,用咨以符通例。

[1]《中庸》学、问、思、辨、行五者,其要归于愚必明,柔必强:语见《礼记·中庸》篇。原文为:"博学之,审问之,慎思之,明辨之,笃行之。有弗学,学之弗能弗措也;有弗问,问之弗知弗措也;有弗思,思之弗得弗措也;有弗辨,辨之弗明弗措也;有弗行,行之弗笃弗措也。人一能之己百之,人十能之己千之。果能此道矣,虽愚必明,虽柔必强。"

[2]鲍、萧、彭、刘:鲍春霆、萧庆衍、彭杏南、刘南云,皆为湘军将领。

沅弟左右:

二十七日接到你二十一日的来信,一切知悉。你辞去巡抚一职的心意如此坚决迫切,我二十二日代你写的奏折想来一定合你的心意。来信所说"乱世功名之际尤为难处"这十个字,说到我的心里去了。今天我有一件附片,也请求将钦差和总督两个头衔分出一个,另选大员来担任。现在把附片稿抄寄给你看。我们兄弟经常保持这样一种兢兢业业的思想,将来遇到合适的机会,就要抽身引退。这样,也许可以善始善终,免得遭受大罪吧?至于说担当重任,那全靠"明"、"强"二字。《中庸》所讲"学"、"问"、"思"、"辨"、"行"五样,最主要的是达到"愚必明"、"柔必强"。你一贯倔强的脾气不能因地位高而一下改掉。凡事没有这股脾气干不起来,没有刚强做不成功;即使是修身齐家,也要以"明"、"强"为根本。

巢县攻克之后,和州、含山一定可以拿下。以后进攻二浦,希望你主持一切,写信通知鲍春霆、萧庆衍、彭杏南、刘南云四公。我离得太远,不能从远处作决定。顺问近好。

国藩手草

另外,你给我的公文不应当用"咨呈"的字样,用"咨"就符合常例。

与沅弟书

(同治二年七月初一日)

曾国藩作为朝廷命官,给朝廷写奏章很多,其文笔颇为时人欣赏。为了稳妥,弟弟沅甫的奏章也常由他代写。曾沅甫被任命为浙江巡抚后,曾国藩觉得自己不能再多代写,就告诫弟弟在写奏折上下些功夫,并提出具体的意见和方法,要弟弟勤学、勤练。对于属员之间的矛盾问题,曾国藩则提醒弟弟不可过急地发表意见,因为一句话可关系到他人的荣辱得失。这是值得后人,特别是处在领导地位的人注意的。这封信写于安庆。

沅弟左右:

接二十六日巳刻来信,具悉一切。

奏折一事,弟须用一番工夫。秋凉务闲之时试作二三篇,眼界不必太高,自谦不必太甚。上次惠甫、次卿二稿,只须改润一二十字,尽可去得。目下外间咨来之折,惟浙沪湘三处较优,左、李、郭本素称好手也。此外如官、骆、沈、严、僧、吴、都、冯之折[1],弟稍一留心即优为之。以后凡有咨送折稿到弟处者,弟皆视如学生之文,圈点批抹。每折看二次,一次看其办事之主意、大局之结构,一次看其造句下字之稳否。一日看一二折,不过月馀,即可周知时贤之底蕴[2]。然后参看古人奏稿,自有进益。每日极多不过二三刻工夫,不可懒也。二十五日拜发之件,尽可咨行邻省。

金眉生与鹤侪积怨甚深,吾辈听言,亦须独具权衡。权位所在,一言之是非,即他人之荣辱予夺系焉。弟性爽快,不宜发之太骤。顺问近好。

兄国藩手草

[1]官、骆、沈、严、僧、吴、都、冯:指官文、骆秉章、沈葆桢、严树森、僧格林沁、吴棠、都兴河、冯子材等八人。
[2]底蕴:内情,实际。

沅弟左右:

接到你二十六日上午巳时来信,一切都已知悉。

奏折一事,你要用一番工夫。秋凉消闲的时候,练习写两三篇,眼界不必太高,自谦不必过分。上次惠甫、李次卿的两份奏稿,只要修改一二十个字就完全可以过得去。当前,外边请示报告的折子,只有浙江、上海、湖南三处比较优良,左宗棠、李鸿章、郭嵩焘本来一向称为擅长写奏折的好手。此外如官、骆、沈、严、僧、吴、都、冯的折子,你稍微留心一下就可以超过他们。以后凡是有呈送折稿到你那里的,你都把它看作学生的作文,圈点批改。每个折子看两次,第一次看他办事的主意、文章的整体结构,再一次看他造句用字是否稳妥。每天看一两个折子,不过一个多月,就可以全面了解当代优秀文人学士们的功底了。然后参看古人奏稿,一定会有进步提高。每天最多不过两三刻功夫,不能偷懒。二十五日发出的公文,完全可以发送邻近各省。

金眉生与乔鹤侪积怨很深,我们听他们说话,也要独自权衡。权位都在我们手里,一句话说得对与错,就关系到他人的荣辱得失。你生性爽快,最好不要急于发表意见。顺问近好。

兄国藩手草

致沅弟书

(同治二年七月十一日)

题解

曾沅浦此时为浙江巡抚,坐镇江南大营指挥清军围剿南京太平军,手握重兵,权势显赫,其下属多有仗势强蛮之举,言语放肆,不服地方官员管辖,而沅每每予以佑护。曾国藩写信劝弟要先明事理,然后才能刚强。如果专尚强劲,一味蛮横,手下人迟早会闯出大祸,殃及自身。强横不明事理是瞎胡闹,既刚强又明事理才是美德。劝他教育下属不要仗势凌人,做人做事要把明事理摆在首位。这封信写于安庆官署。

沅弟左右:

初十夜接初六日专人来信,具悉一切。

鹤侪掯留弟营委员至三个月之久[1],宜弟恚怒不平。弟去之严札,其是处余以圆圈识之,其太繁处余以尖圈识之。乔来之禀,余亦以圆圈尖圈识之。何铣之事[2],本拟俟筠仙查复后再行严办。今筠公有抚粤之行,后来者不知为谁。意欲严惩何铣,竟不知如何下手为恰如题分。盖谴罚有罪,亦须切当事理,乃服人心。筠、南二公日内必到此间[3],商定后再行举发可也。

近人折稿，弟处咨到者少，余当饬抄成本，陆续寄去，每月寄送二分。古人奏疏，亦当抄三十篇，以备揣摹。

强字原是美德，余前寄信亦谓明强二字断不可少。第强字须从明字做出，然后始终不可屈挠。若全不明白，一味横蛮，待他人折之以至理，证之以后效，又复俯首输服，则前强而后弱，京师所谓瞎闹者也。余亦并非不要强之人，特以耳目太短，见事不能明透，故不肯轻于一发耳。又吾辈方鼎盛之时，委员在外，气焰薰灼，言语放肆，往往令人难近。吾辈若专尚强劲，不少敛抑，则委员仆从等不闹大祸不止。

盐务规复引地[4]，余有寄南坡一信，抄搞付阅。所索子药太多，候酌发之。即问近好。

国藩手草

[1] 鹤侪：乔松年字，此时代理两淮盐运使。　委员：向外委派的官员。

[2] 何铣之事：何铣是曾国荃的下属，当官盐行销李詹、黄台二人辖区时，理应由二人抽取一定的税金补充军饷，但这部分税金却被何铣扣留下来私用，引起二人不满，向朝廷弹劾何铣，追究其弊。

[3] 筠：即郭嵩焘，字筠仙，先为两淮盐运使，此时升任广东巡抚。　南：即黄冕，字南坡。

[4] 引地：引，原指商人运销货物的凭证，亦指所规定的重量单位。到清代，盐税成为筹措军饷的重要来源，引即专指盐引。引地，即盐场各自划分的行销区域，如欲跨界行销，必须重纳税金。

沅弟左右：

我初十夜接到你初六日派专人送来的信，一切情况全知悉了。

鹤侪扣留了你军中委派的官员达三个月之久，难怪你愤怒不平。你寄去的措辞强硬的信件，对的地方我用圆圈作标记，过于繁琐的地方我用尖圈作标记。他寄来的刚直的报告，我也用圆圈尖圈作了标记。何铣的事情，本来应当等筠仙查明报告后再进行严办。现在筠仙去到广东当巡抚了，以后接替他的不知是谁。我也想严惩何铣，但终不知如何下手才为恰如其分。谴责惩罚有罪的人，也必须切当事理，才能使众人心服。筠仙、南坡二人最近就要来我这里，与他们商定后再进行举发也就行了。

近代人的奏稿，你那里能够征集到的很少，我当整理抄写成本，陆续给你寄去，每月寄送两份。古代人的奏疏，我也当抄二三十篇，给你寄去，用来帮助你揣摩学习。

刚强原本就是一种美德,我以前寄去的信也说到明白事理和刚强是万万不可少的。但刚强必须从明白事理中表现出来,然后才能始终做到不屈不挠。如果一点也不明白事情,一味蛮横,等到他人用完善的道理来折服你,用后果来证实,你又反过来俯首服输,这就是前强而后弱了,也就是京城人所说的瞎胡闹的人。我也并不是不要强的人,只是因为听到的看到的不够全面,遇事不能一下子明察透彻,所以不肯轻易地做出举动。又因为我们正处在权势鼎盛的时候,委派官员在外办事,难保他们不气焰嚣张,言语放肆,往往使别人难以接受。我们如果一味地崇尚强劲,不稍加抑制收敛,那么委派的官员及仆从们不闹出大祸是不罢休的。

关于盐务方面打算收复以前行销区域的事,我有寄给南坡的一封信,原稿抄给你看一看。你所索要的弹药数量太多,等我斟酌后再发给。即问近好。

国藩手草

与沅弟书

(同治二年七月二十一日)

题解

此信的主旨是谈论见识与才能、人谋与天意的关系。曾国藩认为,凡要办大事,见识占第一位,才能占第二位。强调见识的重要性;凡要成大事,人的主观谋划占一半,客观条件占一半,强调天时地利的重要性。其弟曾沅甫有要强好辩、不爱听劝诫之言的缺点,因此写信告诫他,遇事要审时度势,顺应自然,万不可主观武断,恃才逞能,应该具备身居上位而不骄横,兼听顺耳逆耳之言的涵养。这封信写于安庆官署。

原文

沅弟左右:

二十日接十六日信,二十一日接十一日交雷哨官信[1],具悉一切。

杏南未愈而萧、伍复病[2],至为系念。亲兵独到而丁道之匠头未到。丁道以前二年在福建寄信来此,献礌炮之技。去年十一月到皖,已试验两次,毫无足观。居此半年,苟有长技,余方求之不得,岂肯弃而不用。渠在此无以自长,愿至金陵一为效用,余勉许之。至欲在雨花台铸炮[3],则尽可不必。待渠匠头来此,如需用他物,或可发给,若需钢铁及铸炮等物,则不发也。

凡办大事,以识为主,以才为辅;凡成大事,人谋居半,天意居半。往年攻安庆时,余告弟不必代天作主张。墙壕之坚,军心之固,严断接济,痛剿援贼,此可以人谋主张者也。克城之迟速,杀贼之多寡,我军士卒之病否,良将之有无损折,或添他军来助围师,或减围师分援他处,或功隳于垂成,或无心而奏捷,此皆由天意主张者也。譬之场屋考试[4],文有理法才气,诗不错平仄抬头[5],此人谋主张者也。主司之取舍,科名之迟早,此天意主张者也。若恐天意难凭,而必广许神愿,行贿请枪[6];若恐人谋未臧,而更多方设法,或作板绫衣以抄夹带,或蒸高丽参以磨墨。合是皆无识者之所为。弟现急求克城,颇有代天主张之意。若令丁道在营铸炮,则尤近于无识矣。愿弟常存畏天之念,而慎静以缓图之,则善耳。顺问近好。

兄国藩手草

弟于吾劝诫之信,每不肯虚心体验,动辄辩论,此最不可。吾辈居此高位,万目所瞻。凡督抚是己非人、自满自足者,千人一律。君子大过人处,只在虚心而已。不特吾之言当细心寻绎,凡外间有逆耳之言,皆当平心考究一番。逆耳之言随时随事皆有,如说弟必克金陵便是顺耳,说金陵恐非沅甫所能克便是逆耳。故古人以居上位而不骄为极难。兄又及。

[1]哨官:军队官职名称。哨是古代军队的编制单位,清代咸丰后,陆军每百人或八十人为一哨,水师每八十人或二十人为一哨。

[2]杏南:彭毓橘字。

[3]雨花台:地名,在南京市中华门外。三国时称石子岗,又称聚宝山。相传梁武帝时,云光法师在此讲经,落花如雨,故名。

[4]场屋:指科举考试的考场。

[5]平仄抬头:平指四声中的平声,仄指四声中的上、去、入三声。旧诗赋及骈文中所用的字,平声与仄声相互调节,使声调和谐,抑扬顿挫。抬头,指格律诗开头二字使用的声调不得有错,如五言诗第一字、第二字不得与第四字、第五字同声,七言诗第一字、第二字不得与第六字、第七字同声。

[6]请枪:请人代替。旧时专指代人入场应考,亦称"枪替手"。《官场现形记》第五十六回:"凡是考试,都可以请枪手冒名顶替进场。"

沅弟左右:

二十日接到你的十六日来信,二十一日接到你十一日交给雷哨官捎来的信,一切情况全部知悉。

杏南还没有痊愈而萧、伍二人又病了,我十分挂念。亲兵一人回来了,而丁道的匠头却没有随同前来。丁道两年前从福建寄信给我,献出了制造磡炮的技术。他去年十一月来到安徽,已经试验两次了,一点也看不到好在哪里。他住在我这里半年了,如果有技术特长,我正求之不得,怎么肯抛弃不用呢。他在这里无法表现自己的特长,情愿到南京前线贡献点力量,我勉强答应他的请求了。至于想在雨花台造炮,那就完全不必了。等他的匠头来到这里后,如果需要用其他东西,或者还可发给,若需要钢铁及造炮等物资,那就不可发给了。

大凡要办大事,以识见为主,才能为辅;大凡要成大事,人的谋划占一半,上天的意愿占一半。往年攻打安庆时,我曾告诉你不必代天作主张。诸如把城池修得坚固些,把军心治理得坚定些,坚决切断贼军的供给线,狠狠地剿灭增援的贼军,这些都是靠人的谋划主张可以做到的。至于攻取城池的快慢,消灭贼军数量的多少,我军战士生病与否,优秀将领有没有损伤,或要抽调别的军队来支援围城的军队,或要分出围城的军队去支援别的地方,或者功败垂成,或者无意之间却取得了胜利,这些就都是由天意安排的了。就好像进科场考试,写文章要有条理章法和才气,写诗时不要搞错平仄和抬头,这是属于人的谋划和主张的事情。至于主考官录取不录取,早考取还是晚考取,这是属于天意安排的事情。如果顾虑天意难依靠,而一定要到处向神灵许愿,行贿请人代作文章;如果顾虑人谋不完善,而另外要想方设法,或把预先抄写好的文稿藏在衣服里,夹带作弊;或蒸高丽参来研磨墨汁。所有这些都是没见识的人所干的事情。你现在急于要攻克南京城,很有代天安排的意向。如果让丁道在军营中造炮,就更近于没有见识了。希望你时常存有敬畏上天的思想,谨慎冷静地从缓谋划攻城的事,就好了。顺问近好。

兄国藩手草

你对我的劝诫信,往往不肯虚心体会,动不动就和我辩析理论,这是最不可取的。我们兄弟身居这么高的官职,千万人的眼睛都看着我们。凡是做总督、巡抚的,都喜欢肯定自己否定别人,自满自足,千人一律。而有德行的人大大超过常人的地方,只在于虚心罢了。不单单是我的话应当细心索解推究,凡是外人有逆耳的话,都应当平心静气地考究一番。逆耳的话随时随事都会有,比如说你一定会克复南京,就是顺耳的话;说南京恐怕不是曾沅甫所能克复的,就是逆耳的话。所以古人认为身居高位而不骄傲是最难做到的。兄又及。

与澄弟书

(同治二年十月十四日)

曾国藩深受其祖父星冈公勤俭治家思想的影响,对子弟们经常进行俭朴教育。这封信是写给在湘乡主持家务的四弟澄候的,指出家中诸人过于奢华,动不动就坐四抬大轿,招摇过市,影响不好,要求他们应当常存谨慎俭朴的思想,不要追求奢靡和享受。从中可以看出他治家严明、防微杜渐的处世态度。这封信写于安庆官署。

澄弟左右:

接弟九月中旬信,具悉一切。

此间近事,自石埭、太平、旌德三城投诚后[1],又有高淳县投诚,于十月初二日收复,东坝于初七日克复,宁国、建平于初六、初九日收复[2],广德亦有投诚之信,皖南即可一律肃清。淮上苗逆虽甚猖獗[3],而附苗诸圩因其派粮派人诛求无厌[4],纷纷叛苗而助官兵,苗亦必不能成大气候矣。

近与儿女辈道述家中琐事,知吾弟辛苦异常,凡关孝友根本之事[5],弟无不竭力经营。惟各家规模总嫌过于奢华。即如四轿一事,家中坐者太多,闻纪泽亦坐四轿,此断不可。弟曷不严加教责?即弟亦只可偶一坐之,常坐则不可。笃结轿而远行,四抬则不可;呢轿而四抬则不可入县城、衡城,省城则尤不可。湖南现有总督四人,皆有子弟在家,皆与省城各署来往,未闻有坐四轿。余昔在省办团,亦未四抬也。以此事推之,凡事皆当存一谨慎俭朴之见。

八侄女发嫁,兹寄去奁仪百两、套料裙料各一件。科三盖新屋移居,闻费钱颇多。兹寄去银百两,略为欸助。吾恐家中奢靡太惯,享受太过,故不肯多寄钱物回家,弟必久亮之矣。即问近好。

国藩手草

[1]石埭:县名,在安徽省南部,即今石台县。
[2]建平:县名,即今安徽郎溪县。
[3]苗逆:即苗沛霖(?—1863),清末安徽凤台人。秀才出身。1855年在寿州办团练,受清朝官职,后据地自守。因太平军和捻军声势浩大,加入捻军。1861年受太平天国封为奏王。1863年被清军捕杀。
[4]圩:江淮的堤岸。后因水利事务一圩形成一个村落,称为圩子。
[5]孝友:《诗经·小雅·六月》:"张仲孝友。"毛传:"善父母为孝,善兄弟为友。"

澄弟左右:

接到你九月中旬的来信，一切情况全知悉了。

这里的近况是，自从石埭、太平、旌德三城的贼军投诚后，又有高淳县的贼军投诚，于十月初二日收复，东坝于初七日克复，宁国、建平分别于初六、初九日收复，广德也有投诚的信息，皖南的贼军就可全部肃清了。淮上苗逆虽然很狷獗，但附从苗逆的许多圩子因苗逆派人诛求无厌，纷纷背叛苗逆而帮助官兵，苗逆也一定不能成大气候了。

近来我和儿女们谈论起老家的琐事，知道你辛苦异常，凡关于孝友方面的根本大事，你无不竭力经营。只是我总嫌各家的铺排规模过于奢侈豪华。就像四抬大轿一事，家中坐的人太多，听说纪泽也坐四抬大轿，这是绝对不可以的。你为什么不严加批评教育？就是你也只可偶然坐一坐，经常坐就不行了。可以坐竹编轿子远行，坐四抬轿是不可以的。坐挂呢子面的四抬轿不可进入县城、衡阳府城，进省城就尤其不可以了。湖南现任总督之职的有四人，都有子弟在家，都与省城各衙门有来往，没听说有坐四抬大轿的。我过去在省里办团练，也没坐过四抬大轿。从这一件事推断，对任何事都应当保持一种谨慎俭朴的态度。

八侄女出嫁，现寄去购买嫁妆的礼钱白银一百两、套服衣料、裙子衣料各一件。科三盖新屋移居，听说花了很多钱。现寄去白银一百两，略作资助。我恐怕家中人过分奢靡，过分享受，所以不肯多寄钱物回家，你一定在很久以前就体谅到我的用意了。即问近好。

国藩手草

与沅弟书

（同治二年十一月十二日）

曾国藩作战向来重视人谋，但更重视客观自然条件，认为胜败乃兵家常事，为将者应胸藏江海，心性淡定。此信就是他的军事思想的一个反映。他告诉弟弟曾沅甫，古代大战争大事业，人谋只占三分，天意常占七分，积劳者并非就是成名者，成名者并非就是享福者。劝告弟弟要胸怀淡泊，漠视名利，莫因贪功而求速效，体现出他能洞察世事、刚柔相间、毁誉淡然的涵养和性格。这封信写于安庆官署。

沅弟左右：

接初四、初六日两次来信，知初五夜地道轰陷贼城十余丈，被该逆抢堵，我军伤亡三百余人。此盖意中之事。城内多百战之寇，阅历极多，岂有不能抢堵缺口之理？苏州先复，金陵尚遥遥无期，弟切不必焦急。

古来大战争、大事业，人谋仅占十分之三，天意恒居十分之七。往往积劳之人非即成名之人，成名之人非即享福之人。此次军务，如克复武汉、九江、安庆，积劳者即是成名之人，在天意已算十分公道，然而不可恃也。吾兄弟但在积劳二字上着力，成名二字则不必问及，享福二字则更不必问矣。

厚庵坚请回籍养亲侍疾，只得允准，已于今日代奏。

苗逆于二十六夜擒斩，其党悉行投诚。凡寿州、正阳、颍上、下蔡等城一律收复[1]，长淮指日肃清[2]，真堪庆幸。

郭世兄于十二日到此，大约暂留安庆小住。牧云定十五以后回湘。弟近日身体健王否？事所嘱者二端：一曰天怀淡定，莫求速效；二曰谨防援贼城贼内外猛扑，稳慎御之。顺问近好。

国藩手草

[1]寿州：地名，治所在寿春(今寿县)。唐宋元明都辖县，清不辖县。　正阳：古县名。　颍上：县名，在安徽省西北部，淮河北岸，颍河下游。秦置慎县，隋改颍上县。　下蔡：古县名，秦置。治所在今安徽凤台县。明初废。

[2]长淮：长淮关，明修城墙而建卫，清代因之。

沅弟左右：

接到你初四日、初六日两次来信，得知你们初五夜由地道轰陷贼军城墙十多丈，贼军抢堵中，我军伤亡三百多人。这是意料中的事。南京城内多有身经百战的贼军将领，他们经验极多，岂有不能抢堵缺口的道理？苏州已先克复，南京还遥遥无期，你千万不要焦急。

古来大战争、大事业，人谋只占十分之三，天意常占十分之七。往往积劳的人并非就是成名的人，成名的人并非就是享福的人。这次作战，比如克复武汉、九江、安庆，积劳的人就是成名的人，在天意已算得上十分公道了，然而不能自负。我们兄弟只应在积劳二字上下力气，成名二字就不必问到，享福二字就更不必问了。

厚庵坚决请求回原籍侍养父母治疗疾病，我只得批准，已在今天代他奏报朝廷。

逆贼苗沛霖已在二十六日夜里被擒拿斩首，他的党羽已全部投诚。寿州、正阳、颖上、下蔡等城全部收复,长淮一带的苗军几天内就被肃清,真值得庆幸。

郭世兄于十二日到我这里,大约暂留安庆小住几天。牧云定在十五日以后回湖南。你近来身体健康吗?我嘱咐你的只有两件事:一是胸怀淡泊宁静,不要求快速成功。二是谨防来援的贼军和城里的贼军内外猛扑,要稳妥慎重地予以抵御。顺问近好。

国藩手草

与澄弟书

(同治二年十一月十四日)

题解

曾国藩认为其四弟澄侯操持家务,优点是廉洁、正直、能忍,但缺点是不能节俭。因此去信告诫他须在俭字上下一番工夫,莫怕寒碜悭吝,莫贪大方豪爽,要爱惜物力财力,不失寒士家风,充分体现了曾国藩"俭以养德,直而能忍"的治国治家思想。这封信写于安庆官署。

原文

澄弟左右:

十一月十一日朱斋三来,接十月初六日一函,具悉一切。

团山嘴桥稍嫌用钱太多,南塘竟希公祠宇亦尽可不起[1]。湖南作督抚者不止我曾姓一家,每代起一祠堂,则别家恐无此例,为我曾姓所创见矣。沅弟有功于国,有功于家,千好万好,但规模太大,手笔太廓,将来难乎为继。吾与弟当随时斟酌,设法裁减。此时竟希公祠宇业将告竣,成事不说,其早冈公祠及温甫、事恒两弟之祠皆可不修[2],且待过十年之后再看(好从慢处来)。至嘱至嘱。

余往年撰联赠弟,有"俭以养德,直而能忍"二语。弟之直人人知之,其能忍,则为阿兄所独知;弟之廉人人料之,其不俭,则阿兄所不及料也。以后望弟于俭字加一番工夫,用一番苦心,不特家常用度宜俭,即修造公费,周济人情,亦须有一俭字的意思。总之,爱惜物力,不失寒士之家风而已。莫怕寒村二字,莫怕悭吝二字,莫贪大方二字,莫贪豪爽二字。弟以为然否?

温弟妇今年四十一岁。兹寄去银一百、燕菜二匣,以为贺生之礼。其余寄亲族之炭,敬芝圃之对,均交牧云带回。此间自苏州克复、苗沛霖伏诛后诸事平安。即问近好。

国藩手草

[1]竟希公:曾国藩的曾祖父。
[2]温甫、事恒:即曾国华、曾国葆,均为曾国藩的弟弟。

澄弟左右:

十一月十一日朱斋三来到,捎来你十月初六日写的一封信,一切情况全部知悉。

我稍稍觉得修团山嘴桥用钱太多,南塘的竟希公祠堂也完全可以不建。湖南人作总督、巡抚的不止我们曾姓一家,每代建一座祠堂,别人家恐怕没有这种先例,这就是我们曾家的创始了。沅甫弟对国家有功,对家族也有功,千好万好,但做起事来铺排的规模太大,花钱出手太阔,恐怕以后难以继续下去。我和你应当随时斟酌,设法裁减。现在竟希公祠堂将要竣工,已经做成的事就不说了,那么星冈公祠堂及温甫、事恒两弟的祠堂就都可以不用修建,等到过了十年以后再看情况(我好从慢处来着手)。再三向你嘱咐。

我往年撰写联语赠你,有"俭以养德,直而能忍"二语。你的正直是人人皆知的,能够忍耐,则唯独我一个人知道;你的廉洁是人人料到的,不能节俭,则是我没有料到的。从今以后希望你在俭字上下一番工夫,用一番苦心,不单单是家常花用应当节俭,就是修造公用,周济人情,头脑中也须有一个俭字的意思。总之,爱惜物资财力,不要失去寒士的家风罢了。不要怕寒村二字,不要怕悭吝二字,不要贪图大方二字,不要贪图豪爽二字。你认为对不对?

温甫弟妇今年四十一岁。现寄去白银一百两,燕菜二匣,作为祝贺生日的礼物。其余寄给亲族的木炭,敬给芝圃的对联,都交付牧云带回去了。我这里自从苏州克复,苗沛霖被斩后诸事平安。即问近好。

国藩手草

与纪瑞侄书

(同治二年十二月十四日)

曾国藩在这封信中,向侄儿讲述了曾祖父、祖父、父亲勤俭治学治家的故事,阐述了"将相无种,圣贤豪杰亦无种,只要人肯立志,都可以做到"的思想,教育他们不可忘记先世的艰难,立定志向,专心读书,有福不可享尽,有势不可使尽。要在勤俭二字上用功夫,持之以恒,刻苦攻读,为曾氏家门增光。侃侃而谈,循循善诱,体现了一位农民出身的朝廷重臣劝子侄上进、望子侄成才的良苦用心和殷切期盼。

字寄纪瑞侄左右:

前接吾侄来信,字迹端秀,知近日大有长进。纪鸿奉母来此,询及一切,知侄身体业已长成,孝友谨慎,至以为慰。吾家累世以来,孝弟勤俭。辅臣公以上吾不及见[1],竟希公、星冈公皆未明即起,竟日无片刻暇逸。竟希公少时在陈氏祠读书,正月上学,辅臣公给钱一百,零用之需。五月归时,仅用去二文,尚馀九十八文还其父,其俭如此。星冈公当孙入翰林之后[2],犹亲自种菜收粪。吾父竹亭公之勤俭,则尔等所及见也。今家中境地虽渐宽裕,侄与诸昆弟切不可忘却先世之艰难,有福不可享尽,有势不可使尽。勤字工夫,第一贵早起,第二贵有恒;俭字工夫,第一莫着华丽衣服,第二莫多用仆婢雇工。凡将相无种,圣贤豪杰亦无种,只要人肯立志,都可以做到的。侄等处最顺之境,当最富之年,明年又从最贤之师,但须立定志向,何事不可成?何人不可作?愿吾侄早勉之也。荫生尚算正途功名[3],可以考御史[4]。待侄十八九岁,即与纪泽同进京应考。然侄此际专心读书,宜以八股试帖为要[5],不可专恃荫生为基,总以乡试会试能到榜前[6],益为门户之光。

纪官闻甚聪慧,侄亦以立志二字,兄弟互相劝勉,则日进无疆矣。顺问近好。

涤生手示

[1]辅臣公:曾国藩的高祖父。

[2]翰林:官名。唐玄宗初置,为文学侍从之官。明清则以翰林院为储才之地,在科举考试中选拔一部分人入院为翰林官,担任侍讲、侍读、编修、修撰等官职。此处曾国藩是说自己当了翰林官后,祖父依然不改旧例,亲自种菜收粪。

[3]荫生:封建时代凭借上代功勋或官职的馀荫取得的监生资格。由汉代的"任子"制度继承而来。清代凡现任大官或遇庆典给予的称为恩荫,由于先代殉职而给予的称为难荫。通称荫生。名义上是入监读书,实际上只须经过一次考试即可给予一定官职。

[4]御史:官名。秦以前本为史官。汉以后有所变动,名目渐多。至明清仅存监察御史一职,通掌弹劾及进

言。

　　[5]八股试帖:即八股文。明清科举考试制度所规定的文体。每篇由破题、承题、起讲、入手、起股、中股、后股、束股八部分组成。破题用两句话说破题目要义。承题是承接破题的意义而阐明之。起讲为议论的开始。入手为起讲后入手之处。下自起股至束股才是正式议论,以中股为全篇重心。在这四段中,都有两股排比对偶的文字,合共八股,故叫八股文。题目主要摘自《四书》,所论内容也要依照朱熹等人的观点,不许作者自由发挥。

　　[6]乡试:明清两代每三年一次在各省省城(包括京城)举行的考试。凡本省生员与监生、荫生、贡生等均可应考,考中的称为举人。　会试:明清两代每三年一次在京城举行的考试。各省的举人皆可应考。考中者称贡士。

字寄纪瑞侄左右:

　　前些时接到你的来信,字迹端正清秀,知你近日大有长进。纪鸿陪他母亲来这里后,我向他问到家中一切,知你身体已经长成,并且对长辈孝顺,和兄弟友好,行事谨慎,我非常高兴。我们家历代以来,都有孝顺父母、尊敬兄长、勤劳俭朴的优良传统。辅臣公以上的情况我没能见到,竟希公、星冈公都天不明就起床,每天都没有片刻闲暇时间。竟希公少年时在陈家祠堂读书,正月上学,辅臣公给他一百文铜钱,作为平时零用。直到五月回家时,只用去二文,剩下的九十八文又交给了他的父亲,他就是这样地节俭。星冈公在孙子进入翰林院后,还亲自种菜拾粪。我父亲竹亭公的勤俭情况,是你们都看到的。现在家中情况虽然逐渐地宽裕起来,你和你的弟兄们千万不要忘记先辈的艰难,有福不要享尽,有势不要使尽,仍应在勤俭二字上下功夫。勤字工夫,第一贵在能早起,第二贵在有恒心;俭字工夫,第一不要穿华丽的衣服,第二不要多用奴婢雇工。大体说,古来将相并非遗传的,圣贤豪杰也非遗传的,只要人肯立志,都是可以做得到的。你们现在处在最顺利的环境中,又正当精力最旺的年华,明年又跟随最好的老师读书,只要立好了志向,什么事不能成功?什么样的人不能当?希望你及早努力。荫生还可算是正路功名,可以考取御史。等你长到十八九岁,就和纪泽一起进京应考。但你现在专心读书,应当把八股文和试帖诗作为主攻方向,不要专靠荫生作为进身基础。总要以在乡试和会试中名列榜前为目标,为我们曾氏一门增光。

　　听说纪官小侄非常聪慧,你应当用立志二字和他互相勉励,那就会天天长进,前途无量了。顺问近好。

涤生手示

与澄弟书

(同治三年正月十四日)

曾国藩看到在封建官僚家庭中,老辈奢侈,后辈骄纵,未有钱多子弟不骄纵的。而自己家里沅甫和澄侯两位弟弟能勤不能俭,自己能稍俭不能很俭,子侄们更是眼大口大,花钱手粗,深恐以后难以挽回。于是写信提醒主持家务的澄侯,要树立把德行留给后代,而不要在钱财上骄纵的教育思想。这封信写于安庆官署。

澄弟左右:

正月四日接弟十二月二十日排递之函[1],初七日接弟二十日函,由谢绍武等带来者。些微寄件,何足云谢?

吾不欲多寄银物至家,总恐老辈失之奢,后辈失之骄。未有钱多而子弟不骄者也。吾兄弟欲为先人留遗泽[2],为后人惜馀福,除却勤俭二字,别无做法。弟与沅弟皆能勤而不能俭,余微俭而不甚俭,子侄看大眼吃大口,后来恐难挽回,弟须时时留心。

大雪五日,平地四尺,此间军士极苦。沅弟初二日以后尚无信来。安庆合家平安,足慰远念。顺问近好。

国藩手草

[1]排递:旧时通过驿站传递信件,由此站到彼站,都要在排单上登记,以分清责任,减少误差,故称排递。

[2]遗泽:遗留给后人的德泽。

澄弟左右:

我正月初四日接到你去年十二月二十日由驿站传递的一封信,初七日接到你去年十二月二十日托谢绍武等带来的一封信。我给你寄了点钱物,你何必道谢呢?

我不想多寄钱物给湖南老家,总是怕老辈人过于奢侈,后辈人过于骄纵。没有钱多而子弟不骄纵的。我们兄弟要想把先人的遗泽保留下去,为后人珍惜今天的福荫,除去勤俭二字,没有别的做法。你和国荃都能勤而不能俭,我能稍俭而不能很俭,儿子、侄儿们眼看的是大的,口吃的也是大的,以后恐怕很难挽回到勤俭二字上。你须时时留心这些。

在这里连降大雪五天,平地积雪厚达四尺,战士们境况很苦。国荃初二日以后还没有来过信。安庆全家平安,可以让你们放心。顺问近好。

国藩手草

与澄弟书
(同治三年三月二十四日)

曾国藩深谙事理人情,知道得势时一呼百应与失势时门可罗雀的天壤之别。因此,他写信劝告弟弟澄侯不要到湖南省衙管闲事,作为总督和巡抚的兄弟,一管闲事就会惹人议论,生出谣言。现在家门兴盛,处处能行通。一旦失势,世态炎凉的情况使人难堪。所以不如事先拿定主意,不参与任何官方事务。这反映了他严格要求家人,不利用特权交易的明智思想。这封信写于安庆官署。

澄弟左右:

三月十八日接弟排递之信,言蕙妹病重[1],即于十九日船送叶亭回家[2]。二十日接弟二月十七在玉班家所发之信,具悉一切。

此间近状,金陵沅军平稳如常。鲍军攻克句容后,余令分守东坝、句容两处。少荃进攻常州,即日可以得手。常州克,则金陵、湖州两处城亦难孤立。所虑者,群贼上犯,变成流寇耳。浙江之贼窜扰徽州,十三日毛军小挫,十四五六日均获小胜,十七日唐、毛二军大败。金逸亭新到屯溪,尚未开仗。目下徽州、休宁四面皆贼,而贼之头队已由婺源分窜江西矣。不特江西大遭蹂躏,即吾湘与闽粤亦极可虑。

冯树堂劝弟不必晋省,金石之言,望弟以后信而从之。不特不必到省管闲事,即衡州东征局务及盐局之务亦可不必与闻。贵介弟三字极不易当[3],动辄惹人谈论,生出谣言。此时家门极盛,处处皆行得通。一旦失势,炎凉之态处处使人难堪。故不如预为之地,不见不闻之为愈也。树堂赴粤之事,余当备咨并写亲笔信与之。在外多年,看来如树堂、岱云、霞筠等友实为难得也。

余身体平安。惟因饷项支绌、群贼纷窜二事十分焦灼。内人咳嗽不止,大女儿体日瘦弱,馀俱顺适。顺问近好。

兄国藩手草

[1]蕙妹:即曾国藩胞妹曾国蕙。
[2]叶亭:曾国蕙的儿子。
[3]贵介弟:对别人兄弟的敬称。介,大。《左传·襄公二十六年》:"夫子为王子围,寡君之贵介弟也。"也用以称自己的兄弟。

澄弟左右:

三月十八日接到了你由排单递来的信,说蕙妹病重,我就在十九日派船送叶亭回家。二十日接到了你二月十七日在玉班家发来的信,一切情况全知道了。

这里近来的情况是:南京国荃的军队平稳正常。春霆的军队攻克句容后,我让他分兵守卫东坝、句容两处。少荃进攻常州,不久就可以得手。常州克复了,南京、湖州二城就难以独立支撑。我担心的是群贼向上游进犯,变成流寇。浙江的贼窜扰徽州,十三日毛军小败,十四、十五、十六日均获小胜,十七日唐、毛二军大败。金逸亭刚到屯溪,还没有开战。目前徽州、休宁四面都是贼军,而贼军的先头部队已经从婺源分别窜入江西。不只是江西大遭蹂躏,就是我们湖南和福建、广东也很让人忧虑。

冯树堂劝你不要到省城去。这是金玉良言,希望你以后听从他的话。不只是不到省里管闲事,就是衡州东征局的事和盐局的事你也不必参与。大官的弟弟这几个字不是容易担当得起的,动不动就惹人议论,生出谣言。现在我们家很兴盛,处处都能行得通。一旦失势,世态炎凉的情况处处都让我们难堪。所以不如事先打定主意,对闲事不理睬为好。树堂去广东的事,我会备好咨文并写亲笔信给他的。我在外多年,看来像树堂、岱云、霞仙、筠仙这样的好朋友实在是难得的。

我身体平安。只是因为军饷紧缺、群贼乱窜二事而让我十分焦急。我妻子咳嗽不止,大女儿的身体一天比一天瘦弱,其馀都很顺适。顺问近好。

兄国藩手草

与沅弟书

（同治三年四月二十日）

曾国藩一向主张处事要谨慎小心，不要居功自傲，不要贪天之功为己有。即使事事落在别人的后头，也不必追悔，不必抱怨，必须守定畏天知命四字，养身祛病，持盈保泰。因此，在这封信中告诉其弟曾沅甫，南京如果能克复，虽是本朝的大功勋，千古的大功名，但是全凭天意主张，不完全依靠人力，劝他"不敢为天下先"。这封信写于安庆官署。

沅弟左右：

十九日接弟十六日信，具悉上海解到十三万六千，合之前批之银三万、钱二万串，共得银十八万有奇。春霆分去五万，合之大通之二万，又由江外粮台再解二万[1]，即足九万之数。加以簏轩所办之米四千石，霆营尽可起程援江矣。弟收沪银十三万零，今日再由江外粮台解去六万，合之各卡厘金，计亦可勉强过节。此节之不决裂，实天幸也。深信器重，施之于富或容有之，施之于冯则甚不确。富欲派六千人助剿金陵，亦有信到此间，拟复信令其调回北岸，守六合而保里下河，预防湖北股匪。十二日之片，亦已发其端矣。事事落人后着，不必追悔，不必怨人，此等处总须守定畏天知命四字。

金陵之克，亦本朝之大勋，千古之大名，全凭天意主张，岂尽关乎人力？天于大名，吝之惜之，千磨百折，艰难拂乱而后予之。老氏所谓"不敢为天下先"者[2]，即不敢居第一等大名之意。弟前岁初进金陵，余屡信多危悚儆戒之辞，亦深知大名之不可强求。今少荃二年以来屡立奇功，肃清全苏，吾兄弟名望虽减，尚不致身败名裂，便是家门之福。老师虽久而朝廷无贬辞，大局无他变，即是吾兄弟之幸。只可畏天知命，不可怨天尤人。所以养身却病在此，所以持盈保泰亦在此。千嘱千嘱，无煎迫而致疾也。顺问近好。

[1]粮台：清代经理行军时粮饷的机构。
[2]老氏：指春秋时道家学派代表人物老聃，著有《老子》一书。　不敢为天下先：出自《老子》书中。

译文

沅弟左右：

我十九日接到了你十六日写来的信，得知上海给你运到了十三万六千两饷银，加上前次的银子三万两、铜钱二万串，你一共得到银子十八万两还多。鲍春霆从中分去五万两，加上大通拨给他的二万两，又从江外粮台给他送去二万两，这样他就凑足了九万两的整数。加上万篪轩给他办的四千石米，鲍春霆的军队完全可以启程支援江西了。你收到上海银子十三万多，今天再从江外粮台给你送去六万，加上各税卡的税金，估计也可以勉强度过端午节了。如果端午节军队不发生决裂，那就是上天给我们的幸运。把深信器重四字给予富将军，他或许还能担当得起，给予冯将军就不太确切了。富将军想派六千人帮助攻南京，也有信送到安庆，我打算回信把他调回北岸，让他守卫六合以保护里下河，预防湖北的贼军。我十二日写的片文，也已经露出这个意思了。你事事落在别人后头，不必追悔，也不必抱怨，在这些地方总要守定畏天知命四个字。

攻克南京城，是本朝的大功勋，也是千古的大功名，全凭天意主张，怎么能完全依靠人力呢？上天对于大功名，很吝啬很珍惜，必在你经历了千磨百折，艰难困顿之后才给予你。老子所谓"不敢为天下先"的话，就是不敢居第一等大功名的意思。你前年刚进驻南京，我多次写信向你讲述危惧警戒的话，也是深知大功名不可以强求。现在少荃在两年多的时间里屡立奇功，肃清了整个江苏，我们兄弟名望虽然减小了，但还不至于会导致身败名裂，便是家门的福气。你的军队在南京历时虽久但朝廷并没有贬辞，大局也没有其他变故，这就是我们兄弟的幸运。我们只可以畏天知命，不可以怨天尤人。保养身体去除疾病的道理在这里，坚持满盈保持平安的道理也在这里。我再三嘱咐你，不要因为熬煎而导致疾病。顺问近好。

与纪鸿儿书

（同治三年七月初九日）

曾国藩一生对如何修养身性和如何处理世事人情，特别注重，不仅用以律己，而且经常用以教育子弟。这封信就是在其子曾纪鸿返回湖南老家参加乡试时，谆谆告诫他要谦虚谨慎，戒骄戒惰。不可利用总督儿子的身份搞不正之风，嘱咐他在考试之前，不要与州县官员来往，不要送条子，以避嫌疑，在进身之始，务知自重。曾国藩如此严格教子，对儿子以后自立自强，自有很大好处。这封信写于南京军营。

字谕纪鸿：

自尔起行后，南风甚多，此五日内却是东北风，不知尔至岳州否。余以二十五日至金陵，沅叔病已痊愈。二十八日戮洪秀全之尸[1]，初六日将伪忠王正法[2]。初八日接富将军咨[3]，余蒙恩封侯，沅叔封伯。余所发之折，批旨尚未接到，不知同事诸公得何懋赏，然得五等者甚少。余借人之力以窃上赏，寸心不安之至。

尔在外以谦谨二字为主，世家子弟[4]，门第过盛，万目所属。临行时，教以三戒之首末二条[5]，及力去傲惰二弊，当已牢记之矣。场前不可与州县来往，不可送条子，进身之始，务知自重。酷热尤须保养身体。此嘱。

[1] 戮尸：封建时代为惩罚死者，斩戮其尸体的一种刑罚。

[2] 忠王：即李秀成（1823—1864），太平天国将领，因军功卓著，1895年受封忠王。1864年7月天京陷落，突围中被俘后为曾国藩所杀。

[3] 富将军：富明阿，时为江宁将军。

[4] 世家子弟：旧时泛指门第高、世代做官的人家的子弟。

[5] 三戒：即戒色、戒争斗、戒贪欲。出自《论语·季氏》。

字谕纪鸿：

自从你动身以后，南风很多，这五天里却是东北风，不知你已经到了岳州没有。我在六月二十五日来到南京，你国荃叔叔的病已经痊愈。六月二十八日戮辱了洪秀全的尸体，七月初六日将伪忠王李秀成处死。初八日接到富将军的咨文，我蒙恩封为一等侯，你国荃叔叔封为一等伯。我发往朝廷的奏折，皇上的批示还没接到，不知道各位同事得到什么大赏，然而获得五等封爵的人很少。我凭借众人的力量而窃取到上等封赏，心里感到很不安。

你在外应当以谦谨二字为主，世家子弟，门第显贵，是众人注意的人物。你临行时，我教给了你三戒中的第一和第三条，以及努力去掉骄傲懒惰的两种毛病，你应该已经牢牢记住了。考试以前不要与州县的官员来往，不要走后门送条子，你刚刚开始进入求仕之途，一定要懂得自重。天气酷热，你更要注意保养身体。此嘱。

与沅弟书

(同治三年八月初五日)

【题解】

同治三年(1864),曾国藩的弟弟曾沅甫率湘军攻陷太平天国首都南京。这标志着太平天国革命运动的覆灭。曾沅甫为清政府立下头号功劳,被授以太子太保衔,封一等伯爵。曾国藩一向重视"立德、立功、立言",不但自己笃学力行,尤其重视对子弟们的教诲。他劝弟弟曾沅甫要在现有功绩的基础上,读书养气,豁达大度,使德行一天天长进,言语一天天精粹。曾国藩当时在安庆军营中。

【原文】

沅弟左右:

初四夜接初一夜来函,具悉一切。

贡院九月可以毕工[1],大慰大慰。但规模不可狭小,工程不可草率。吾辈办事,动作百年之想[2]。昨有一牍,言主考房后添造十八房住屋,须将长毛所造仓屋拆去另造[3],即不欲草率之意。此间所购木料,中秋前可到一批,九月再到一批。

弟中怀抑郁[4],余所深知。究竟弟所成就者,业已卓然不朽。古人称立德、立功、立言为三不朽。立德最难,而亦最空[5],故自周、汉以后,罕见以德传者。立功如萧、曹、房、杜、郭、李、韩、岳,立言如马、班、韩、欧、李、杜、苏、黄,古今曾有几人?吾辈所可勉者,但求尽吾心力之所能及,而不必遽希千古万难攀跻之人[6]。弟每取立言中之万难攀跻者,而将立功中之稍次者一概抹杀,是孟子钩金舆羽、食重礼轻之说也[7]。乌乎可哉?不若就现有之功,而加之以读书养气,小心大度[8],以求德亦日进,言亦日醇[9]。譬如筑室,弟之立功已有绝大基址,绝好结构,以后但加装修工夫,何必汲汲皇皇,茫若无主乎[10]?刘、朱两军[11],望弟迅速发来。必须安庆六县无贼,兄乃可撑住门面,乃可速赴金陵。至要至要。弟所遣散之勇[12],皆令在长沙领补全饷,必办不到。十八万盐本何能遽尔畅销[13]?须令过长沙时暂补一半(遣散者今年发全饷,则留者皆不愿留),馀则营官给一限期票与勇(余于萧、毛两军拟用限期票札)。弟给一限期札与营官,明年再补可也。顺问近好。

[1]贡院:科举时代考取贡士的场所,这里指设在南京的贡院。

[2]动:往往,常常。

[3]长毛:诬称太平军。因太平军是用红布包头,一律蓄发易服,来对抗清政府剃发留辫的律令。

[4]中怀:内心,心中。

[5]空:空泛,抽象。

[6]遽:急着。 攀跻:登上,达到。

[7]钩金:带钩。 舆羽:一车羽毛。《孟子·告子下》:"金重于羽者,岂谓一钩金与一舆羽之谓哉!"

[8]大度:胸中豁达。

[9]醇:纯粹,精粹。

[10]汲汲:心情急切的样子。 皇皇:又写作"遑遑",匆匆忙忙的样子。 茫若无主:茫,模糊不清,引申为纷乱;指心中纷乱,无定见。

[11]刘、朱:刘松山、朱南桂,湘军的两个将领。

[12]遣散:让部分兵勇离营回乡。

[13]遽尔:很快。

沅弟左右:

初四日晚上接到你初一日晚上发来的信件,一切都知道了。

贡院在九月可以完工,感到十分欣慰。但是贡院的规模不能狭小,工程也不能草率。我们办事,常常要有百年的长远打算。昨天有一封信,说在主考房后添造十八间住房,必须把长毛盖的仓库拆掉重盖,这就是不想草率做事的意思。这里购的木料,在中秋节前能到一批,九月里能再到一批。

你心里抑郁,我深深了解。说到底,你建立的业绩,已经是十分卓越,永垂不朽。古人把立德、立功、立言看作三种不朽的事。这其中立德是最难的,也是最抽象的,所以自从周代、汉代以后,靠立德流芳百世的人很少见。像萧、曹、房、杜、郭、李、韩、岳这些立功的人,像马、班、韩、欧、李、杜、苏、黄这些立言的人,从古至今有几个人呢?我们能够努力的,应该是我们尽心尽力去做就能达到的,而没有必要急着成为千百年来很难达到的那种人。你常常选取立言中很难比拟的人,而把立功中稍微差点的人一概抹杀,这是孟子关于一只带钩比一车羽毛重,饮食重要、礼仪不重要的说法。这样行吗?不如在现有功绩的基础上,以读书养气做辅助,小心翼翼,豁达大度,从而使得德行也一天天长进,言论也一天天精粹。这就像盖房子,你的功绩已经有了极大的根基,极好的结构,以后只要加上装饰的功夫就更好了。何必急急忙忙,心中茫然无主呢?刘松山、朱南桂两支部队,希望你迅速派来。必须使安庆周围六个县没有贼兵,这样我才能撑住门面,才能尽快赶赴南京。极为要紧。你遣散的士兵,命令他们都在长沙补领全部饷银,这是肯定办不到的。十八万两银子的盐怎么能很快卖出去呢?你必须命令在部队路过长沙时暂时补发给兵士一半饷银(如果遣散的士兵今年发了全饷,那留在兵营的也就不愿意留下来了),剩下的一半由营官付给士兵一张限期票作为代替(我在萧、毛两支军队里想用限期票札)。你付给营官一张限期札,明年再补发也行。顺问近好。

与纪泽、纪鸿儿书

(同治四年七月初三日)

题解

曾国藩在这封信中谈到,少年人写文章,贵在气势磅礴,文章要展得开,文笔要强健有力量,力避呆板拘谨。古代散文,贾谊的《治安策》、司马迁的《报任安书》、韩愈的《原道》、柳宗元的《封建论》、苏轼的《上神宗书》等,都写得极有气势。信中还说,一个人写的文章只能具有一种风格,例如阴柔之美、阳刚之美等。凡自称其文章兼有众家之长,其实都是一无所长。作者当时在徐州军营中。

字谕纪泽、纪鸿儿:

纪泽于陶诗之识度不能领会[1],试取《饮酒》二十首、《拟古》九首、《归田园居》五首、《咏贫士》七首等篇反复读之,若能窥其胸襟之广大,寄托之遥深,则知此公于圣贤豪杰皆已升堂入室[2]。尔能寻其用意深处[3],下次试解说一二首寄来。

又问有一专长,是否须兼三者乃为合作[4]。此则断断不能。韩无阴柔之美,欧无阳刚之美,况于他人而能兼之?凡言兼众长者,皆其一无所长者也。鸿儿言此表范围曲成[5],横竖相合,足见善于领会。至于纯熟文字[6],极力揣摩固属切实工夫,然少年文字,总贵气象峥嵘[7],东坡所谓蓬蓬勃勃如釜上气[8]。古文如贾谊《治安策》、贾山《至言》、太史公《报任安书》、韩退之《原道》、柳子厚《封建论》、苏东坡《上神宗书》,时文如黄陶庵、吕晚村、袁简斋、曹寅谷[9],墨卷如《墨选观止》、《乡墨精锐》中所选两排三迭之文,皆有最盛之气势。尔当兼在气势上用功,无徒在揣摩上用功[10]。大约偶句多,单句少,段落多,分股少,莫拘场屋之格式[11]。短或三五百字,长或八九百字千馀字,皆无不可。虽系"四书"题[12],或用后世之史事,或论目今之时务[13],亦无不可。总须将气势展得开,笔仗使得强[14],乃不至于束缚拘滞[15],愈紧愈呆。

嗣后尔每月作五课揣摩之文⑯，作一课气势之文。讲揣摩者送师阅改，讲气势者寄余阅改。四象表中，惟气势之属太阳者，最难能而可贵。古来文人虽偏于彼三者，而无不在气势上痛下工夫。两儿均宜勉之。此嘱。

[1]陶诗：东晋诗人陶潜之诗。陶潜(365—427)，一名渊明，字元亮。其诗多描绘山川田园之自然美。 识度：识见和气度，指陶诗中表现的作者见识及文章气度。

[2]升堂入室：升，登上；堂，古代宫室的前屋；室，古代宫室的后屋。比喻造诣高深的程度。这里指陶潜已有极高的造诣。

[3]尔：你，古代汉语第二人称代词。

[4]合作：合于法度，这里指作文合乎法度。

[5]曲成：委曲完整。

[6]文字：指文章。

[7]气象峥嵘：气象，景况，情态，这里指文章气势；峥嵘，高峻貌，这里指文章的气势磅礴。

[8]如釜上气：像从锅中冒出的蒸气。釜，古代的锅。

[9]时文：八股文，明清时代科举应试之文，相对于"古文"而言。

[10]无徒：无，不要；徒，只，仅。

[11]场屋：也称"科场"，古代科举考试的地方，这里指时文格式。

[12]"四书"题：明、清以来科举考试，八股文题目是来自《大学》、《中庸》、《论语》、《孟子》四部书中，而且要用原文的口气，站在原文立场上写文章，这叫"代圣贤立言"。

[13]目今：当今，目前。

[14]笔仗：笔锋。仗，棍棒，古代武器。

[15]拘滞：拘束迟滞，指文章展不开，气势不畅达。

[16]课：按规定的内容和分量学习，这里指作五篇文章。

字谕纪泽、纪鸿儿：

纪泽对于陶渊明诗的见识和气度不能够领会，可试着选取《饮酒》二十首、《拟古》九首、《归田园居》五首、《咏贫士》七首等诗篇反复诵读，假若能够透过诗篇窥见作者襟怀的广阔，寄托的深远，那就可以知道这位先生在向圣贤、豪杰的学习上已经达到超常的造诣。你如果能够寻味出他用意的深奥之处，下次试着解说上一二首诗给我寄来。

纪鸿儿又问，如果在作文中已经具备了一个方面的特长，是不是必须同时兼有另外三种风格才是合乎法度？我认为这是绝对做不到的。连韩愈的文章都没有阴柔之美，欧阳修的文章都没有阳刚之美，对于别人来说，更哪能做到兼有几种风格呢？凡说自己能够兼有众家之长的人都是些一无所长的人。纪鸿儿说，这个四象表的范围委曲完整，横和竖互相配合，足以看到鸿儿还是善于领会的。至于把文章写得纯熟,尽力去用心揣摩,固然是切实的工夫,然而少年人写的文章,总是贵在气势磅礴,这就是苏轼所说的蓬蓬勃勃如同由锅中向上冒出的蒸气。古文中像贾谊的《治安策》、贾山的《至言》、司马迁的《报任安书》、韩愈的《原道》、柳宗元的《封建论》、苏轼的《上神宗书》;八股文中像黄陶庵、吕晚村、袁简斋、曹寅谷等人的文章;墨卷中像《墨选观止》、《乡墨精锐》中所选的两排三选的文章,都具有最强劲的气势。你应当同时在气势上下功夫,不要只在揣摩上下功夫。大致说来,偶句多些,单句少些,段落多些,分股少些,不要拘泥于科举考试的格式。短的写三五百字,长的可以写到八九百字、一千多字,都没有什么不可以的。即使是从"四书"中找题目,或者采用后代的史实,或者议论当今的时事,也没有什么不可以的。总之,作文时一定要把气势展开,文笔要强劲有力,才不至于拘束呆板,因为拘束得愈紧就愈呆板。

以后,你们每月写五篇琢磨文字的文章,写一篇讲究气势的文章。讲究文字的文章送给你们老师去批改,讲求气势的文章寄给我来批改。在四象表中,只有气势属于太阳之气,这是最难能可贵的。自古以来文人们虽然偏重其他三个方面,但是没有不在文章的气势上狠下一番工夫的。你们两个人都应在这个方面努力。此嘱。

与纪鸿儿书

(同治五年正月十八日)

题解

曾国藩在这封信中,针对儿子纪鸿习字时的急躁情绪,结合自己的习字经验,总结出习字过程是一个困惑、长进,再困惑、再长进的不断提高的过程。他要求纪鸿每天写一百个柳字,先临写,后摹帖,先学柳字的开张。几个月后,会有一个困惑阶段;只要过了这一关,便会有大的长进。曾国藩进一步将这个道理推广,不论做什么事,都会有一个最困难的时候,只要能闯过这一关,便是英雄好汉。这些经验是有一定参考价值的。作者当时在徐州军营中。

字谕纪鸿:

尔学柳帖《琅玡碑》,效其骨力,则失其结构;有其开张,则无其挽抟[1]。古帖本不易学,然尔学之尚不过旬日,焉能众美毕备[2],收效如此神速?

余昔学颜柳帖,临摹动辄数百纸,犹且一无所似。余四十以前在京所作之字,骨力间架皆无可观,余自愧而自恶之。四十八岁以后,习李北海

《岳麓寺碑》[3]，略有进境，然业历八年之久，临摹已过千纸。今尔用功未满一月，遂欲遽跻神妙耶[4]？余于凡事皆用困知勉行工夫，尔不可求名太骤，求效太捷也。以后每日习柳字百个，单日以生纸临之[5]，双日以油纸摹之。临帖宜徐，摹帖宜疾，专学其开张处。数月之后，手愈拙，字愈丑，意兴愈低，所谓困也。困时切莫间断，熬过此关，便可少进。再进再困，再熬再奋，自有亨通精进之日[6]。不特习字，凡事皆有极困极难之时，打得通的，便是好汉。余所责尔之功课，并无多事，每日习字一百，阅《通鉴》五页[7]，诵熟书一千字（或经书或古文、古诗，或八股试帖[8]，从前读书即为熟书，总以能背诵为止，总宜高声朗诵），三八日作一文一诗。此课极简，每日不过两个时辰[9]，即可完毕，而看、读、写、作四者俱全。余则听尔自为主张可也。

尔母欲与全家住周家口，断不可行。周家口河道甚窄，与永丰河相似，而余住周家口亦非长局[10]，决计全眷回湘。纪泽俟全行复元，二月初回金陵。余于初九日起程也。此嘱。

[1] 捖（wán）抟：这里指字的凝聚之势。捖，刮磨；抟，凝聚。
[2] 众美：各种优点。
[3] 李北海（678—747）：字泰和，唐代扬州江都人。玄宗时，曾任北海太守，世称李北海。书法初学王羲之，后自具风格，被誉为"书中仙手"。碑刻拓本有《岳麓寺碑》、《东林寺碑》等。
[4] 遽：急。 跻：登。
[5] 生纸：没有精加工的纸，比较粗糙。相对"熟纸"而言。
[6] 亨通：通达，顺利。
[7] 《通鉴》：《资治通鉴》，北宋司马光撰编年体史书，宋神宗作序赐名，元代胡三省为之作注。记述了从战国到五代共一千三百六十二年的史实。
[8] 试帖：即试帖诗，科举考试中采用的一种诗体，多以古人诗句命题，或五言或七言，或八韵或六韵，基本上是一种咏物诗。
[9] 时辰：古代记时单位，一昼夜分为十二时辰。
[10] 长局：长久安排。局，布置、安排。

字谕纪鸿：

你写柳帖《琅玡碑》，模仿它的骨力，却失去了它的结构；有了它的开张，又失去它的凝聚。古人字帖本来就不容易学，然而你学柳帖还不到十天，哪能把各种优点一下就都学到手，收效这样快呢？

我过去学颜、柳字帖,临摹常常达到几百张纸,还没有一处相似。我四十岁以前在京城所写的字,骨力、间架都没有什么可观,我自己感到愧疚,讨厌自己写的字。四十八岁以后,临习李北海《岳麓寺碑》,稍稍有了长进,然而这时已经临习了八年之久,临摹了一千多张纸。如今,你用功还不到一个月,就想很快达到神妙的地步吗?我对任何事情,都用"困、知、勉、行"的功夫,你不能追求名声太急,想要很快获得成效。以后,每天要写一百个柳字,逢单日用生纸临写,逢双日用透明的油纸放在帖上摹写。临帖时,应当慢点;摹帖时,应当快点,要专门学他的开张。几个月以后,手显得越来越笨拙,字也写得越来越难看,兴趣也越来越降低,这就是所说的困惑。在困惑时,切记不要间断,只要熬过了这一关,就可以稍微有所长进。再长进再困惑,再苦熬再奋进,自然会有通达顺利,大有长进的一天。不只是练习写字,凡是做事都有一个十分困难的时候,能打通这一关的,便是英雄好汉。我要求你的功课,并没有多少事要做,每天练习一百个字,读《通鉴》五页,背诵熟练的书要达到一千字(或经书,或古文、古诗,或八股试帖,从前读的书就是熟书,总之以能达到背诵为止,应该高声朗诵),逢三日、八日写一篇文章、一首诗。这功课很简单,每天不会超过两个时辰就能做完,其中看书、朗读、写字、作文四方面都具备了。剩下的时间,你可以自由支配。

你母亲想和全家都住在周家口,这绝对行不通。周家口的河道很窄,和永丰河差不多,我住在周家口也不是长久的打算,决心让全部家眷回湖南。纪泽等身体完全复原后,在二月初回南京。我将在二月初九日启程。此嘱。

与澄、沅二弟书

(同治五年三月二十六日)

曾国藩在这封信里,要求沅甫弟就任巡抚后,在用人方面,要克服人浮于事的毛病,精简冗员,要任用有德有才的人;此外还应注重个人修养,不要自以为是。为官能做到这两点,便免去了灾祸罪责,才能有一个好名声。当时作者在山东济宁。

澄、沅弟左右:

三月十八接沅弟二月二十八日长沙河干一信[1],二十二日接澄弟二月二十二日一缄,具悉一切。

沅弟定于十七日接印[2]，此时已履任数日矣。督抚本不易做，近则多事之秋，必须筹兵筹饷。筹兵，则恐以败挫而致谤；筹饷，则恐以搜括而致怨。二者皆易坏声名。而其物议沸腾、被人参劾者[3]，每在于用人之不当。沅弟爱博而面软，向来用人失之于率，失之于冗。以后宜慎选贤员，以救率字之弊；少用数员，以救冗字之弊。位高而资浅，貌贵温恭，心贵谦下。天下之事理人才，为吾辈所不深知、不及料者多矣，切弗存一自是之见。用人不率冗，存心不自满，二者本末俱到，必可免于咎戾，不坠令名[4]。至嘱至嘱，幸勿以为泛常之语而忽视之。

陈筱浦不愿赴鄂。渠本盐务好手[5]，于军事吏事恐亦非其所长。余处亦无折奏好手，仍邀子密前来，事理较为清晰，文笔亦见精当。自奏折外，沅弟又当找一书启高手[6]，说事明畅，以通各路之情。

此间军事，二十一日各折已咨弟处，另有密件抄去一览。复张子青一信亦抄阅。纪泽母子等四月中旬当可抵鄂，纪鸿留弟署读书，馀以回湘为是。科三嫂病愈，甚慰甚慰。顺问近好。

[1] 河干：河岸、河畔。干，岸。
[2] 印：官印。这里指湖北巡抚官印。
[3] 物议：众人的议论。物，公众，人们。
[4] 令名：美好的名声。令，美。
[5] 渠：他，古汉语第三人称代词。
[6] 书启：书信、书函。启，书函。

澄、沅弟左右：

三月十八日接到沅甫弟二月十八日从长沙河畔所发的一封信，三月二十二日接到澄侯弟二月二十二日所发的一封信，一切都知道了。

沅甫弟定在十七日接受巡抚大印，这时已经上任几天了。总督、巡抚本来就不容易做，近来又正是多事之秋，一定得招募士兵、筹集军饷。招募士兵，担心因为失败、挫折而受到诽谤；筹集军饷，担心由于搜刮钱财而招致怨恨。这两件事都容易败坏名声。那些导致议论纷纷、被人参劾的，总是在于用人不当。沅甫弟喜欢排场，又面皮软，向来在用人上有草率的毛病，有人浮于事的毛病。以后应当谨慎选择有德有才的人，来避免草率的弊端；少用上几个人，来避免人浮于事的弊端。职位高，但资历浅，外貌就以温良恭敬为贵，内心就以谦虚待人为贵。天下的事理、人才，我们了解得不深刻的、预料不到的多得很,切记不能有自以为是的观点。用人不草率、不人浮于事,心中不自满,这两点自始至终都做到了,就一定能避免灾祸和罪责,不失掉好名声。千万注意,千万注意,希望不要认为这是平常话而忽视了。

陈筱浦不愿意到湖北。他本来是一位管理盐务的好手,在军事、人事方面恐怕不是他所擅长的。我这里也没有擅长写奏折的人,仍旧是邀请钱子密前来,他拟定的奏折,叙事说理比较清楚分明,文笔也比较精当。除了奏折外,沅甫弟还应找一名写书信的高手,要求陈述事情明白晓畅,以便沟通各路的情况。

这里的军事情况,二十一日的各个奏折,已用公文送到你那里,另外,还有密件抄给你看一下。答复张子青的一封信也抄给你阅读。纪泽母子等到了四月中旬估计能抵达湖北,纪鸿留在你官署中读书,其他人应回湖南。科三嫂痊愈了,我很高兴。顺问近好。

与澄弟书

(同治五年六月初五日)

曾国藩在这封信中,将他身体力行、顺其自然的养生之法总结为五个方面:"一曰眠食有恒,二曰惩忿,三曰节欲,四曰每夜临睡洗脚,五曰每日两饭后各行三千步。"作者从睡眠、饮食要有规律、情欲要有节制、注意洗脚及饭后散步等入手,增强体质,是对古代保健学的一个贡献,至今也不失其参考价值。在谈到使门庭长久兴旺的持家之道时,作者指出,门庭贵盛并不能保证家道长盛不衰,而靠的是"书(读书)、蔬(种菜)、鱼(养鱼)、猪(养猪)、早(早起)、扫(洒扫)、考(祭祀)、宝(睦邻)八个字的家规,以及对亲戚、宗族、穷人的平等态度;此外,还要居安思危。当时作者在山东济宁。

澄弟左右:

五月十八日接弟四月八日信,具悉一切。七十侄女移居县城,长与娘家人相见,或可稍解郁郁之怀。乡间谷价日贱,禾豆畅茂,尤是升平景象,极慰极慰。

此间军事,贼自三月下旬退出曹、郓之境,幸保山东运河以东各属,而仍蹂躏于曹、宋、徐、泗、凤、淮诸府;彼剿此窜,倏往忽来。直至五月下旬,张、牛各股始窜至周家口以西[1],任、赖各股始窜至太和以西,大约夏秋数月山东、江苏可以高枕无忧，河南、皖、鄂又必手忙脚乱。余拟于数日内至宿迁、桃源一带察看堤墙，即由水路上临淮而至周家口。盛暑而坐小船，是一极苦之事，因陆路多被水淹，雇车又甚不易，不得不改由水程。余老境日逼，勉强支持一年半载，实不能久当大任矣。因思吾兄弟体气皆不甚健[2]，后辈子侄尤多虚弱，宜于平日讲求养生之法，不可于临时乱投药剂。

养生之法约有五事：一曰眠食有恒，二曰惩忿，三曰节欲，四曰每夜临睡洗脚，五曰每日两饭后各行三千步。惩忿，即余匾中所谓养生以少恼怒为本也。眠食有恒及洗脚二事，星冈公行之四十年，余亦学行七年矣。饭后三千步近日试行，自矢永不间断[3]。弟从前劳苦太久，年近五十，愿将此五事立志行之，并劝沅弟与诸子侄行之。

余与沅弟同时封爵开府，门庭可谓极盛，然非可常恃之道。记得己亥正月[4]，星冈公训竹亭公曰："宽一虽点翰林[5]，我家仍靠作田为业，不可靠他吃饭。"此语最有道理，今亦当守此二语为命脉。望吾弟专在作田上用些工夫，而辅之以书、蔬、鱼、猪、早、扫、考、宝八字，任凭家中如何贵盛[6]，切莫全改道光初年之规模。凡家道所以可久者，不恃一时之官爵，而恃长远之家规；不恃一二人之骤发，而恃大众之维持。我若有福罢官回家，当与弟竭力维持。老亲旧眷、贫贱族党不可怠慢[7]，待贫者亦与富者一般，当盛时预作衰时之想，自有深固之基矣。

凯章家事，即照弟信办一札照收[8]。湘军各营俱不在余左右，故每月仅能送信一次，俟至周家口后即送三次可也。馀详日记中。顺问近好。沅弟在鄂拆阅，均此。

[1]张、牛：张宗禹、牛宏升。牛宏升，又叫牛洛红，安徽亳州人，因军功被封为"荆王"，是捻军将领之一。
[2]体气：体质。
[3]矢：通假为"誓"。
[4]己亥：道光十九年。
[5]宽一：曾国藩小名。曾国藩于道光十八年考中进士，选为翰林院庶吉士。
[6]贵盛：显贵兴盛。
[7]族党：宗族。党，亲族。
[8]札：公函。

澄弟左右：

五月十八日接到你四月八日所发的信，一切都知道了。七十侄女迁到县城去住，能经常跟娘家人见面，或许能稍稍解除一下她心中的郁闷。乡下的米价一天比一天贱，庄稼长得茂盛，更是太平景象，十分欣慰。

这里的军事情况，贼军从三月下旬退出了曹、郓县境，幸而保住了山东运河以东地区的各县，但是，曹、宋、徐、泗、凤、淮各府仍然遭到蹂躏；官军到那里去围剿，捻军便流窜到这里，忽往忽来。直到五月下旬，张、牛各股开始窜到周家口以西，任、赖各股开始窜到太和以西，大约夏季、秋季这几个月中，山东、江苏可以高枕无忧，然而河南、安徽、湖北一定又会手忙脚乱。我打算在这几天里动身到宿迁、桃源一带察看堤坝，就从水路上临淮，到周家口。盛夏坐小船，是一件极苦的事，因为陆路大多被水淹没，雇车又很不容易，不得不改走水路。我一天比一天显得衰老了，再勉强支持上一年半载，实在不能长期担当重任了。因而想到我们兄弟的身体都不很健康，后辈子侄更是大多身体虚弱，应当在平时讲究养生之法，不能等患了病，临时乱吃药。

养生之法大约有五个方面：一是睡眠、饮食有一定规律，二是克制恼怒，三是节制情欲，四是每天晚上临睡觉时洗脚，五是每天两顿饭后各走三千步。惩忿，就是我在匾中所说的养生要以减少恼怒为根本原则。睡眠、饮食有一定规律以及晚上洗脚这两件事，祖父星冈公坚持了四十年，我也学着做了七年了。饭后走三千步，我近几天才试着做，并发誓永不间断。你以前辛苦太久，如今年纪已近五十岁，希望你把这五个方面都下决心实行起来，并且劝沅甫弟和各个子侄也这样做。

我跟沅甫弟同时封爵，同时担任督抚，门庭可以说是极其兴盛，然而，并不能长久依靠这些。记得道光十九年正月，星冈公训导竹亭公说："宽一虽然做了翰林，我家仍然要靠种地为业，不能靠他吃饭。"这句话是最有道理的，今天也应当遵守这两句话，把它当作命脉。希望你专门在种地上多用些功夫，再加上"书、蔬、鱼、猪、早、扫、考、宝"八个字，不管家里怎么显贵、兴盛，千万不要把道光初年的样子全改了。凡是能使家道长盛不衰的，不是依靠一时的官职和爵位，而是依靠长远的家规；不是依靠一两个人的突然发迹，而是依靠大家的维持。我如果有福气被免职回家，一定跟你一块竭力维持这个家庭。多年的老亲，旧日的眷属，贫贱的族人，都不能怠慢，对待穷人要跟对待富人一样，当门第兴盛时预先作衰落时的打算，自然会有又深厚又坚实的根基了。

张凯章家的事，就按你的来信写一份公函，望你查收。湘军各营都不在我身边，所以每月只能送一次信，等到周家口以后就可以送三次。别的事详细记在日记中。

顺问近好。沅甫弟在湖北拆阅,均此。

与纪泽、纪鸿儿书

(同治五年六月二十六日)

曾国藩对儒家的"修身齐家治国平天下"有着精深的理解,他从"治国平天下"的高度来审视"齐家",从历代长盛不衰的世家中总结经验,认为在一个大家庭中,男子的耕种与读书,女子的纺绩、酿酒及做饭,是家族昌盛不衰的两根支柱;长房要首先做出表率,家风自然会日渐淳厚。作者将家政与国事联系起来,并视家政为国事的根基的观点至今也是极有价值的。作者当时在从山东济宁赴河南周家口途中。

字谕纪泽、纪鸿儿:

十六日在济宁开船后寄去一信,二十三日韩庄下寄沅叔一信并日记,均到否?

余于二十五日至宿迁。小舟酷热,昼不干汗,夜不成寐,较之去年赴临淮时困苦备之。欧阳健飞言宿迁极乐寺宽大可住。余以杨庄换船[1],本须耽搁数日乃能集事[2]。因一面派人去办船,一面登岸住庙,拟在此稍停三日再行前进。尔兄弟侍母八月回湘。在徐州所开接礼单,余不甚记忆。惟本家兄弟接礼究嫌太薄,兹拟酌送两千金。内澄叔一千,白玉堂六百,有恒堂四百。尔禀商尔母及沅叔先行挪用,合近日将此数寄武昌抚署可也[3]。

吾家门第鼎盛,而居家规模礼节总未认真讲求。历观古来世家久长者[4],男子须讲求耕读二事,妇女须讲求纺绩酒食二事。《斯干》之诗[5],言帝王居室之事,而女子重在酒食是议。《家人》卦[6],以二爻为主,重在中馈。《内则》一篇[7],言酒食者居半。故吾屡教儿妇诸女亲主中馈[8],后辈视之若不要紧。此后还乡居家,妇女纵不能精于烹调,必须常至厨房,必须讲求作酒作醋醯小菜换茶之类[9]。尔等亦须留心于莳蔬养鱼[10]。此一家兴旺气象,断不可忽。纺绩虽不能多,亦不可间断。大房唱之,四房皆和之[11],家风自厚矣。至嘱至嘱。

涤生手示　宿迁

[1]以:在,介词。
[2]集事:办成事。集,完成。
[3]合:应当。　武昌抚署:湖北巡抚官署。
[4]世家:世代显贵的家族。
[5]《斯干》:指《诗经·小雅》中篇名。
[6]《家人》卦:指《周易·家人》,因其讲家人之事而得名,主要讲男外女内,各正其位。
[7]《内则》一篇:指《礼记·内则》。曾国藩援引《诗经》《周易》《礼记》等儒家经典,以示自己的持家之道是言之有据的。
[8]中馈:指妇女在家中主持饮食之事。
[9]醯(xī):醋。　醢(hǎi):肉酱。
[10]尔等:你们。　莳(shì)蔬:种菜。莳,栽种。
[11]大房:长房,长子之家,这里指曾国藩之家。

字谕纪泽、纪鸿儿:

十六日在济宁开船后寄去一封信,二十三日在韩庄下给沅甫叔寄去一封信并附日记,都收到了吗?

我在二十五日到了宿迁。小船中热得厉害,白天干不了汗,夜里睡不成觉,比起去年到临淮时的困苦都全尝了。欧阳健飞说,宿迁有座极乐寺,又宽又大,可供居住。我在杨庄换船,本来要耽搁几天才能办完事。因而一面派人去寻找船只,一面上岸住进庙里,计划在这里暂停三天再赶路。你们兄弟陪侍你母亲八月份回湖南。在徐州所开的接礼账单,我记不太清楚了。只本家兄弟的接礼终究嫌少了点,现在打算送去两千两银子。里边有澄侯叔的一千两,白玉堂的六百两,有恒堂的四百两。你们和你母亲以及沅甫叔商量一下,先挪用了,就在这几天里,将这个数的银子寄到武昌巡抚官署就行了。

我家门第正在兴盛时期,可是家庭生活的规模礼节始终没认真讲究过。我经过观察,自古以来的世家能够长久的,男子须要讲求耕种和读书这两件事,妇女需要讲求纺织和酿酒、做饭这两件事。《斯干》这篇诗,说的是帝王家里的事,而妇女的职责主要是酿酒和做饭。《周易》中《家人》一卦,是以二爻为主,重在妇女主持饮食之事。《礼记》中《内则》这一篇,谈酿酒和做饭的内容占了一半。所以,我多次教导儿媳妇、各个女儿要亲自操办家中的饮食,后辈看待这些似乎没有什么要紧。以后回到乡村,在家里妇女即使不能精通烹调,也必须经常到厨房去,必须讲求酿酒、做醋、做肉酱、做小菜、换茶这类事。你们也必须留心种菜、养鱼。这是全家兴旺的气象,绝对不能忽视。纺织虽然不能多做,也不能间断。大房提倡,四房都响应,家风自然会淳厚起来。千万千万。

涤生手示　宿迁

与沅弟书

（同治五年九月十二日）

题解

曾国藩弟弟曾沅甫认为，人的一生终究是由命运决定的，但自强的人则往往是胜人一筹。曾国藩不尽同意这种看法，认为应在自我修养方面图强，切不可与人争强好胜。与他人争强好胜者，其结果多身败名裂；即使强横一世而安稳，也为有德之人所不屑一顾。曾国藩位极人臣、功盖天下，却能善始善终，与他这种处世哲学是分不开的。作者当时在河南周家口。

原文

沅弟左右：

九月初六接弟八月二十七、八日信，初十日接初五樊城所发之信[1]，具悉一切。

顺斋一事业已奏出，但望内召不甚着迹[2]，换替者不甚掣肘，即为至幸。弟谓命运做主，余素所深信；谓自强者每胜一筹，则余不甚深信。凡国之强，必须多得贤臣工[3]；家之强，必须多出贤子弟。此亦关乎天命，不尽由于人谋。至一身之强，则不外乎北宫黝、孟施舍、曾子三种。孟子之集义而慊[4]，即曾子之自反而缩也。惟曾、孟与孔子告仲由之强，略为可久可常。此外斗智斗力之强，则有因强而大兴，亦有因强而大败。古来如李斯、曹操、董卓、杨素[5]，其智力皆横绝一世，而其祸败亦迥异寻常。近世如陆、何、肃、陈亦皆予知自雄，而俱不保其终。故吾辈在自修处求强则可，在胜人处求强则不可。福益外家若专在胜人处求强，其能强到底与否尚未可知。即使终身强横安稳，亦君子所不屑道也。

贼匪此次东窜，东军小胜二次，大胜一次，刘、潘大胜一次，小胜数次，似已大受惩创，不似上半年之猖獗。但求不窜陕、洛，即窜鄂境，或可收夹击之效。余定于明日请续假一月，十月请开各缺，仍留军营，刻一木戳，会办中路剿匪事宜而已。馀详日记中。顺问近好。

[1]樊城:原属湖北襄阳县,南临汉水,与襄阳隔水相望,自古为兵家必争之地。1950年,合樊城镇与襄阳为襄樊市。

[2]内召:朝廷诏命。内,皇帝所居为内,尊称大内。

[3]臣工:臣子。工,属臣。

[4]慊(qiān):满意。

[5]李斯(前?—前208):战国末年楚国上蔡人。少时从荀卿学,后入秦国。秦灭六国,李斯为丞相,定郡县制,下禁书令,统一文字及度量衡。秦二世时,赵高欲专权,诬李斯谋反,腰斩于咸阳市。 杨素(544—603):隋朝开国大臣,隋炀帝时宰相,率兵镇压江南变乱及主持营建洛阳工作。

沅弟左右:

九月初六日接到你八月二十七、八日的来信,初十日接到你初五日在樊城所发的信,一切情况全部知悉。

顺斋那件事已经呈奏到朝廷,只是希望朝廷召他回朝不要太露痕迹,前来替换他的人不会制造大的麻烦,就算大幸。你说是命运在主宰着,我平素就十分相信;而说自强的人每每都会胜过一筹,我却不怎么相信。凡是国家的强盛,必须要多得贤良的臣子;家庭的兴盛,必须多出贤良的子弟。这也跟天命有关,并不完全由人的谋划。至于一个人要自强,不外乎北宫黝、孟施舍、曾子三种。孟子的集道义于一身而达到自我满足,也就是曾子的反躬自问,如果正义在我,也敢勇往直前。只有曾子、孟子和孔子告诉仲由的那种自强,稍微能保持得长久点。此外,斗智斗力的自强,有的因争强好胜而兴旺发达,也有的因为争强好胜而遭到惨败。在古代,像李斯、曹操、董卓、杨素,他们的才智和能力都是无可比拟的,但他们所遭受的祸患失败也是不同寻常的。近代,像陆、何、肃、陈也都是争强好胜的人,但是都没有保住一个好的结局。所以我们在自我修养方面图强是可以的,在跟人争强好胜方面逞雄就不可。福益外家如果专门在争强好胜方面逞雄,他能不能逞雄到底还很难预料。即使一辈子都是逞强发横,从而安安稳稳,也是有德的人不屑提起的。

贼匪这次向东窜扰,山东的军队取得两次小胜利,一次大胜利;刘长佑、潘鼎新取得一次大胜利,几次小胜利,贼军似乎已受到重创,不像上半年那么猖獗。我希望贼军不要窜到陕西、商洛一带,就是逃窜到湖北境内,或许还能收到夹击的效果。我定在明天向朝廷奏请续假一个月,十月请求免去各项官职,但仍然留在军营中,刻一个木戳,会同办理中路剿匪事宜罢了。别的事详细记在日记中。顺问近好。

与纪泽儿书

（同治五年十月十一日）

【题解】

曾国藩认为，大家、名家的作品，不论是书法还是诗文，都自具一种面貌，一种神态，与他人迥然不同，大概就是今天所谓的风格吧。后人读大家、名家的作品，并不能一下子便辨识出他作品的面貌，领悟他作品的神韵，而需要一个逐渐认识的过程。当时作者在河南周家口军营中。

【原文】

字谕纪泽儿：

九月二十六日接尔初九日禀，二十九、初一等日接尔十八、二十一日两禀，具悉一切。二十三如果开船，则此时应抵长沙矣。二十四之喜事，不知出湘阴舟次而往乎？抑自省城发喜轿乎？

尔读李义山诗[1]，于情韵既有所得，则将来于六朝文人诗文，亦必易于契合。

凡大家名家之作，必有一种面貌，一种神态，与他人迥不相同。譬之书家羲、献、欧、虞、褚、李、颜、柳[2]，一点一画，其面貌既截然不同，其神气亦全无似处。本朝张得天、何义门虽称书家，而未能尽变古人之貌。故必如刘石庵之貌异神异，乃可推为大家。诗文亦然。若非其貌其神迥绝群伦，不足以当大家之目。渠既迥绝群伦矣，而后人读之，不能辨识其貌，领取其神，是读者之见解未到，非作者之咎也。尔以后读古文古诗，惟当先认其貌，后观其神，久之自能分别蹊径。今人动指某人学某家，大抵多道听途说，扣盘扪烛之类，不足信也。君子贵于自知，不必随众口附和也。

余病已大愈，尚难用心，日内当奏请开缺[3]。近作古文二首[4]，亦尚入理，今冬或可再作数首。

唐镜海先生没时，其世兄求作墓志[5]，余已应允，久未动笔，并将节略失去。尔向唐家或贺世兄处（蔗农先生子，镜海丈婿也）索取行状节略寄来。罗山文集年谱未带来营，亦向易芝生先生（渠求作碑甚切）索一部付来，以便作碑，一偿夙诺。

纪鸿初六日自黄安起程[6]，日内应可到此。馀不悉。

涤生手示

注释

[1] 李义山：即李商隐(813—858)，字义山，号玉谿生，唐代怀州河内人。历任东川节度使判官、检校工部员外郎。其诗长于抒情，极富文采，语言凝练，典丽精工。有《樊南文集》等存世。

[2] 羲、献、欧、虞、褚、李、颜、柳：王羲之、王献之、欧阳询、虞世南、褚遂良、李邕、颜真卿、柳公权，均为书法大家。

[3] 开缺：官员或有过失，但罪小还不至于降级、革职，则准其辞职，这里指主动辞职。

[4] 古文：这里指散文。

[5] 墓志：墓志铭，埋在墓中的志墓文。内容记述死者姓氏、籍贯、官爵、事迹等。

[6] 黄安：县名，清代属湖北黄州府，即今湖北红安县。

译文

字谕纪泽儿：

　　九月二十六日接到你初九日的来信，二十九、初一等日又接到你十八、二十一日的两封来信，一切情况都知道了。二十三日如果开船，那么这时应该抵达长沙了。二十四日的喜事，不知道是从湘阴乘船而去呢？还是从省城坐喜轿去呢？

　　你读李义山的诗，在情韵方面既然已经有所领悟，那么将来对六朝文人的诗文，也一定容易合意。

　　凡是大家、名家的作品，一定有一种面貌，有一种神态，与他人的作品迥然不同。譬如书法家羲、献、欧、虞、褚、李、颜、柳，一点一画，面貌截然不同，神韵也完全没有一点相似的地方。本朝的张得天、何义门虽然号称书法家，然而没有能完全改变古人的面貌。所以，一定要像刘石庵那样面貌不同、神韵也不同，才能推许为大家。诗文也是这样。如果他的面貌、神韵不是跟众人截然不同，就不能列入大家的行列。他既然已经跟众人截然不同了，而后人读了他的作品，不能辨识他作品的面貌，领悟他作品的神韵，那是读者的见解还没有达到那个境界，不是作者的过错。你以后读古文古诗，应当先辨认它的面貌，然后领悟它的神韵，时间久了，自然能分别出门径来。如今的人，动不动就说某人是学某家的，大多是道听途说，属于扣盘扪烛之类，不可相信。君子贵在有自知之明，没有必要去随声附和。

　　我的病已经好得多了，但还很难用心思考，这几天准备奏请朝廷免职。近来写了两篇古文，还算切合道理，今年冬天或许还能再写几篇。

　　唐镜海先生去世时，他家的世兄求我作墓志铭，我已经答应了，但好久没有动笔，并把他的生平简介遗失了。你向唐家或贺世兄那里(蔗农先生的儿子，镜海老丈的女婿)再要一份生平简介给我寄来。罗山的文集和年谱我没有带来营中，也向易芝生先生(他求我写碑文很急切)要上一部寄来，便于写碑文，以实现诺言。

纪鸿初六日从黄安启程，近几天内应能到达这里。馀不详述。

涤生手示

与纪泽儿书

（同治六年二月二十五日）

题解

曾国藩针对儿子曾纪鸿（科一）作文条理不清、字句不通问题，深入分析，认为这是由于生在富贵之家，只听惯了阿谀奉承的话，没有听过责备讥笑的话，以致文理浅陋而不自知。另一方面，就是处境过于顺利，没有苦苦思索、积极进取的精神，因此难于有所长进。准备先让他作一次练习，如能九天内作好十四门应试课目，达到合格，再让他回乡应试。为了指导儿子学习，打算聘请优秀教师。曾纪鸿身上所发生的问题，有一定的代表性，富贵之家对子女一味娇惯宠爱，对于他们的成长很有害处，必须及早认清，坚决纠正。作者当时在由徐州赴南京途中。

原文

字谕纪泽儿：

二月十六日接到正月初十禀，二十一日又接二十六日信。得知是日生女，大小平安，至以为慰。儿女早迟有定，能常生女即是可生男之征，尔夫妇不必郁郁也[1]。李宫保于甲子年生子已四十二矣[2]。惟元五殇亡[3]，余却深为廑系[4]。家中人口总不甚旺，而后辈读书天分平常，又无良师善讲者教之，亦以为虑。

科一作文数次，脉理全不明白[5]，字句亦欠清顺。欲令其归应秋闱[6]，则恐文理纰缪，为监临以下各官所笑[7]；欲不令其下场，又恐阻其少年进取之志。拟带至金陵[8]，于三月初八、四月初八学乡场之例，令其于九日内各作三场十四艺[9]，果能完卷无笑话，五月再遣归应秋试。科一生长富贵，但闻谀颂之言，不闻督责鄙笑之语，故文理浅陋而不自知。又处境太顺，无因横激发之时[10]，本难期其长进，惟其眉宇大有清气，志趣亦不庸鄙，将来或终有成就。余二十岁在衡阳从汪师读书[11]，二十一岁在家中教澄、温二弟，其时之文与科一目下之文相似，亦系脉不清而调不圆。厥后癸巳、甲午间[12]，余年二十三四聪明始小开；至留馆以后，年三十一二岁聪明始大开[13]。科一或禀父体，似余之聪明晚开亦未可知。拟访一良师朝夕与之讲"四书"、经书、八股[14]，不知果能聘请否？若能聘得，则科一与叶亭及今为之未迟也[15]。

余以十六日自徐州起行[16],二十二日至清江[17],二十三日过水闸,到金陵后仍住姚宅行台[18]。此间绅民望余回任甚为真切,御史阿凌阿至列之弹章[19],谓余不肯回任为骄妄,只好姑且做去,祸福听之而已。澄叔正月十三、二十八之信已到,暂未作复,此信送澄叔一阅。

涤生手示　宝应舟中[20]

徐寿衡之长子次子皆殇[21],其妻(扶正者)并其女亦丧,附及。

[1]郁郁:心中闷闷不乐。

[2]李宫保:李鸿章,因镇压太平军、捻军有功,先后任两江总督、直隶总督兼北洋大臣、武英殿大学士等,加封太子太保(宫保)。

[3]元五:曾纪鸿之子。

[4]廑(qín)系:殷切挂念。廑,古代"勤"字。

[5]脉理:文章条理。

[6]秋闱:封建时代省城科考称为乡试,三年一次,按例在八月举行,因称秋闱。又称秋试。

[7]监临:清代制度,乡试会试时,除派主考官外,另派一名大臣为监临,到场监考,以防作弊,京城以顺天府尹担任,外省以督军、巡抚担任。

[8]金陵:南京古称,今江苏省南京市。

[9]十四艺:十四项考试课目。

[10]困横:出自《孟子·告子下》:"人恒过,然后能改;困于心,衡(通"横")于虑,而后作;征于色,发于声,而后喻。""困于心,衡于虑",是说苦苦思索,想不出来。

[11]衡阳:清代湖南省县名,今衡阳市。

[12]癸巳、甲午:道光十三年(1833)、十四年(1834)。

[13]留馆:清代制度,进士经殿试后,除一甲三名授修撰及编修外,其余再择优秀者为庶吉士,留在庶常馆读书。三年后举行散馆考试,择优秀者留翰林院任编修、检讨,称为留馆,次者改任各部主事或者出任知县等。曾国藩于道光二十一年(1841)留馆。

[14]"四书":即《大学》、《中庸》、《论语》、《孟子》。　经书:即五经:《诗经》、《尚书》、《礼经》、《周易》、《春秋》。　八股:明清科举考试文体之一,主体部分四个段落,每个段落有两段相比偶的文字,合成八股,故称八股文。八股文以四书内容为题目,形式呆板,成为扼杀人才、统制思想的反动工具。

[15]叶亭:王叶亭,曾国藩外甥。

[16]徐州:江苏省府名,即今江苏省徐州市。

[17]清江:清江浦,水陆交通要冲,清代设河道总督驻守于此。即今江苏省清江市。

[18]行台:封建时代大臣出巡临时驻处。

[19]阿凌阿:清代满族官员,当时任都御史。生平事迹不详。　弹章:弹劾官吏罪行的奏章。

[20]宝应:江苏省县名,清代属扬州府。

[21]徐寿衡:曾国藩同乡,彼此交谊深厚,曾任礼部侍郎、浙江学政等。

译文

字谕纪泽儿：

　　二月十六日接到正月初十日的来信，二十一日又接到二十六日的来信。得知你这一天生了女儿，母女平安，十分欣慰。生儿生女或早或晚自有定数，能常生女孩就是可以生男孩的征兆，你们夫妇不必因此闷闷不乐。李宫保在甲子年生儿子时已经是四十二岁了。只是元五未成年就夭折了，我却深深忧伤牵挂。家中人口总是不很兴旺，而后辈儿孙读书天分平常，又没有善于讲授的好教师教育他们，也值得忧虑。

　　科一几次作文，文脉条理都不清楚，字句也欠简洁通顺。想让他回去参加乡试，就怕他文理不通，被监考以下的官员们笑话；想不让他下场考试，又担心妨碍他那少年进取的志气。准备把他带到南京，在三月初八日、四月初八日仿照乡试考场的惯例，让他在九天内各作三场十四门功课，如果能答完卷而不出现笑话，五月再打发他回去参加乡试。科一生长在富贵之家，只听到阿谀奉承的话，没有听过责备讥笑的话，所以他的文章文理浅陋自己却不知道。又由于他所处环境太顺利，没有在困苦之中激励奋发的时候，本来就难以期望他长进。只是他眉宇之间很有清爽之气，志向兴趣也不庸俗，将来也许终究有所成就。我二十岁在衡阳跟随汪老师读书，二十一岁在家教澄侯、温甫两个弟弟读书，那时的文章跟科一眼下的文章相似，也是文理不清晰，格调不灵活。随后癸巳年（道光十三年）、甲午年（道光十四年）之间，我年纪二十三四岁智力才稍稍开化；到留在翰林院庶常馆中以后，年纪三十一二岁智力才大大开化。科一或许能继承父亲传统，像我一样智力晚点开化也说不定。打算寻访一位好老师早晚给他讲"四书"、经书、八股，不知道到底能否聘请得到？如果能聘请到，那么科一儿和叶亭甥趁现在努力学习也不算迟。

　　我在十六日自徐州出发，二十二日到了清江，二十三日过了水闸，到南京后仍然住在姚宅行台。这里的绅士百姓希望我回到总督任上的愿望很真切，御史阿凌阿甚至写了弹劾奏章，指责我不愿回到这职位上是骄傲狂妄的表现，只好姑且做下去，是祸是福听之任之罢了。澄侯叔正月十三日、二十八日的信已到了，暂时没有给他复信，这封信你送给澄侯叔看看。

涤生手示　宝应船中

　　徐寿衡的长子、次子都在未成年夭折，他的妻子（由妾扶正的）以及他的女儿也死去，附及。

与纪泽儿书

(同治八年二月十七日)

题解

唐代大文学家、唯物主义哲学家柳宗元写过一篇著名散文《种树郭橐驼传》,记述当时种树能手郭橐驼的栽培经验,就是"能顺木之天,以致其性焉尔"。意思是说,能顺着树木生长的自然规律,使它的本性得到充分发展罢了。栽树的要求,树根要舒展,培土要均匀,要用熟土夯埋结实。这些都做到了,再也不用去动它,也不用挂在心上了。柳宗元认为,种树的道理可以用于治民。曾国藩进而指出,顺其自然,也能用于养子。富家对儿女看得过于娇贵,反而难于长成;贫家任儿女自己长大,反而容易长大。曾国藩孙女乾秀夭折,因此他写信劝慰纪泽夫妇,并用《种树郭橐驼传》启发他们。当然,信中所说生儿养女决定于天命,君子要知天命,不能强求等等,不足为训。作者当时在保定官署中。

原文

字谕纪泽儿:

初二日接印,初三日派施占琦至江南接眷,寄去一缄并正月日记,想将到矣。初八日纪鸿接尔正月二十七日信,知三孙女乾秀殇亡,殊为感恼,知尔夫妇尤伤怀也。然吾观儿女多少成否,丝毫皆有前定,绝非人力所可强求。故君子之道,以知命为第一要务,不知命无以为君子也[1]。尔之天分甚高,胸襟颇广,而于儿女一事不免沾滞之象[2]。吾观乡里贫家儿女愈看得贱愈易长大;富户儿女愈看得娇愈难成器。尔夫妇视儿女过于娇贵。柳子厚《种树郭橐驼传》所谓旦视而暮抚、爪肤而摇本者[3],爱之而反以害之。彼谓养树通于养民,吾谓养树通于养儿。尔与冢妇宜深晓此意[4]。庄子每说委心任运听其自然之道[5],当令人读之首肯,思之发□。东坡有目疾不肯医治[6],引《庄子》曰[7]:"闻在宥天下[8],不闻治天下也。"吾家自尔母以下皆好吃药,尔宜深明此理,而渐渐劝谏止之。

吾自初二接印,至今半月,公事较之江督任内多至三倍[9]。无要紧者,皆刑名案件[10],与六部例稿相似[11],竟日无片刻读书之暇。做官如此,真味同嚼蜡矣。纪鸿近日习字颇有长进,温《左传》亦尚易熟[12],稍为慰意。此谕。

涤生手示　保定

[1]不知命无以为君子也：出自《论语·尧曰》。

[2]沾滞：固执不通，摆脱不开。

[3]爪肤：抓挠树皮。爪，用手抓；肤，此处指树皮。摇本：摇动树根。本，树根。

[4]冢(zhǒng)妇：古代称嫡长子为冢嗣，嫡长子之妻为冢妇。

[5]庄子：战国中期宋国蒙人，名周，曾为漆园吏。他是道家学派代表人物，与老子相并列，主张清静无为，顺乎自然。今存《庄子》33篇，《内篇》7篇，相传为庄子所作；《外篇》15篇、《杂篇》11篇相传为庄子弟子及后学所作。　委心：听任本心的自然。委，托付。　任运：听任命运的安排。

[6]东坡：宋代大文学家苏轼，字子瞻，晚年号东坡居士。

[7]引《庄子》曰：以下引文出自《庄子·在宥》篇。

[8]在宥(yòu)：在，让(天下)自在；宥，宽容，放任。在宥，意为任其自在，听其自治，就是主张无为而治。

[9]江督：两江总督。

[10]刑名：刑法名称，此处指刑事。

[11]六部：即吏、户、礼、刑、工、兵六部，清代中央机构。元代以前，或属尚书省，或属中书省，明清时期六部独立。

[12]《左传》：又名《春秋左氏传》，是我国第一部叙事详细完整的历史著作，传为春秋时期鲁国史官左丘明所作，但非一人完成，经过多人增补而成。

字谕纪泽儿：

本月初二日接奉官印，初三日派施占琦到江南迎接家属，寄去了一封信还有正月日记，想即将送到了。初八日纪鸿接到你正月二十七日的信，知道三孙女乾秀幼年夭折，因此很是伤感烦恼，知道你们夫妇尤其伤心难过。然而依我看来，儿女多少，是否成人，一丝一毫都是命运早就注定的，绝对不是人力所可以强求得来的。因此君子处世之道，把知道天命作为第一件要紧事，不知道天命没有办法做君子。你的天分很高，胸襟很广，然而在儿女这一事情上不免有想不通的地方。我看乡里穷苦人家儿女越是不当回事，越容易长大；富裕人家的儿女越是看得娇贵，越难以长成。你们夫妇看待儿女过于娇贵。柳子厚《种树郭橐驼传》所说早晨去看晚上去摸，又抓树皮又摇树根，爱惜它反而损害了它。他认为栽培树木的道理跟养育人民的道理相通，我认为栽培树木的道理跟养育儿女的道理相通。你跟大儿媳妇应当深深懂得这个意义。庄子常常谈论听任本心的自然趋势，任凭命运的摆布安排，这番听其自然的道理，让人读了一定点头赞同，思索起来启发……。苏东坡有眼病不肯医治，引用《庄子》的话说："听说承认天下存在，一切听其自然，没有听说治理天下。"我们家里从你母亲往下都好吃药，你应当深深明白这个道理，渐渐劝说阻止这种做法。

我自从初二接奉官印，到今天半个月了，公务比起两江总督任内多到三倍。没有要紧的事，都是刑事案件，跟六部例行文书相似，整天没有片刻读书的空闲时间。做官像这个样子，真是味同嚼蜡，缺少兴趣了。纪鸿近些日子练习写字很有长进，温习《左传》也还容易熟起来，因此心里稍稍感到慰藉。此谕。

涤生手示　保定

与纪泽、纪鸿儿书

（同治九年六月初四日）

题解

曾国藩右眼失明，左眼视力逐渐减弱，同治九年（1870）四月又患眩晕之症，身体日趋衰弱，精神日趋疲惫，多次请求辞官回乡。天津教案发生以后，朝廷命令曾国藩前去处理。他深知当地民众对于洋人在中国肆意横行积愤已久，纠纷难以解决，英法列强又利用借口兴兵动武，迫使清廷让步妥协。自己感到此行责任重大，恐怕发生意外，因此临出发前写这封信给两个儿子，安排一下后事。除了嘱咐自己一旦离开人世灵柩应由运河运回原籍、书籍用具分别送人、不要刻印文集等事外，着重教训儿辈在道德修养上力戒嫉妒、贪求。嫉妒就必然压制贤才，贪求就必然行为卑污，那就不能做一个心地干净、纯洁无私的人了。为了儿孙世代牢记这一教导，他还写了《不求》、《不忮》两诗。今天读这封信和两首诗，仍然感到这位历尽沧桑、饱经世故、学贯古今的老人每一句话都是意味深长的。作者当时在保定官署中。

原文

余即日前赴天津[1]，查办殴毙洋人焚毁教堂一案。外国性情凶悍，津民习气浮嚣[2]，俱难和叶[3]，将来构怨兴兵[4]，恐致激成大变。余此行反复筹思，殊无良策[5]。余自咸丰三年募勇以来[6]，即自誓效命疆场，今老年病躯，危难之际，断不肯吝于一死，以自负其初心。恐邂逅及难[7]，而尔等诸事无所禀承，兹略示一二，以备不虞[8]。

余若长逝[9]，灵柩自以运河搬回江南归湘为便。中间虽有临清至张秋一节须改陆路[10]，较之全行陆路者差易[11]。去年由海船送来之书籍、木器等过于繁重，断不可全行带回。须细心分别去留。可送者分送，可毁者焚毁，其必不可弃者乃行带归，毋贪琐物而花途费。其在保定自制之木器全行分送。沿途谢绝一切，概不收礼，但水陆略求兵勇护送而已。

余历年奏折，令夏吏择要抄录，今已抄一多半，自须全行择抄。抄毕后存之家中，留于子孙观览；不可发刻送人，以其间可存者绝少也。

余所作古文，黎莼斋抄录颇多，顷渠已照抄一分寄余处存稿[12]，此外黎所未抄之文寥寥无几。尤不可发刻送人，不特篇帙太少[13]，且少壮不克努力，志亢而才不足以副之[14]，刻出适以彰其陋耳[15]。如有知旧劝刻余集者，婉言谢之可也。切嘱切嘱。

余生平略涉儒先之书[16]，见圣贤教人修身，千言万语，而要以不忮不求为重[17]。忮者，嫉贤害能，妒功争宠，所谓忌者不能修[18]，忌者畏人修之类也。求者，贪利贪名，怀土怀惠[19]，所谓未得患得[20]，既得患失之类也。忮不常见，每发露于名业相侔、势位相埒之人[21]；求不常见，每发露于货财相接、仕进相妨之际。将欲造福，先去忮心，所谓人能充无欲害人之心[22]，而仁不可胜用也。将欲立品，先去求心，所谓人能充无穿窬之心[23]，而义不可胜用也。忮不去，满怀皆是荆棘[24]；求不去，满腔日即卑污[25]。余于此二者常加克治，恨尚未能扫除净尽。尔等欲心地干净，宜于此二者下工夫，并愿子孙世世戒之。附作忮求诗二首录右[26]。

历览有国有家之兴，皆出克勤克俭所致；其衰也，则反是。余生平亦颇以勤字自励，而实不能勤。故读书无手抄之册，居官无可存之牍。生平亦好以俭字教人，而自问实不能俭。今署中内外服役之人，厨房日用之数，亦云奢矣。其故由于前在军营，规模宏阔，相沿未改；近因多病，医药之资漫无限制。由俭入奢，易于下水；由奢反俭，难于登天。在两江交卸时，尚存养廉二万金[27]。在余初意，不料有此；然似此放手用去，转瞬即已立尽。尔辈以后居家，须学陆梭山之法[28]：每月用银若干两，限一成数，别封秤出；本月用毕，只准盈馀，不准亏欠。衙门奢侈之习，不能不彻底痛改。余初带兵之时，立志不取军营之钱以自肥其私，今日差幸不负始愿。然亦不愿子孙过于贫困，低颜求人。惟在尔辈力崇俭德，善持其后而已。

孝友为家庭之祥瑞[29]。凡所称因果报应，他事或不尽验，独孝友则立获吉庆，反是则立获殃祸，无不验者。

吾早岁久宦京师[30]，于孝养之道多疏[31]；后来展转兵间，多获诸弟之助，而吾毫无裨益于诸弟。余兄弟姊妹各家，均有田宅之安，大抵皆九弟扶助之力[32]。我身殁之后，尔等事两叔如父，事叔母如母，视堂兄弟如手足。凡事皆从省啬，独待诸叔之家则处处从厚。待堂兄弟以德业相劝、过失相规，期于彼此有成，为第一要义。其次则亲之欲其贵，爱之欲其富，常常以吉祥善事代诸昆季默为祷祝[33]，自当神人共钦。温甫、季洪两弟之死,余内省觉有惭德[34]。澄侯、沅甫两弟渐老,余此生不审能否相见。尔辈若能从孝友二字切实讲求,亦足为我弥缝缺憾耳。

附忮求诗二首:

善莫大于恕, 德莫凶于妒。
妒者妾妇行, 琐琐奚比数[35]。
己拙忌人能, 己塞忌人遇[36]。
己若无事功, 忌人得成务;
己若无党援[37], 忌人得多助。
势位苟相敌[38], 畏逼又相恶[39]。
己无好闻望[40], 忌人文名著;
己无贤子孙, 忌人后嗣裕。
争名日夜奔, 争利东西鹜[41]。
但期一身荣, 不惜他人污。
闻灾或欣幸, 闻祸或悦豫[42]。
问渠何以然[43], 不自知其故。
尔室神来格[44], 高明鬼所顾[45]。
天道常好还[46], 嫉人还自误。
幽明丛诟忌[47], 乖气相回互[48]。
重者灾汝躬[49], 轻亦减汝祚[50]。
我今告后生, 悚然大觉寤[51]。
终身让人道, 曾不失寸步。
终身祝人善, 曾不损尺布。
消除嫉妒心, 普天零甘露[52]。
家家获吉祥, 我亦无恐怖。

(右不忮)

知足天地宽, 贪得宇宙隘。
岂无过人姿[53], 多欲为患害。
在约每思丰[54], 居困常求泰[55]。
富求千乘车[56], 贵求万钉带[57]。
未得求速偿, 既得求勿坏。
芬馨比椒兰, 磐固方泰岱[58]。

求荣不知餍[59]，志亢神愈怯[60]。
岁燠有时寒[61]，日明有时晦。
时来多善缘[62]，运去生灾怪。
诸福不可期，百殃纷来会。
片言动招尤[63]，举足便有碍。
戚戚抱殷忧[64]，精爽日凋瘵[65]。
矫首望八荒[66]，乾坤一何大[67]！
安荣无遽欣，患难无遽憝[68]。
君看十人中，八九无倚赖[69]。
人穷多过我，我穷犹可耐。
而况处夷途[70]，奚事生嗟忾[71]？
于世少所求，俯仰有馀快。
俟命堪终古[72]，曾不愿乎外[73]。
（右不求）

[1] 即日：近几天。曾国藩于同治九年六月初十日抵达天津。
[2] 浮嚣(xiāo)：浮躁、轻狂。
[3] 和叶(xié)：和谐，融洽。叶，相合。
[4] 构怨：结怨，结仇。
[5] 殊：很，极，副词。
[6] 咸丰三年：公元1853年，岁次癸丑。曾国藩在原籍为母亲守孝，奉命帮办团练，后来扩编为湘军，准备参加攻剿太平军。
[7] 邂逅(xiè hòu)：没有约会而相遇，此处是指突然，出乎预料。
[8] 不虞(yú)：没有料到的事，此处指死亡。虞，预料。
[9] 长逝：死的委婉说法。逝，远远离开。
[10] 临清：关名：在山东省临清县运河上。 张秋：地名，在山东东阿县西南，运河经过这里。
[11] 差(chā)：稍微，接近，古代汉语副词。
[12] 顷(qǐng)：最近，不久以前，副词。 渠：他，第三人称代词。
[13] 不特：不只。特，只，仅仅，副词。 篇帙(zhì)：篇幅卷数。帙，包书的套子。
[14] 亢(kàng)：高。 副：相称，相配。
[15] 彰：显露，表现。
[16] 涉：浏览，广泛阅读。
[17] 忮(zhì)：嫉恨。 求：贪求。
[18] 所谓：此处两句出自唐代韩愈《原毁》。
[19] 怀土怀惠：怀念乡土、贪恋小利。《论语·里仁》："子曰：'君子怀德，小人怀土；君子怀刑，小人怀

惠。'"

[20]所谓:此处两句出自《论语·阳货》:"子曰:'鄙夫可与事君也与哉?其未得之也,患得之(据《潜夫论·爱日篇》,作"患不得之")。既得之,患失之。苟患失之,无所不至矣。'"

[21]侔(móu):相等,平齐。 埒(liè):等同,并列。

[22]所谓:此处两句出自《孟子·尽心下》。 充:扩充,推广。

[23]所谓:此处两句出自《孟子·尽心下》。 穿窬(yú):挖墙洞、跳墙头。窬,同"踰",从墙上爬过去。

[24]荆棘:丛生有刺的灌木,这里比喻害人的心思计谋。

[25]日即:日益趋向。即,走向,接近。

[26]录右:"右"应为"左"。抄录在后边。古代文字竖行排列,左方为下,右方为上。

[27]养廉:即养廉银,清代在官吏正俸之外按官职等级付的银钱。

[28]陆梭山:宋代著名学者陆九韶,字子美,金谿(属江西省)人。隐居不仕,讲学于梭山,号梭山居士,主张学问切于日用。

[29]孝友:孝敬父母,友爱兄长。

[30]宦:出外做官。

[31]疏:疏漏,做得不够。

[32]九弟:曾国藩之弟曾国荃,字沅甫,在兄弟中排行第九。

[33]昆季:兄弟。长者为昆,幼者为季。

[34]惭德:由于做事有缺点而内心惭愧。

[35]琐琐:微小卑贱的样子。 奚:疑问代词,作用同"何"。 比数:并列,相提并论。这句是说,卑微下贱,什么人跟他并列一起?

[36]塞(sè):不通,仕途不顺。 遇:与"塞"相反,得到赏识,仕途顺利。

[37]党援:同道或同伙的援助提携。

[38]敌:相当。

[39]恶(wù):憎恶。

[40]闻(wén)望:名声,声望。

[41]鹜(wù):追求。

[42]悦豫:高兴。豫,快乐。

[43]渠:他,人称代词。

[44]格:来,至。

[45]高明鬼所顾:扬雄《解嘲》:"高明之家,鬼瞰其室。"意思是说显贵之家即将家败人亡,被鬼所窥伺。

[46]天道:天的法则。 好还:报应,即善有善报,恶有恶报。

[47]幽明:旧指阴间阳间,地下世上。 丛:聚集。 诟忌:辱骂嫉妒。

[48]乖气:互相抵触、冲突之气。 回互:回环交错。

[49]灾:用为动词,降灾。 躬:自身。

[50]祚(zuò):福分。

[51]悚(sǒng)然:受惊的样子。

[52]零:落,降。

[53]姿:资质,才能。

[54]约:穷困。 丰:富裕。

[55]困:困窘,不通。 泰:通达,顺畅。

[56]千乘(shèng)车：一千辆车。古代天子、国君赏赐大臣车百乘、车千乘，因以指代富有。

[57]万钉带：古代皇帝赏赐功臣的宝带。

[58]磐(pán)固：像扁平的圆形巨石一样稳固。　方：比。　泰岱：泰山。

[59]餍(yàn)：满足。

[60]忲(tài)：过分，自大。

[61]燠(yù)：热。

[62]善缘：好的缘分，机遇。含有命里注定的意思。

[63]片言：一言半语。　动：常常。　招尤：招来怨恨。尤，怨恨，归罪。

[64]戚戚：忧愁，忧伤。

[65]精爽：精神。爽，明，与"精"同义。　凋瘵(zhài)：凋敝，衰败。瘵，凋敝。

[66]矫(jiǎo)首：抬头。矫，举。　八荒：八方。

[67]一何：多么。

[68]憝(duì)：怨恨。

[69]倚赖：依靠。

[70]夷途：坦途。夷，平。

[71]嗟忾(kài)：叹息愤怒。

[72]俟：等待。　堪：能够。　终古：久远。这句是说，等待命运安排就能长久。

[73]乎：介词，作用同"于"。这句是说，竟然不希求分外的东西。

译文

　　我近几天要前往天津，查办打死洋人、烧毁教堂这一案件。外国教士性情凶暴强悍，天津民众一向浮躁好斗，都难以和谐相处，将来为冤结仇，发兵动武，恐怕矛盾激化，酿成重大事变。我这次去，反复筹划思索，根本没有妙计良策。我从咸丰三年招募乡勇以来，就自己发誓在战场上拼命效力；现在虽然年纪老了，身体有病，然而正当危难之际，决不肯顾惜一死，以致违背了自己当初的决心。恐怕发生意外，不幸遇难，可是你们兄弟处理各种事情没有获得指示，现在大略指示一两个方面，以防备意外。

　　我如果永远离开人世，灵柩自然应当经由运河运回江南回湖南去，这样方便。中间虽然有临清到张秋一段路程必须改走陆路，比起全走陆路略容易些。去年由海船送来的书籍、木器等过于繁杂笨重，决不能全带回去。要细心加以分别，哪些该带走，哪些该留下。可以送人的分别送人，可以烧毁的烧毁，那些一定不能抛弃的才带回去，不要因为贪恋琐碎东西而花运费。那些在保定自己制作的木器家具全部分送人们。沿途谢绝一切迎送，送礼一概不收，只是在水路陆路上稍稍用些士兵护送罢了。

　　我历年的奏折，吩咐夏吏摘要抄录下来，现在已经抄了一多半，自然必须全部摘抄。抄完以后保存在家里，留给子孙阅览；不能交付刻印成书送人，因为其中值得保存的极少。

我所作的古文，黎莼斋抄录下的很多，不久之前他已经照抄一份寄到我这里保存原稿，除此之外，黎莼斋所没抄录的文章寥寥无几。尤其不能交付刻印成书送人，不只因为篇幅太少，而且少壮之时不能努力，志向高远可是才华不能相称，把文章刻印出去恰恰暴露它的低劣罢了。如果有知己旧交劝你们刻印我的文集，婉言谢绝就可以了。嘱咐你们切记切记。

我平生略微涉猎儒学古书，看到圣人贤士教导人们修身，千言万语，而总的说来是把不嫉恨不贪求放在重要位置上。嫉恨就是嫉恨优秀人才，压制有才能的人，就是嫉恨有功的人，竭力争夺恩宠，古人所谓懒惰的人不能修养道德，嫉妒的人害怕别人修养道德，就指这一类人。贪求就是贪图名利、怀恋旧土恩惠，就是古人所谓没得到时怕得不到，已得到后又怕失掉，就指这一类人。嫉妒不是经常出现的，常常表现在名声业绩相等、权势地位相同的人们身上；贪求不是经常出现的，常常表现在金钱财物互相交接、做官晋升互相妨碍的时刻。想要创造福利，先就去掉嫉恨之心，古人所说一个人要能普遍推广不要害人的善心，那么他的仁爱就不会用得完了。想要树立高尚品德，先应去掉贪求之心，古人所说一个人要能普遍推广不靠挖洞爬墙窃取财物的善心，那么他的道义就不会用得完了。嫉恨如果不去掉，这样的人满怀都是荆棘；贪求如果不去掉，这样的人满腔日趋卑污。我在这两方面经常加以克制，遗憾的是还没有能扫除干净。你们兄弟想要心地干净，纯洁无私，应当在这两方面下功夫，并且希望子子孙孙世世代代引为戒鉴。附所作《不忮》、《不求》两首诗抄在后面。

阅读古今的记载，国家和家族的兴盛，都是由于克勤克俭所取得的；当它衰败的时候，就是因为违背了这个原则。我平生也很想用勤字来自我勉励，可是实际不能做到勤。因此读书学习没有亲手抄录的本子，身居官位没有值得保存的公文。平生也好用俭字来教育别人，可是扪心自问实际不能做到俭。现在官署内外当差服役的人员，厨房日常应用的数量，也可以说够奢侈浪费了。追究其中原因，由于先前在军营中，事业规模宏大，一直沿袭下来，没有改变；近来因为体弱多病，请医买药放手花钱，没有限制。由节俭进入奢侈，比下水还容易；由奢侈回到节俭，比登天还困难。在任两江总督卸任交接的时候，还存有养廉费两万两银子。在我当初的想法，没有料到会有这些结余；然而像现在这样放手花下去，转眼就会花干净了。你们兄弟以后在家里过日子，要学陆梭山的方法：每月用多少两银子，限定一个数字，另外包装起来称好；本月用完，只准结余，不准亏欠。衙门奢侈的习气，不能不彻底狠狠改变。我起初带兵的时候，曾经抱定决心不取军营的钱来损公肥私，今天看来没有违背当初的心愿，稍稍感到欣幸。然而也不愿意子孙过于贫困，低头哈腰乞求别人。要能做到这样，只在你们尽力注重养成节俭的美德，善于保持祖先留给后代的家业罢了。

孝敬父母、友爱兄弟是家庭吉祥的象征。凡是世俗所说的因果报应，其他事有的不能完全应验,只有孝敬父母、友爱兄弟,就能立即得到吉祥幸福,与此相反,就会立即遭受灾祸凶险,没有不应验的。

  我早年长期在京城里做官,在孝敬赡养父母的义务上很多没有做到;后来辗转于战事中,得到诸位弟弟很多帮助,可是我对诸位弟弟却没有一丝一毫补益。我们兄弟姐妹各家,都置下了田地住宅,大抵说来都是九弟出力帮助的结果。我身死之后,你们兄弟侍奉两位叔叔如同父亲,侍奉叔母如同母亲,看待堂兄弟如同亲兄弟。所有事情都按节省俭朴的原则办,唯独对待诸位叔父家却应处处按优厚宽裕的原则办。对待堂兄弟们在道德学业上互相劝导,在过失上互相纠正,希望彼此都有成就,把这个当作首要的原则。其次,就是亲近他们想要他们地位尊贵,疼爱他们想要他们家产富足,常常用吉祥善美之事代替诸位兄弟默默祈祷祝福,当然定会得到众人敬佩、鬼神保佑了。温甫、季洪两位弟弟的死,我内心反省感到惭愧。澄侯、沅甫两位弟弟年纪渐渐老了,我这辈子不知道能不能再见他们。你们兄弟如果能从孝敬、友爱两条切实讲求起来,也完全可以替我弥补缺憾了。

  附《不忮》、《不求》两首诗:
    善莫大于恕,德莫凶于妒。
    妒者妾妇行,琐琐奚比数?
    己拙忌人能,己塞忌人遇。
    己若无事功,忌人得成务;
    己若无党援,忌人得多助。
    势位苟相敌,畏逼又相恶。
    己无好闻望,忌人文名著;
    己无贤子孙,忌人后嗣裕。
    争名日夜奔,争利东西骛。
    但期一身荣,不惜他人污。
    闻灾或欣幸,闻祸或悦豫。
    问渠何以然?不自知其故。
    尔室神来格,高明鬼所顾。
    天道常好还,嫉人还自误。
    幽明丛诉忌,乖气相回互。
    重者灾汝躬,轻亦减汝祚。
    我今告后生,悚然大觉寤。
    终身让人道,曾不失寸步。
    终身祝人善,曾不损尺布。
    消除嫉妒心,普天零甘露。

家家获吉祥,我亦无恐怖。
以上《不忮》。
知足天地宽,贪得宇宙隘。
岂无过人姿,多欲为患害。
在约每思丰,居困常思泰。
富求千乘车,贵求万钉带。
未得求速偿,既得求勿坏。
芬馨比椒兰,磐固方泰岱。
求荣不知餍,志亢神愈忲。
岁燠有时寒,日明有时晦。
时来多善缘,运去生灾怪。
诸福不可期,百殃纷来会。
片言动招尤,举足便有碍。
戚戚抱殷忧,精爽日凋瘵。
矫首望八荒,乾坤一何大!
安荣无遽欣,患难无遽憨。
君看十人中,八九无倚赖。
人穷多过我,我穷犹可耐。
而况处夷途,奚事生嗟忾?
于世少所求,俯仰有馀快。
俟命堪终古,曾不愿乎外。
以上《不求》。

与澄、沅二弟书

（同治十年五月初十日）

题解

　　曾国藩向来重视教育子弟修己健身,有所成就。到了晚年,他疾病缠身,精力日益衰退,切感来日无多,更加念念不忘对子弟的教育,亲手订立了慎独、主敬、求仁、习劳四条家训。老年人用这四条自我警惕,补救往年的过失;并且要求儿子、侄儿们共同遵守,互相考查。贯穿在这四条家训中的基本精神,就是振作精神,奋发努力,刻苦磨炼,勤俭自励,遵循儒家仁义之道,实现人格自我完善,成为一个对家庭、对他人、对社会有益的人。从这里表现出曾国藩经世致用之学在伦理道德方面的崇高目标,也映照出他本人的思想境界、人格操守的基本轮廓。作者当时在南京官署中。

【原文】

澄、沅弟左右：

四月二十日接初六日信，论敕书、养廉等事[1]。五月初二日接洋局寄信，报岳崧侄案首之喜[2]。初七日又连接二十一日之排递信、二十八日之洋行信——论李廷章剿办等事[3]，具悉一一。鲁秋航带到好茶及前此寄来之早茶俱已收到，至情佳味，感谢感谢。纪寿早得入庠[4]，足以少慰高轩公、愍烈公于地下[5]，良为慰幸。惟府考院考尚须敬慎将事[6]。

余昏眩之疾、痃气之证近皆未发，目光则昏蒙如常，无法挽回。内人右脚肿已全消，疼亦大减，能伸缩而不能行走。虽眼不光、脚不健为极苦之境，而三月间势处必死，竟能逃出命来，亦不幸中之幸也。其馀合室平安。澄弟问余所作慎独、主敬等四条[7]，兹抄一分寄去。澄与诸侄辈若能行之，于身心及治家俱大有益。

《阅微草堂笔记》系纪文达公所著[8]，多言狐鬼及因果报应之事。长沙如有可买，弟亦可常常阅之。云仙极言有笔之劣[9]，而筱泉则谓是老实人耳[10]。究以何说为宜？

朱唐洲、彭霖系何处人？"俟其至当优待之"。此间差事亦极难逢，瑞臣及厚九近始各得一差，已候半年矣！

封爵敕书同治四年领得，错字极多。令纪泽带至湖北呈弟处，弟因其错误一笑而未收，纪泽即带回湘乡。不知今尚在富厚堂否[11]？拟到京换领，尚未果行。养廉有领与否？可以外省藩库领否[12]？须托人到京一查（余之爵廉未曾领过一次）。

《湖南文征》收到[13]。研翁去年寄书[14]，意欲余为伯宜作碑传等[15]，语甚沉痛。余顷为作伯宜墓志。其《文征》之序，少迟亦当一作，俟作就一并寄南，请弟先告研翁。精力日衰，文笔日陋，则不能强者也。

两处设卡之详未到[16]。鲁、秦二君既十分可靠，将来任以卡务亦无不可。此案余已具奏，思稍收回鄂岸引地[17]，现交户部核议。部若议准，尚须筱泉肯略相助，不一力袒川，乃可期有起色。

任鹤年系何处人？现居何官？督销局向无会办[18]，且姑待之。此间雨已沾足[19]，本月下旬再得甘霖则丰收矣。顺问近好。

兄国藩手具

本日另有一信交江西曾姓五人。

家训四条：

一曰慎独则心安[20]。自修之道，莫难于养心。心既知有善知有恶，而不能实用其力，以为善去恶，则谓之自欺。方寸之自欺与否[21]，盖他人所不及知，而已独知之。故《大学》之"诚意"章[22]，两言慎独。果能好善如好好色，恶恶如恶恶臭，力去人欲，以存天理，则《大学》之所谓自慊[23]，《中庸》之所谓戒慎恐惧，皆能切实行之。即曾子之所谓自反而缩[24]，孟子之所谓仰不愧，俯不怍，所谓养心莫善于寡欲，皆不外乎是。故能慎独，则内省不疚，可以对天地质鬼神[25]，断无行有不慊于心则馁之时。人无一内愧之事，则天君泰然[26]，此心常快足宽平，是人生第一自强之道，第一寻乐之方，守身之先务也。

二曰主敬则身强[27]。敬之一字，孔门持以教人，春秋士大夫亦常言之，至程朱则千言万语不离此旨[28]。内而专静纯一，外而整齐严肃，敬之工夫也；出门如见大宾，使民如承大祭，敬之气象也；修己以安百姓，笃恭而天下平，敬之效验也。程子谓上下一于恭敬，则天地自位，万物自育，气无不和，四灵毕至[29]。聪明睿智，皆由此出。以此事天飨帝，盖谓敬则无美不备也。吾谓敬字切近之效，尤在能固人肌肤之会筋骸之束。庄敬日强，安肆日偷[30]，皆自然之征应，虽有衰年病躯，一遇坛庙祭献之时，战阵危急之际，亦不觉神为之悚，气为之振，斯足知敬能使人身强矣。若人无众寡，事无大小，一一恭敬，不敢懈慢，则身体之强健，又何疑乎？

三曰求仁则人悦。凡人之生，皆得天地之理以成性，得天地之气以成形，我与民物[31]，其大本乃同出一源。若但知私己，而不知仁民爱物，是于大本一源之道已悖而失之矣。至于尊官厚禄，高居人上，则有拯民溺救民饥之责；读书学古，粗知大义，即有觉后知觉后觉之责[32]。若但知自了，而不知教养庶汇[33]，是于天之所以厚我者辜负甚大矣。

孔门教人，莫大于求仁，而其最切者，莫要于欲立立人、欲达达人数语[34]。立者自立不惧，如富人百物有馀，不假外求[35]；达者四达不悖，如贵人登高一呼，群山四应。人孰不欲己立己达，若能推以立人达人，则与物同春矣。后世论求仁者，莫精于张子之《西铭》[36]。彼其视民胞物与[37]，宏济群伦[38]，皆事天者性分当然之事。必如此，乃可谓之人；不如此，则曰悖德，曰贼。诚如其说，则虽尽立天下之人，尽达天下之人，而曾无善劳之足言，人有不悦而归之者乎？

四曰习劳则神钦[39]。凡人之情，莫不好逸恶劳，无论贵贱智愚老少，皆贪于逸而惮于劳，古今之所同也。人一日所着衣所进食，与一日所行之事、所用之力相称，则旁人赞之[40]，鬼神许之，以为彼自食其力也。若农夫织妇终岁勤动，以成数石之粟、数尺之布，而富贵之家终岁逸乐，不营一业，而食必珍羞[41]，衣必锦绣，酣豢高眠[42]，一呼百诺。此天下之最不平之事，鬼神所不许也，其能久乎？

古之圣君贤相，若汤之昧旦丕显[43]，文王日昃不遑[44]，周公夜以继日、坐以待旦[45]，盖无时不以勤劳自励。《无逸》一篇[46]，推之于勤则寿考，逸则夭亡，历历不爽[47]。为一身计，则必操习技艺，磨炼筋骨，困知勉行，操心危虑，而后可以增智慧而长才识；为天下计，则必已饥已溺[48]，一夫不获，引为余辜。大禹之周乘四载[49]，过门不入，墨子之摩顶放踵，以利天下，皆极俭以奉身，而极勤以救民。故荀子好称大禹、墨翟之行，以其勤劳也。

军兴以来，每见人有一材一技、能耐艰苦者，无不见用于人，见称于时。其绝无材技、不惯作劳者，皆唾弃于时，饥冻就毙。故勤则寿，逸则夭；勤则有材而见用，逸则无能而见弃；勤则博济斯民，而神祇钦仰，逸则无补于人，而神鬼不歆[50]。是以君子欲为人神所凭依，莫大于习劳也。

余衰年多病，目疾日深，万难挽回，汝及诸侄辈身体强壮者少。古之君子修已治家，必能心安身强而后有振兴之象，必使人悦神钦而后有骈集之祥。今书此四条，老年用儆惕，以补昔岁之愆；并令二子各自勖勉，每夜以此四条相课，每月终以此四条相稽，仍寄诸侄共守，以期有成焉。

[1]敕书：即下文所说朝廷颁发给曾国藩的封爵敕书。敕，皇帝的命令，诏书。　养廉：即养廉银，清代在官吏正俸之外按官职等级另外支付的银钱。

[2]案首：清代科举考试，县试、府试及院试的第一名，习惯称为案首。

[3]排递：经由沿途驿站传送（公文或信件）。

[4]纪寿：曾国藩弟曾国华（字温甫）之子，幼名鼎三。　入庠：此处是指考入县学。

[5]高轩：曾国华之父曾骥云，字高轩。　愍烈：曾国华死后朝廷赐给的谥号。

[6]院考：清代由各省学政主持的考试称院考，因学政又称提督学院；府学、县学考试称为府考、县考。

[7]四条：即信后所附慎独、主敬、求仁、习劳四条手订家训,原载同治十年南京署中日记。

[8]《阅微草堂笔记》：清代著名学者纪昀所著五种笔记小说的合编,包括《滦阳消夏录》、《如是我闻》、《槐西杂志》、《姑妄听之》、《滦阳杂录》,多借鬼神狐妖故事以惩恶劝善。纪昀(1724—1805),清直隶献县(今属河北省)人,字晓岚。官至礼部尚书、协办大学士,并任《四库全书》总纂。死后朝廷赐谥号文达。

[9]云仙：郭嵩焘(1818—1891),湖南湘阴人,字伯琛,号云仙,又作筠仙。曾随曾国藩攻剿太平军。任广东巡抚、驻英公使等。

[10]筱泉：李鸿章弟李瀚章,字小泉,又作筱泉。

[11]富厚堂：曾国藩原籍的堂号。

[12]藩库：各省布政司所属的储库。

[13]《湖南文征》：汇集湖南地方文献的著作。

[14]研翁：罗汝怀,字研生,曾国藩同乡,曾在曾家教书,后到军营中办文稿。

[15]伯宜：罗萱,字伯宜。

[16]卡：厘卡。清末为了筹集军饷,镇压太平天国,在水陆要道设卡征收货物通过税。　详：古代下级呈给上级的请示报告。

[17]引地：又称引岸,明清盐法规定,纳税的盐称为官盐;官盐在一定区域内行销,行销区域称为引地。

[18]督销局：清代管理食盐销售的机构。

[19]沾足：雨水充足。

[20]慎独：在独处时谨慎,不存妄想,不做坏事,这是儒家修养的功夫。

[21]方寸：指心。

[22]《大学》："四书"之一,本为《礼记》篇名。南宋朱熹撰《四书章句集注》,包括《论语》、《孟子》及礼记》中《中庸》、《大学》二篇,从此合称四书,从元代起成为参加科考必读书目。

[23]自慊(qiè)：自我满足,心安理得。慊,满意。

[24]曾子(前505—前435),春秋时期鲁国南武城人,名参,字子舆。孔子著名弟子,以孝闻名。　自反而缩：反,反躬自问,自我反省;缩,直,有理。《孟子·公孙丑上》记述曾子的话："吾尝闻大勇于夫子矣:自反而缩,虽褐宽博,吾不惴焉;自反而缩,虽千万人,吾往矣。"这段话说,我曾经从老师(孔子)那里听到过关于大勇的解释:反躬自问,正义不在我一边,即使对方是个匹夫,我也不恫吓他;反躬自问,正义在我一边,即使面对千万人,我也勇往直前。

[25]质：让……作证。

[26]天君：指心。古人认为心是五官的主宰,故称心为天君,出自《荀子·天论》。

[27]主敬：以严肃认真为根本原则。主,根本。

[28]程朱：北宋理学家二程(程颢、程颐)、南宋理学家朱熹。

[29]四灵：麟、凤、龟、龙是古代所谓四种灵兽,认为四灵出现是天下太平之兆。

[30]安肆：安逸放纵。

[31]民物：民众。物,他人,众人。下文"仁民爱物","物"也应该这样解释。

[32]觉后知：使较晚认识真理的人醒悟。"觉"用为使动。"觉后觉",第一个"觉"也应这样解释。《孟子·告子下》："天之生斯民也,使先知觉后知,使先觉觉后觉。"

[33]庶汇：众物、万物。这里是指万众。

[34]欲立立人、欲达达人：出自《论语·雍也》："夫仁者,己欲立而立人,己欲达而达人。"这是孔子的话。意为自己要站得住,同时也使别人站得住;自己要行得通,同时也使别人行得通。

[35]假：借助。

[36]张子:张载(1020—1077),宋代著名学者,凤翔郿县横渠镇人,字子厚。早年退出官场,在南山下著述讲学,世称横渠先生。著有《正蒙》、《西铭》等,后人编为《张子全书》。
[37]民胞物与:民为同胞,物为同类。出自张载《西铭》:"民吾同胞,物吾与也。"
[38]宏济:广泛周济。 群伦:群众。
[39]神钦:鬼神称赞钦佩。
[40]匙(wěi):是,对。这里用为意动,认为……正确。
[41]珍羞:珍贵的食物。羞,也写作"馐",食物。
[42]酣豢(huàn):尽情吃喝。 高眠:高枕而卧。
[43]昧旦:拂晓,天未全亮。 丕(pī)显:努力做事,以便发扬祖先功业。丕,大;显,显扬。
[44]日昃(zè):太阳偏西。 不遑:没有空闲。遑,闲暇。
[45]夜以继日、坐以待旦:出自《孟子·离娄下》:"周公思兼三王,以施四事;其有不合者,仰而思之,夜以继日;幸而得之,坐以待旦。"
[46]《无逸》:《尚书》篇名,周公劝诫成王之辞,劝其不要图安逸贪享乐。
[47]历历:清楚明白。 不爽:不错,得到验证。
[48]己饥己溺:认为天下有人饥饿、溺水,就像自己使他们遭受苦难一样,急于援救。《孟子·离娄下》:"禹思天下有溺者,由己溺之也;稷思天下有饥者,由己饥之也,是以如是其急也。"
[49]四载:古代四种交通工具。出自《尚书·益稷》,大禹治水乘坐四载,后人注为水行乘舟,陆行乘车,泥行乘辐,山行乘檋。
[50]歆(xīn):用口鼻吸。古代认为,祭祀时鬼神吸供品的香气。不歆表示鬼神不享用供品,不肯赐福。

澄、沅弟左右:

四月二十日接到初六日的信,讨论封爵敕书、养廉费等事情。五月初二日接到从洋局寄来的信,报告岳崧侄儿考取第一的喜讯。初七日又连续接到二十一日排单所递交的信、二十八日从洋行寄来的信——谈论李廷章剿办等事情,一项一项全知悉了。鲁秋航带来的好茶以及在此之前寄来的早茶都已经收到了,真诚的情意,很好的味道,感谢感谢。纪寿早些入学校,足以使高轩公、憨烈公在地下稍稍感到欣慰了,的确令人感到慰藉和欣幸。只是府考、院考还要审慎从事,马虎不得。

我头晕目眩、疝气的病症近来都没发作,视力却像往常一样昏蒙模糊,没有办法挽回。我的妻子右脚浮肿已经全消退了,疼痛也大大减轻,能够一伸一缩活动,却不能行走。虽然视力不清、脚不能走是极痛苦的境况,可是三月里病势沉重看来必死无疑了,竟然能逃出一条活命来,这也是不幸中的幸运。其他的人,全家平安。澄侯弟问我要所作关于审慎独处、以严肃认真为主等四条家训,现在抄录一份寄去。澄侯弟和侄儿们如果能照着实行,对于身心健康和治家都大有益处。

《阅微草堂笔记》是纪文达公所著的,大多谈论狐妖鬼怪和因果报应的事情。长沙如果有这部书,可以买来,弟弟们也可以常常阅读它。郭云仙极力说是自有文笔以来的劣等著作,李筱泉却说作者是个老实人。究竟哪个说法恰当?

朱唐洲、彭霖是什么地方人？信中说，"等他们来了一定要给以优待"。可是这里找个差使也极难遇到机会，瑞臣及厚九近来才各人得到一份差使，他俩已经等候半年光景了！

封爵敕书是同治四年领到的，上面错字极多。让纪泽带到湖北呈交弟弟们那里，弟弟们因为其中错字多，看完笑了一笑，没有收存，纪泽就带回湖南老家去了。不知现在是否还在富厚堂放着？打算到京城去换领敕书，还没有去，养廉银是否领过？可以在外省布政司所属的储库支领吗？必须托人到京城去查一查（我的封爵养廉银没有领过一次）。

《湖南文征》收到了。罗研生老先生去年寄来一封信，他的意思想要我为罗伯宜作碑文、传记等，语言很沉痛。我最近为罗伯宜写了墓志。那《湖南文征》的序文，稍晚一些也应该写一篇，等写成了一并寄去，请弟弟们告诉研生老先生。我的精力一天天地衰退，文笔一天天地粗陋，这是不能勉强的。

两处设立盐卡的申报公文还没有送到这里。鲁、秦二位先生既然十分可靠，将来委任他们管理盐卡事务也没什么不行的。这一事项我已经写好奏折上报了，想稍稍收回湖北口岸行销官盐的地方，现在奏折交给户部审核议定。户部如果审议批准，还必须李筱泉肯稍稍帮助一下，不要全力偏袒四川，这才能期望事情有转机。

任鹤年是什么地方人？现在但任什么官职？督销局向来没有会办，暂且等一等吧。这里雨水下得已经相当充足，本月下旬如果再下好雨，那就一定丰收了。顺问近好。

兄国藩手具

本日另外还有一封信交给江西来的曾承恩等五个人。

家训四条：

第一，独处审慎就会内心安然。自我修养之道，没有什么比内心修养困难。心里既然知道有善事有恶行，却不能在实践中用自己的力量，来做善事除去恶行，那么，这就叫自我欺骗。内心是否自我欺骗，大概是别人所不能了解的，而唯独自己知道。因此《礼记·大学》讲诚意的这一章里，两次说到独处审慎。如果真的能够爱好善事如同爱好美丽的姿色，憎恶坏事如同憎恶难闻的气味，努力消除世俗欲念，以便保存天理。那么，《礼记·大学》所谓的自我满足，《礼记·中庸》所谓的警惕恐惧，都能切实做到了。即使曾子所谓自我反省言行正确，孟子所谓抬起头对老天没有什么惭愧，低下头对别人没有什么惭愧，所谓修身养性没有比减少私欲更好的了，都不超出这个范围。因此，如果能够独处审慎不苟，那么内心反省起来，就没有什么歉疚，可以面对天地，可以请鬼神作证，肯定没有自己对自己的行为不满意以致心虚气馁的时候。人的内心没有一件感到惭愧的事，那么，胸怀安然恬淡，心里时常满足愉快、宽广平和，这是人生自强自立的第一途径，寻求安乐的第一方法，保护自身首先应注重的事。

第二，注重严肃认真，就会身体强壮。恭敬这个字眼，儒家拿它教育人们，春秋时期士大夫也常常谈论它，至于宋代二程以及朱熹，就千言万语离不开这个精神了。内心专一纯粹，外表整齐严肃，这正是恭敬的工夫；出门如同拜见上等贵宾，使用民众如同举行重大的祭礼，这正是恭敬的表现；严格律己用以安定百姓，诚恳严肃而后天下太平，这正是恭敬的效验。程夫子说，上下都能严肃认真，那么，天地自然清静，万物自然繁衍，天气没有不调和的，麟、凤、龟、龙四种灵物都会出现。人的聪明智慧，都会由此产生了。用这种态度侍奉上天供奉天帝，大概就像人们所说的，严肃认真那就一切善美，无不具备了。我却认为，严肃认真近在眼前的效验，尤其在于能使人肌肤强健、筋骨结实。严肃庄重日益强壮，安逸放纵日益懒散，都是自然的效应，虽有的年老有病，一旦遇到向神坛祖庙祭礼献礼的时候，置身战场形势危急之际，也会不知不觉地内心因而惊惧起来，精神因而振奋起来，这就足以看出，严肃认真能够使人身体强壮了。如果不论人多人少，不论事大事小，样样都能严肃认真，不敢松懈怠慢，那么，身强体健，又有什么值得怀疑的呢？

第三，以仁爱为宗旨，就会让人心悦诚服。凡是人生下来，都是顺乎天地之理形成人性，获得天地之气生成人形，我们跟民众以至万物，从根本上说是由同一来源生出来的。如果只知道自私自利，却不知道仁民爱物，这就已经违背了万物出自同一根源的道理，犯了错误了。至于高官厚禄，地位高出众人之上，本来就有拯救人民脱离水深火热，把人民从饥荒中解救出来的责任；读古书学古人，粗略了解大义，就有启发教育后知后觉的责任。如果只知道管自己，却不知道教养广大民众，这就完全辜负了上天对自己的厚爱了。

儒学教育人们，没有什么比力求实现仁爱之道更高的目标了。其中最迫切的，没有什么比自己想要建立功业，首先帮助别人建立功业，自己想要仕途通达，首先帮助别人仕途通达这几句话更重要了。建立功业的人坚强自立，无所畏惧，如同富人家里什么东西都有，千种百样，全用不完，不用求助外人；仕途通达的人四面八方都很顺利，没有任何阻碍，如同贵人登上高处，一声呼唤，群山四面回应。人们谁不想要自己建立功业、仕途通达呢？如果能够推己及人，帮助别人建立功业、仕途通达，那就跟万众一起兴盛了。后代学者论述力求实现仁爱之道，没有比宋代张载的《西铭》更精辟的。在他看来，把民众看成同胞，把万物视为同类，救助广大群众，都是奉行天道的人生来应做的事。一定要像这样去做，这才可以叫做人；如果不能这样，就叫违背道德，就叫害人虫。的确像他所说，那么，虽然帮助天下所有的人建功立业，帮助天下所有的人仕途通达，却不说是自己的善行功劳，人们有不心悦诚服而归附他的吗？

第四，习惯吃苦耐劳，就会使鬼神钦佩。人之常情，没有谁不好逸恶劳，无论身份贵贱、智力高低、年纪老少，都贪图安逸而害怕劳苦，这是古今相同的。一个人每天所穿的衣服、所吃的食物，跟他每天所办的事情、所用的力气相称，那么，旁人就对他的为人加以肯定，鬼神就赞许他，认为他能自食其力。至于耕田的农夫、织布的妇女，他们终年勤劳，打下几石粮食织成几尺布匹；可是富贵人家终年安逸享乐，不从事一项行业，然而吃饭总是吃山珍海味，穿衣总是穿绸缎锦绣，尽情吃喝，高枕而卧，一呼百应。这是天下最不公平的事，是鬼神所不答应的，难道能长久吗？

　　古代的圣明君王、贤能宰相，比如商汤王拂晓醒来就想如何弘扬道德，周文王到了晚上还顾不上吃饭，周公思考问题，夜以继日，想通以后，坐着等到天亮，大概无时无刻不在用勤劳自我勉励。《尚书·无逸》一篇，根据实践推出结论说，工作勤劳就会健康长寿，安逸懒散便会短命夭折，清清楚楚，没有差错。为自身考虑，那就一定要学习掌握一种技艺，磨炼筋骨，刻苦求知，努力实践，时常提高警惕，害怕弄坏事情，然后才能增长智慧和才能；为天下考虑，那就一定认为有人忍饥挨饿、陷入苦海，都是自己所造成的，一个农夫没有收获粮食，也看成自己的罪过。大禹治水，跋山涉水，乘坐四种车船，经过自己家门也不进去看看；墨子不怕操劳，从头顶到脚跟都磨伤了，来为天下谋利益，都是个人生活极其节俭，救助民众极其勤奋。因此荀子喜欢称颂大禹、墨翟的德行，因为他们是勤劳的。

　　战事发生以来，每每看到某人有一技之长，能够吃苦耐劳，没有不被别人任用，没有不受当时称道的。那些没有任何才艺、不能吃苦耐劳的，都被当时人们所唾弃，最后冻死饿死。因此，勤劳就会健康长寿，安逸就会短命夭折；勤劳就会有才能受任用，安逸就会无才能受唾弃；勤劳就能广泛救济民众，因而神灵敬佩；安逸就会对人无所补益，因而鬼神也不保佑他。因此，君子想要得到民众拥护、鬼神保佑，没有什么比习惯吃苦耐劳更重大的了。

　　我年老多病，眼病日益严重，怎么也难挽救过来了，你们和侄儿们身体强壮的是少数。古代君子修身治家，一定能身体强壮内心安然而后才有振兴的气象，一定使民众心悦诚服鬼神钦佩而后才能满门吉祥。今天定下以上四条，老年用来自我警惕，以便补救早年的过失；并让两个儿子各自勉励，每夜用这四条互相考核，每月末用这四条互相检查，并且寄给各个侄儿共同遵守，以期有所成就。

图书在版编目（CIP）数据

曾国藩家书／陈霞村等译注．—2版．—太原：三晋出版社，2008.4
（中国家庭基本藏书·笔记杂著卷）
ISBN 978-7-80598-950-1

Ⅰ.曾… Ⅱ.陈… Ⅲ.曾国藩(1811~1872)—书信集 Ⅳ. K 827.52

中国版本图书馆 CIP 数据核字（2008）第 054767 号

曾国藩家书

译 注 者：陈霞村　萧泰芳　白　平　等	
责任编辑：朱慧峰	审 订 者：郭平凡
封面设计：敬人工作室	版式设计：敬人工作室
责任校对：朱慧峰	责任印制：李佳音

出版发行　山西出版集团·三晋出版社（原山西古籍出版社）
地　　址　太原市建设南路 21 号
电　　话　(0351) 4956036（咨询）　　4922268（邮购）
传　　真　(0351) 4922102
网　　址　http://sjs.sxpmg.com
邮　　编　030012
E – mail　sj@sxpmg.com

印刷装订　山西出版集团·山西新华印业有限公司
（本书如有破损、缺页、装订错误，请与承印厂联系调换　0351-4120948）

开　　本：	787mm×960mm　　1/16
字　　数：	230 千字
印　　张：	14
版　　次：	2008 年 4 月第 2 版
印　　次：	2011 年 6 月第 2 次印刷
印　　数：	5001－8000 册
书　　号：	ISBN 978-7-80598-950-1
定　　价：	18.00 元

版权所有，翻印必究。本书图文未经书面授权，不得以任何方式转载或公开发表。